冶金工业出版社

高职高专“十四五”规划教材

市场营销学概论

Marketing

主　编　李沛东　马　香　薛文婷
副主编　马亮亮
参　编　桑庆庆

北　京
冶　金　工　业　出　版　社
2022

内 容 提 要

本书以项目形式系统地介绍了市场营销结构和内容等，全书共分 12 个项目，主要包括：认识市场营销，营销战略计划与营销管理，市场营销环境分析，市场营销调查与市场需求预测，消费者市场分析，组织市场分析，目标市场战略，产品策略，定价策略，分销策略，促销策略，市场营销计划、组织与控制。

本书可作为高职院校市场营销及相关专业的教学用书，也可作为市场营销人员的在职培训教材或参考书。

图书在版编目（CIP）数据

市场营销学概论/李沛东，马香，薛文婷主编. —北京：冶金工业出版社，2022. 10

高职高专“十四五”规划教材

ISBN 978-7-5024-9271-7

Ⅰ. ①市… Ⅱ. ①李… ②马… ③薛… Ⅲ. ①市场营销学—高等职业教育—教材 Ⅳ. ①F713. 50

中国版本图书馆 CIP 数据核字（2022）第 170520 号

市场营销学概论

出版发行	冶金工业出版社	**电　话**	(010)64027926
地　址	北京市东城区嵩祝院北巷 39 号	**邮　编**	100009
网　址	www. mip1953. com	**电子信箱**	service@ mip1953. com

责任编辑　俞跃春　美术编辑　彭子赫　版式设计　郑小利

责任校对　范天娇　责任印制　李玉山　窦　唯

三河市双峰印刷装订有限公司印刷

2022 年 10 月第 1 版，2022 年 10 月第 1 次印刷

787mm×1092mm　1/16；15 印张；364 千字；229 页

定价 46. 00 元

投稿电话　(010)64027932　投稿信箱　tougao@ cnmip. com. cn

营销中心电话　(010)64044283

冶金工业出版社天猫旗舰店　yjgycbs. tmall. com

（本书如有印装质量问题，本社营销中心负责退换）

前言

市场营销学是建立在哲学、经济学、管理学和行为科学基础上的一门综合性的应用学科，也是一门理论与实际操作紧密结合、知识与技能并重的学科。随着市场竞争的加剧，很多行业都需要大量有文化、有技能、有创新能力的高素质营销人才。因此，目前许多高等职业院校设立了市场营销专业，根据不同的定位和教育教学目标，培养社会需要的应用型营销人才。

为了适应高职院校营销人才培养的需要，本书以“项目驱动、任务引领、产教融合”为思路，打破传统的学科体系，在理论“管用、够用、适用”的前提下，紧密结合当前市场营销领域中的新知识、新技术、新方法，从职业能力分析入手，以相关知识为支撑，以技能训练为主线，确定具有典型性的技能训练项目，较好地处理了理论教学与技能训练的关系。

本书具有以下几个特点。

(1) 重点突出、体系完整、具有前瞻性。本书重点介绍了市场营销环境分析、市场分析、竞争分析、营销战略与策略等市场营销核心理论，理论体系系统完整。此外，本书还对营销理论近年来的最新进展进行了介绍和评价。学生通过学习本书，不仅能掌握经典理论，也能把握市场营销的前沿理论和最新动态，开阔理论视野。

(2) 易于理解、便于教学。本书结合作者多年的教学经验，在内容结构安排上逻辑严密，前后内容衔接顺畅，层层递进，在重要营销理论后面增加了企业营销实践加以说明，便于教学和帮助学生加深对理论的理解。

(3) 理论结合实践，突出应用性。本书设计、收集和整理了大量营销案例，每一项目前设有“学习目标”“能力目标”，便于学生做好学习规划；文中引入大量“营销实例”，旨在帮助学生更好地理解相关营销知识和理论，增强其理论的应用能力，“营销新视野”介绍营销前沿理论和营销新发展，有利于学生开阔视野，了解前沿动态；每一个项目后安排了“思考题”“案例分析”“实训题”，启发学生的创新思维，帮助其灵活掌握理论知识并能学以致用。

本书由贵州轻工职业技术学院李沛东、长春职业技术学院马香、乌海职业技术学院薛文婷担任主编，大连工业大学马亮亮担任副主编，安徽国际商务职业学院桑庆庆参编，全书由李沛东、马香、薛文婷统编定稿。具体编写分工如下：项目1~项目3、项目5由李沛东编写；项目6、项目10、项目11由马香编写；项目7、项目9由薛文婷编写；项目4、项目8由马亮亮编写；项目12由桑庆庆编写。

本书在编写过程中，参阅了有关市场营销方面的文献资料，在此谨向这些文献资料的作者表示衷心的感谢！

由于编者水平所限，书中不妥之处，敬请广大读者批评指正。

编 者

2022年3月

目　录

项目1 认识市场营销

学习目标

（1）掌握市场和市场营销的含义。

（2）了解市场营销学的产生与发展。

（3）理解和掌握各种营销观念的概念和特点。

（4）掌握市场营销组合的演变。

能力目标

（1）能够用现代市场营销考理论分析企业的经营行为，指导企业的营销活动。

（2）提升市场营销理论的理解与总结能力，培养对市场营销各理论的评判性思维。

案例导入

营销无处不在——卖报纸的老人

车站有一位卖报纸的老人，穿着整洁，看上去很精神。

有一天，下班早了些，买了他一份杂志，便跟他闲聊了起来。

“老师傅，生意还可以吧!”“嗯，还可以，过得去!”“看您成天忙忙碌碌的，收入一定很好吧!”“呵呵，还不错！反正养家基本没问题了！朋友，别看我普普通通，我家孩子可是在‘985’大学读书呢！学费和花费贵着呢!”“老师傅，你真行哦！一般人可没您这么大能耐呢!”“呵呵，小伙子你可真会说话，不过你说得没错，我不动不摇，一个月大几千块是没有问题的!”

老人打开了话匣子，和我聊了起来。原来几年前，老人工作丢了。

迫于生活压力，老人打算开始卖报纸。(制定工作目标)

几经挑选，发现了该车站人流量大，车次多，于是选择在该车站卖报。(经初步市场分析，选择终端销售点)

但是，经过蹲点发现，车站固定卖报人已经有了两个。(营销环境论证)

其中一个已卖了很长时间，另一个好像是车站一位工作人员的熟人。(对竞争对手进行初步分析)

如果不做任何准备就直接进场卖报，一定会被人家赶出来。于是老人打算从车站管理员下手。(制定公关策略)

开始，老人每天给几位管理员每人送份报纸，刚开始人家跟他不熟，不要他的报纸。他就说这是在附近卖报多余的，车站管理员也不是什么大官，一来二去也就熟了。老人这时就开始大倒苦水，说现在没工作了，在附近卖报纸销量也不太好，一天卖不了几份，而女儿马上就要参加高考了，高昂的学费实在无力负担，女儿成绩非常好，如果不让她读书就抱憾终身了。(与公关对象接触，并博取同情)

人心都是肉长的，车站管理员就热心帮他出主意：那你就到我们车站来卖报呀！我们

这边生意蛮好的，他们每天能卖几百份呢。(达到目的了)

有了车站管理员的许可，老人进场了。当然，老人不会忘记每天送管理员每人一份报纸。(公共关系维护中)

但车站共有三个卖报人，卖的都是同样的报纸。老人苦思冥想了一番。(进行营销策略分析)

他想到，其他两个卖报人都各有一个小摊位，分别在车站的一左一右。老人决定，不摆摊，带报纸到等车的人群中和进车厢里卖。(差异化营销，渠道创新，变店铺销售为直销)

卖了一段时间后，老人还总结了一些门道：等车的人中一般中青年男性喜欢买报纸。上车的人中一般有座位的人喜欢一边吃早点一边看报纸（消费者分析），有重大新闻时报纸卖得特别多。(销售数据分析)

于是，老人又有了新的主意。每天叫卖报纸时，不再叫卖：晨报、快报、晚报，三毛一份，五毛一份等。而是换了叫法，根据新闻热点来叫，什么热点叫什么：特朗普下令两艘战舰到波斯湾等。(对产品进行分析，挖掘独特的销售主张)

果然，这一招十分见效！原先许多没打算买报纸的人也纷纷来买报纸。几天下来，老人发现，每天卖出的报纸比平时多了50%。

同时，老人凭借和管理员的良好关系，让老伴在车站摆了个卖豆浆的小摊。旁边卖早点的已经有十来个，卖豆浆的也有四五家。而老人家的与众不同，他只卖豆浆，而且用封口机进行了封装，拿在手上不会洒出来。虽然比别人多花400多元买了一台封口机，但豆浆价格也比别人家贵一毛。因为坐车吃早点通常没法拿饮料，有了封口豆浆，这个问题就解决了。（针对目标顾客的潜在需求，开发边缘产品）结果，老人的豆浆摊生意出奇地好！

大半年后，车站一家报摊生意不太好不卖了，于是老人就接下这个地方变成了自己的报摊。但是老人的报摊又与众不同：用了政府统一制作的报亭，气派又美观，还顺应政府统一规划。(有统一的视觉标志，有助于提高形象，适应环境)

经营品种也从单一的卖报纸发展到卖一些畅销杂志。(产品线延伸)

老人还进一步考虑，根据什么杂志好卖搞一些优惠活动，比如买一本《读者》送一份《快报》什么等，因为杂志赚得比较多。(促销策略，用利润空间较大的产品做买赠促销，并选择较受欢迎的赠品)

老人的女儿周末在肯德基打工，经常带回来一些优惠券，于是，这又成了老人促销的法宝！买报纸或杂志一份，赠送肯德基优惠券一份。(整合资源，创造差异化)

接着，由于老人的报亭位置良好、人流量大，被可乐公司发现，他们安排业务员上门，在报亭里张贴宣传画，安放了小冰箱。于是，老人的报亭不仅变得更醒目，还能收取一些宣传费，而且增加了卖饮料的收入。(开发新的盈利项目)

两年间，老人的卖报生意做得有声有色，每月收入好几千元。现在，老人又有了新目标，就是附近的有线电厂小区。老人打算在小区出口处再开一家新的报亭（利用成型的管理和共享的资源，走连锁经营路线），把女儿将来读研的钱也挣出来。

和老人的一席话，收获非常多，卖报卖出了这样的经营哲学，这位老人可真是个实战派营销人才。

（资料来源：一个卖报老汉的营销哲学. 梓忱. 大众投资指南. 2016.）

任务 1.1　市场与市场营销

在 21 世纪，新产品不断涌现，企业竞争激烈。如果企业不能提供满足消费者需求的产品或服务，就难以获取经济效益，也难以生存和发展。因此，市场营销承担着重要的角色和任务。只有了解市场和市场营销的含义，根据市场的需要有效地配置资源和培育企业的能力，才能更有效地开展市场营销活动。市场是企业活动的外部基础，是企业实现经营目标与任务的关键。因此，认识市场是企业有效开展市场营销活动的前提条件，只有充分认识市场，才能适应市场、驾驭市场。

1.1.1　市场的含义与构成要素

1.1.1.1　市场的含义

在日常生活中，人们习惯将市场看作买卖的场所。经济学家将市场表述为某种特定产品进行交易的卖方和买方的集合，如股票市场、粮食市场等。而从市场营销的角度来看，卖者构成行业，买者构成市场。

市场营销学中，市场是指“营销市场”，即那些具有特定需要或欲望，而且愿意并能够通过交换来满足这种需要或欲望的全部潜在顾客。

1.1.1.2　市场的构成要素

市场包含有某种需要的人、为满足这种需要的购买能力、购买欲望三个主要因素。这三个因素是相互制约、缺一不可的，只有三者结合起来才能构成现实的市场，才能决定市场的规模和容量。

市场=人+购买力+购买欲望

1.1.2　市场营销的内涵

“市场营销”一词来自英文 marketing，它是由市场（market）派生而成的具有一定动词性的名词，基本含义是在市场中进行商品交换的活动过程。市场营销学的发展是一个过程，在学科发展的不同阶段，其内涵是不同的。

美国市场营销协会（American Marketing Asociation，AMA）在 1960 年给市场营销下了这样一个定义：“市场营销是引导货物和劳务从生产者流向消费者或用户所进行的一切商务活动。”这一定义把“营销”等同于“销售”，强调了销售在生产经营过程中的突出地位。

1985 年，美国市场营销协会又给市场营销下了一个定义：“市场营销是对思想、货物和服务进行构思、定价、促销和分销的计划和实施的过程，从而产生能满足个人和组织目标的交换。交换双方，如果一方比另一方更主动、更积极地寻找交换，则前者称为市场营销者，后者称为潜在顾客。”市场营销活动已超越流通过程，是一个包含分析、计划、执行与控制在内的管理活动。

1996年，世界著名营销专家、美国西北大学教授菲利普·科特勒与北卡罗来纳大学教授加里·阿姆斯特朗在《市场营销原理》一书中将市场营销定义为“个人和群体通过创造产品和价值并同他人进行交换以获得需求和欲望的一种社会和管理过程”。

2004年8月，美国市场营销协会给“市场营销”下了一个新定义：“市场营销是创造、沟通与传送价值给顾客，以及经营顾客关系以便让组织与其利益关系人受益的一种组织功能与程序。”

根据以上所述，可以得出以下定义：市场营销是指在不断变化的市场环境中，以满足人们各种需要和欲望，以实现企业目标为目的，综合运用各种营销手段，通过市场变潜在交换为现实交换的一系列活动和过程。

1.1.3　市场营销涉及的核心概念

1.1.3.1　需要、欲望和需求

需要和欲望是市场营销活动的起点。所谓需要（need）是指人类与生俱来的基本需要。例如，人们为了生存，需要食物、衣服、房屋等生理需求及安全、归属感、尊重和自我实现等心理需求。需要描述了人类固有的基本要求，既包括物质的、生理的需要，又包括精神的、心理的需要。市场营销者不能创造这种需要，可用不同方式去满足它。

欲望（want）是指想得到上述需要的具体满足品的愿望，是个人受不同文化及社会环境影响而表现出来的对基本需要的特定追求。例如，为满足“行”的需要去北京，人们可能选择乘坐飞机、火车、汽车、轮船等交通工具。人的欲望受社会因素及机构因素的影响，如职业、团体、家庭、教会等。因此，欲望会随着社会条件的变化而变化。市场营销者无法创造需要，但可以影响消费者的欲望，并开发特定的产品和服务来满足欲望。

需求（demand）是指人们有能力并愿意购买某一具体产品的欲望。消费者的欲望在有购买力作后盾时就变为需求。许多人想拥有高级轿车，但只有具有支付能力的人才能购买。因此，市场营销者不仅要了解有多少消费者需要其产品，还要了解他们是否有能力购买。

还没有得到满足的需要和欲望代表着市场机会。因此，企业要善于识别与发现市场中未满足的需要和欲望，并在此基础上生产适销对路的产品。只有这样，才能赢得顾客，赢得市场。

1.1.3.2　产品

产品不同于商品，产品是指凝聚人类劳动的物品，商品是用于交换的劳动产品。但是在本书中为了方便，所称的产品就是商品。

产品既可以是实体产品，如冰箱、计算机等；也可以是服务，如理发、航空等；同时也可以是人员、地点、活动、组织和观念等。产品不管形态如何，必须能满足人们的需要和欲望。

1.1.3.3　效用、价值和满意

效用（utility）是指顾客对产品满足其需要的整体能力的评价。消费者如何选择所需要的产品，主要是根据对满足其需要的每种产品效应进行估价而决定的。例如，消费者到某地，使用成了产品的选择组合；消费者要求满足不同的需求，即速度、安全、舒适及节约成本，这些可供选择的产品构成了需求组合。这样，每种产品有不同能力来满足消费者的不同需要。例如，自行车省钱，但速度慢；汽车速度快，但成本高。消费者要决定最能满足其需要的产品，会按照从最能满足其需求到最不能满足其需求的顺序进行排列，从中选择出最接近理想产品的产品，因为它对顾客效用最大。例如，顾客到某目的地所选择理想产品的标准是安全、快速，那么他可能会选择汽车。

价值（value）一般来说是指顾客所得到的利益与其所付出成本的比值。顾客所得到的利益包括功能利益和情感利益；顾客付出的成本包括货币、时间、精神和体力。价值可以用以下公式表达：

$$价值 = \frac{利益}{成本} = \frac{功能利益 + 情感利益}{货币成本 + 时间成本 + 精神成本 + 体力成本}$$

企业可以通过以下几种方法提高购买者所得到的价值：（1）提高利益，降低成本，大幅度提高价值；（2）利益不变，降低成本，提高价值；（3）提高利益，成本不变，提高价值；（4）利益增加幅度高于成本增加幅度，提高价值；（5）利益降低幅度低于成本降低幅度，提高价值。

满意（satisfaction）是指顾客对购买和消费的产品所提供的价值与顾客期望进行比较的一种结果。

1.1.3.4　交换和交易

交换是指从他人处取得所需之物，而以某种东西作为交换的行为。人们取得某种所需之物可能有很多方式，如交换、乞讨、巧取豪夺、自给自足等。其中只有交换才存在市场营销。交换产生必须具备五个条件：至少有交换双方；每一方都有对方需要的有价值的东西；每一方都有沟通和运送货物的能力；每一方均可以自由地接受或拒绝；每一方均认为与对方交换是称心如意的。

交易是交换的基本单元，商品交换达成协议，就叫交易。交易通常有两种方式：一种是货币交易，如你支付1500元而获得一台洗衣机；二是非货币交易，包括以物换货、以服务换服务、以劳务换货物等。

任务 1.2　市场营销学的产生与发展

1.2.1　市场营销学的产生与发展

纵观市场营销学的发展历程，可以看出市场营销学对市场营销活动规律性的认识是逐步深化的，它大体经历了萌芽时期、规范时期、变革时期、重构时期四个阶段。

1.2.1.1 萌芽时期（1900—1920年）

这一时期，各主要资本主义国家经过工业革命，生产力迅速提高，城市经济迅猛发展，商品需求量也迅速增多，出现了需求大于供给的买方市场，企业产品卖出去不是问题，与此相适应，市场营销学开始创立。

20世纪初，越来越多的学者开始关注分销体系及其运营。在此期间美国外来移民涌向城市中心，技术、交通、物流等方面的进步使得市场状况发生了巨大的变化，促进了分销体系的迅速发展和不断创新。

在这种形势下，美国大学商科的教师们开始注意对定价、分销和广告问题的研究，开设了一些新课程来介绍市场营销系统的不同方面，如密歇根大学开设的产业分销课程、纽约大学开设的商业制度课程等。

经济学刊物对新生的市场营销学给予了大力支持，促使市场营销学开创出不同寻常的方法，如产品研究法、机构研究法和职能研究法等。同时，学术界陆续提出了一些学科的新概念，初始的学科体系逐渐形成。

哈佛大学教授赫杰特齐 J. E. Hagerty 走访了大量大企业主，了解他们如何进行市场营销活动，于1912年出版了第一本销售学教科书，它是市场营销学作为一门独立学科出现的里程碑。

1.2.1.2 规范时期（1920—1950年）

在这一时期的开端，市场营销学是一个产生不久、尚未成形的研究领域，然而到了1950年，市场营销学已经成为一个欣欣向荣、有影响力的学术领域。

市场营销系统的一个关键特征是它内嵌于日复一日地社会生活之中，并随着外部环境的变化而不断发展变化。这一时期是个特殊时期，美国经历了快速发展和繁荣的20世纪20年代，大萧条的30年代，大动荡的第二次世界大战以及40年代的“战后”时期，这些机会和挑战都要求进一步明晰市场营销的学术范围，以使其成为一个规范的研究领域。为实现这一目的，学术界开始对各专门学科和各种研究方法的成果加以整理，融合提炼，博采众长，形成了较为系统的市场营销理论，该学科的独立性、系统性和完整性日趋明显。不过，与其后的研究相比，这一时期市场营销学的研究更侧重于对营销实践的描述，较少考虑解决管理方面的问题。

1932年，克拉克和韦尔达出版了《美国农产品营销》一书，对美国农产品营销进行了全面的论述，指出市场营销的目的是“使产品从种植者那儿顺利地转到使用者手中”。1942年，克拉克出版了《市场营销学原理》一书，在功能研究上有创新，把功能归结为交换功能、实体分配、辅助功能等，并提出推销时创造需求的观点，实际上是市场营销的雏形。

1937年，美国全国市场营销学和广告学教师协会及美国市场营销学会合并组成了现在的美国市场营销学会（American Marketing Association，AMA），为市场营销学的稳步发展提供了组织保证。

1.2.1.3　变革时期（1950—1980 年）

这个时期是市场营销发展史上的一个分水岭。这是一个伟大变革的阶段，发展和革新普遍受到欢迎。市场营销思想的领域不断扩大，行为科学和数学几乎同时出现在市场营销学主流思想之中，对市场营销思想的发展起到了明显的促进作用。这一时期的市场营销学有以下几个主要特征。

（1）致力于从管理角度观察这一领域，更加强调市场营销管理，表现为这一时期提出了许多具有重要意义的概念，如营销观念、4P 理论、品牌形象、营销管理以及营销近视症等。

（2）广泛吸收其他学科（包括自然科学和社会科学）的概念、原理，使理论体系更加充实，并注重市场营销决策研究和定量研究。

（3）市场营销理论的阐述更加准确，强调市场营销活动必须适应消费者需求的变化，强调目标市场营销、市场营销信息和市场营销系统的重要作用。

（4）市场营销学从原来的总论性研究转变为区别不同研究对象的具体性研究，分化出许多子学科，如服务营销、国际营销及非营利组织营销等。

（5）这一时期末，市场营销学开始强调企业市场营销活动所关联的社会责任、社会义务和商业道德，强调借助于市场营销学原理和方法来推进社会福利的增加和社会事业的发展。

1.2.1.4　重构时期（1980 年至今）

20 世纪 80 年代以来，市场营销的内外部环境发生了巨大的变化。例如，和平与发展成为世界主题，经济全球化的趋势愈加明显，知识经济的迅速发展，环境问题日益受到重视等，这些变化促进了市场营销学的分支学科（如国际营销学、服务营销学、宏观营销学、非营利机构营销学等）的理论化、系统化，使市场营销学理论在国际范围内迅速扩散、广为采纳，并促进了市场营销学的分化和重构。

20 世纪 90 年代，以美国西北大学教授 D. E. 舒尔兹为代表的专家学者提出了以 4C 为核心的服务营销策略。后来还有随着互联网、物联网的发展而出现的网络营销，随着环保理论发展而出现的绿色营销等。

1.2.2　市场营销学在我国传播与发展

20 世纪三四十年代，市场营销学在我国曾有一轮传播。现存最早的教材，是丁馨伯编译的《市场学原理》，于 1934 年出版。当时一些大学的商学院开设了市场学课程，但由于战乱及政治经济条件的限制，其研究和应用没有得到很好的开展。中华人民共和国成立后，由于西方的外部封锁和我国国内实行高度集中的计划经济体制，市场和商品经济在理论上遭到否定，这门学科受到冷遇而销声匿迹。

党的十一届三中全会后，我国确定以经济建设为中心，对外开放，对内搞活经济。特别是建立社会主义市场经济体制，为我国重新引进和研究市场营销学创造了良好条件。改革开放的 40 多年时间里，市场营销学在我国的传播与发展大体可分为三个阶段。

1.2.2.1　引进阶段（1978—1984 年）

1978—1984 年是市场营销学再次被引进我国并初步传播的时期。这一时期主要通过翻译、考察及邀请专家的形式，系统介绍和引进国外的市场营销理论。这是营销中国化非常重要的基础性工作，但受当时社会条件的限制，参与研究者少，研究比较局限，对西方营销理论的认识也相对肤浅。1980 年，国家经济委员会与美国政府合作举办了以国有企业厂长与经理为核心对象的大连培训中心，邀请美国著名的市场营销专家进行培训，对营销理论方法的实际运用起到了推动作用。1984 年 1 月，为加强学术交流和教学研究，推进市场营销学的普及与发展，全国高等财经院校、综合性大学市场学教学研究会在湖南长沙成立（ 1987 年改名为中国高等院校市场学研究会)。该研究会汇集了全国 100 所高等学校的市场营销学者，每年定期交流研讨，公开出版论文集，对市场营销学的传播、深化和创新运用做出了积极贡献。

1.2.2.2　传播阶段（1985—1992 年）

1985— 1992 年是市场营销学在我国广为传播的时期。为适应国内深化改革、经济快速增长和市场竞争加剧的环境，企业界的市场营销意识开始形成。1988 年，国内各大学已普遍开设“市场营销”课程，专业教师超过 4000 人，不少学校增设市场营销专业，有 50 多所大学招收了市场营销方向的研究生。1991 年 3 月，中国市场学会在北京成立。该学会成员包括高等院校、科研机构的学者，国家经济管理部门官员和企业经理人员。此后，中国高等院校市场学研究会、中国市场学会作为中国营销的主要学术团体，开展了一系列活动，为企业提供营销管理咨询服务和培训服务，为促进学术界和企业界、理论与实践的结合及建立对外交流渠道做了大量卓有成效的工作。1992 年，邓小平南方谈话提出建立社会主义市场经济体制。随后，改革全方位展开，经济结构迅速变化，外资企业大量进入，买方市场特征逐步明显，市场竞争进一步加剧。在这种形势下，强化营销和营销创新成为企业的重要课题。

1.2.2.3　拓展阶段（1993 年至今）

1993 年至今是市场营销理论研究与应用深入拓展的时期。1995 年在北京召开的第五届市场营销与社会发展国际会议，标志着市场营销学在我国的传播进入新的阶段。一方面，我国营销学术界全方位加强国际学术交流，举办一系列市场营销国际学术会议；另一方面，我国高层领导日益关注市场营销，学术界也展开了以我国企业实现“两个转变”（从计划经济向市场经济转变，从粗放经营向集约化经营转变）为主题的营销创新研究，以及以“跨世纪的中国市场营销”“中国市场的特点与企业营销战略”“新经济与中国市场营销”“知识经济和市场营销创新”等为专题的营销学术研究。在这一阶段，理论与实际结合更为紧密，出现了一批颇有价值的研究成果。

教育部在“九五”后期，将市场营销学列为“工商管理类核心课程”。根据教育部网站资料，截至 2019 年 6 月 15 日，全国高等学校共计 2956 所，其中普通高等学校 2688 所（含独立学院 265 所)，成人高等学校 268 所。普通本科院校 1265 所，普通专科院校 1423 所。无论是本科院校或者专科院校，基本都开设市场营销专业或者市场营销课程。营销学者在市场营销学的中国化方面做了有益的探索。在改革开放 40 多年的伟大实践中，这门实用价值很高的应用性学科显示出了它的生命力，越来越受到人们的重视。

任务 1.3　市场营销观念的演变

1.3.1　市场营销观念发展

1.3.1.1　传统的市场营销观念

A　生产观念

生产观念是指导企业市场行为的最古老的观念之一。生产观念认为，消费者喜欢那些可以随处买得到而且价格低廉的产品，企业应致力于提高生产效率和分销效率，扩大生产，降低成本，以扩展市场。显然，生产观念是一种重生产、轻营销的商业哲学。

B　产品观念

如果说生产观念强调的是产品的“量”，那么产品观念强调的则是产品的“质”。产品观念也称产品导向，指的是以产品为中心的营销观念。产品观念也是市场营销观念中的早期观念。产品观念认为，消费者喜欢具有某些特性的、高品质的、多功能的产品，因此企业应该生产高质量产品，并对其质量、功能进行不断改进。产品观念是与生产观念一起出现的旧营销观念之一，也是以产定销，其特点是重产品生产、轻产品销售，重产品质量、轻顾客需求。中国的“酒香不怕巷子深”是这种观念的形象说明。

产品观念源于卖方市场的背景，此时商品供不应求。当发明新产品时，企业很容易有产品观念，导致“市场营销近视”，即不恰当地关注产品本身而不是市场需求。虽然这往往会带来良好的产品质量，但也可能带来产品单一、款式陈旧、包装乏善可陈、营销管理缺乏远见等问题。企业只看到自己的产品质量好，而看不到变化的市场需求，以至于企业经营逐步陷入困境。

C　推销观念

推销观念是指企业的一切经营活动以推销为中心，重在诱导顾客购买产品。20 世纪 30 年代以来，由于科学技术的进步，加之科学管理和在生产观念驱动下产生的大规模生产，产品产量迅速增加，但人们有支付能力的需求增长相对缓慢，出现生产增长超过需求增长的现象，市场上许多产品供过于求，企业之间竞争加剧，特别是受 1929—1933 年经济危机的冲击，大量产品积压，很多企业倒闭。这时，许多企业开始重视运用推销技术和广告宣传，派大量人员从事推销业务。在这样的客观经济条件下，推销观念应运而生，取代生产观念，成为许多企业的经营指导思想。持推销观念的企业认为，企业产品的销售量总是和企业所做的促销努力成正比。

1.3.1.2　市场营销观念

市场营销观念出现在 20 世纪 50 年代中期，该观念认为客户是企业营销活动的起点和终点，通过强调客户导向、满足客户需求，正确确定目标市场的需求和愿望，并且比竞争者更有效地提供目标市场所期望的产品或服务，进而实现让顾客满意，实现企业目标。采用市场营销观念的企业通常放弃了传统观念中“我为产品找客户”的思维，而是基于客户需求，为客户设计合适的产品，即“我为客户生产产品”。在 20 世纪 50 年代，西方社会的生产力迅速增长，市场为买方市场，商品供过于求，大多数居民的收入迅速增加，有能力对产品进行选择。众多企业意识到，只有改变营销观念，企业才能更好地生存和发展。因此，市场营销观念为众多企业所接受。

市场营销观念具有以下特征：第一，专注于消费者的需求，以消费者为中心；第二，使用多种营销组合来满足消费者的需求；第三，树立整体产品理念，激发新产品的开发，满足消费者需求；第四，通过满足消费者需求来实现盈利目标；第五，营销部门处于公司生产经营活动的中心地位。

市场营销观念与传统观念有很大的差别。传统观念基于卖方需求，企业更多地从自身的角度出发，考虑自己可以生产什么、自己想要出售什么；而市场营销观念基于买方需求，企业开始从消费者的角度出发，考虑客户需要什么、为此我要出售什么。传统观念考虑的是如何把产品转变为收入，企业需要怎样将产品销售出去，进而获取企业利润；而市场营销观念考虑的是如何把消费者的需求通过制造、传送、营销等环节，转变为收入，企业需要考虑的是如何尽量满足大多数消费者的需求，通过何种手段将产品销售出去，进而获得企业利润。

市场营销观念的出现是市场营销哲学一次质的飞跃。它不仅改变了传统观念的思维方式，还在营销战略和方法上有新的突破。市场营销观念确认这么一个原则，那就是要实现企业目标，企业营销管理必须贯彻“客户至上”的原则。因此，在生产经营过程中，企业必须进行市场调研，根据市场需求和公司自身条件选择目标市场，组织生产经营，最大程度提高消费者满意度。根据“消费者主权理论”，市场营销观念认为，确定生产哪种产品的主权不在于生产者，而在于消费者。

1.3.1.3　客户观念

客户观念指的是企业根据顾客过去的交易信息、心理活动信息、人口统计信息、媒体使用信息、消费偏好信息等，为每一位顾客提供相应产品或服务，以此确认不同顾客的终生价值、提升顾客忠诚度、增加顾客的购买量和复购率，从而确保企业的利润持续增长。客户观念与市场营销观念存在一定差别。市场营销观念强调的是企业要满足某个细分市场里的顾客需求，而客户观念强调的是满足每一位顾客各自的特殊需求。简言之，客户观念强调了顾客的中心地位，“顾客就是上帝”。

现代营销战略从产品导向转变为顾客导向，企业也更加注重顾客的需求。在实际经营中，企业逐渐发现，不同的细分市场存在不同的特殊需求，即使在相同的细分市场内，顾客也存在不同的特殊需求。因此，为了满足市场需求，进一步提升顾客满意度，企业需要更好地研究顾客需求，并尽最大可能满足每一位顾客的特殊需求。在这个背景下，越来越多企业的营销指导思想从市场营销观念逐步转变为客户观念。

1.3.1.4　社会市场营销观念

社会市场营销观念是客户观念的补充和延伸。它出现在 20 世纪 70 年代，当时西方资本主义国家正在经历能源短缺、通货膨胀、失业率上升、环境污染严重等问题，消费者保护运动和环境生态保护运动盛行，这些都促使企业的营销活动要考虑到消费者和社会的长远利益。在这一背景下，西方营销学界提出了一些新的理论和观点，这些观念的共同特征是，均认为企业的生产和管理不仅要考虑到消费者的需求，还要考虑到消费者和整个社会的长远利益。这些观念统称为社会市场营销观念。社会市场营销观念避免了消费者需求、消费者利益、长期社会福利之间存在的冲突，要求营销人员在制定营销策略时需要考虑三方的利益，即企业的利润、消费者的需求和社会的利益。

社会市场营销观念强调了企业要兼顾消费者、企业、社会三方的利益，提出企业在提高自身经济效益的同时，也要提高消费者利益和社会效益，因而是符合社会可持续发展要求的营销观念。

1.3.1.5　大市场营销观念

当前的世界经济逐步走向区域化、全球化发展，企业之间的竞争不再是国内企业之间的竞争，而是世界范围内企业的竞争，“无国界竞争”成为发展趋势。但是，各国风土人情各异、制度形态有别，这些都对企业的跨国发展造成一定阻碍。有鉴于此，营销大师菲利普·科特勒提出了大市场营销观念。大市场营销观念是市场营销观念和社会营销观念的进一步发展。大市场营销观念认为，企业可以通过使用经济、心理、政治、公共关系等方式，获得外国或地方各有关方面如分销商、供应商、消费者、政府组织、传播媒体等的协作和支持，进而进入特定市场，并在此特定市场开展业务，从而达到预期目标。

大市场营销观念具有以下实际意义。首先，有助于具有大市场营销观念的企业充分了解企业自身与外部环境之间的复杂关系。它鼓励企业对不断变化的外部环境采取更积极的态度，特别是在国际市场营销实践中，企业不仅要积极适应外部环境，还要发挥主观能动性，积极影响和改变恶劣的外部环境，从而实现业务目标。其次，有助于企业意识到公共关系的重要性。它鼓励企业与不同组织和公众打交道，促使企业重视产品形象。再次，有助于企业认识到市场营销与需求之间的辩证关系。企业不仅需要积极满足市场需求，还应当主动培育消费者，开发新市场。最后，有助于营销人员开阔视野，扩大营销方式和营销资源，增强企业实力和竞争力。总而言之，大市场营销观念强调，企业应当通过动态的变化思维来面对不断变化的市场和消费者，综合地运用各种资源，主动出击，从而达到企业生产经营目标。

1.3.1.6　绿色市场营销观念

绿色市场营销观念是指企业在促进环境保护，充分利用环境资源和绿色资源的背景下，开发绿色产品，将日常生产经营过程中产生的废品和自然界中的绿色资源转化为绿色环保的消费品，从而满足消费者需求的市场营销观念。当前，世界范围内的环境问题引起了众多消费者的重视，节能环保、绿色消费成为众多消费者的关注点。绿色市场营销观念很好地满足了消费者的需求。它基于消费者的绿色消费需求，广泛利用各种资源来实现企业的整个绿色营销过程。这种绿色营销理念促进了社会环境的发展和人们的健康。企业的绿色市场营销不仅有利于企业的长远发展，还对社会和民众的健康生活起着重要作用。

营销实例

匠心30年，“国民品牌”利郎的潮变之路

2018年5月18日，一场以“奋进”为主题的利郎冬季新品发布会顺利举行，来自全国各地的经销商和代理商齐聚一堂，共同见证了一场时尚潮流的视觉盛宴。未来战士系列、高端精品系列等众多时尚潮流新品的相继亮相，意味着利郎重新出发，开启年轻化、个性化、时尚潮流化的新征程。面对“90后”消费群体的不断崛起，传统服饰转型升级已然势在必行。作为拥有30年历史的男装品牌利郎，同样也在顺应时代的变革，不断升级创新，增添“年轻”“时尚”“潮流”的标签，从传统男装服饰转向“潮流”“品位”的时尚服饰品牌。

一、简约不简单，利郎品牌形象日趋国际化

利郎成立于1987年。如今，利郎已是一个全国知名的集产品设计、开发、生产、营销于一体的男装品牌。利郎始终以“简约不简单”的设计哲学来精心地诠释和演绎企业的核心价值。作为首家在香港上市的中国内地男装企业，从寥寥数人的小作坊开始研发单品类产品，随后增加商务男装等多品类产品，如今更注重休闲时尚的全品类男装，利郎的发展脉络清晰可见。目前，利郎拥有LILANZ和LILANZ轻时尚（LESS IS MORE）两大主力线产品，产品覆盖外套、内搭、裤类、鞋类、配饰等，构建了覆盖32个省（自治区、直辖市）、70家分公司、2400余家终端门店的营销网络。2018年，利郎入选央视《大国品牌》，不仅仅向世界展示了中国男装品牌，更是向世界传递中国民族品牌的文化力量。

二、“年轻化”策略，抢占新生代消费群体

当下，经济的快速发展及信息传播技术的日益更新促进了消费不断升级，越来越多的消费者开始从满足物质消费转向对高品质生活方式的追求。尤其是作为消费主力军的“90后”，他们追求时尚与独特的风格，消费观念更为先进，具有个性化特征的潮流品牌成为他们消费的新趋势。

三、提质不提价，品质是利郎始终不变的追求

据相关人员透露，2017年下半年，利郎同店销售额增长进一步扩大，从秋季的个位数上升至冬季近10%的同店增长。另外，2018年订货销售也显著提升：在各类产品平均单价与2017年相同的情况下，利郎2018春夏订货会订单总金额同比增长21%；秋季订货会订单总金额同比增长31%。

（资料来源：简约不简单，“国民品牌”利朗的潮变之路.
网易订阅，2018（整理观点）.）

1.3.2 市场营销组合

1.3.2.1 企业导向的市场营销组合

A 4P：传统市场营销组合

麦卡锡于1960年在《基础营销》一书中提出4P组合，将营销要素概括为四类：产品（Product）、价格（Price）、渠道（Place）和促销（Promotion）。由于这四个词的英文

首字母都是 P，所以称为 4P 市场营销组合。4P 市场营销组合是后续其他营销组合的基本理论框架。

（1）产品是企业能够提供给市场的产品与服务。产品包括了产品性能、设计、样式、包装、型号、售前服务、售后服务等。企业应当专注于产品功能的研发，使得产品或服务拥有独特的亮点，将产品的功能诉求放在重要位置。

（2）价格是企业购买产品或服务时的价格。价格包括了标价、折扣、折让、支付期限、利润等。企业应当根据市场定位制定不同的价格策略。

（3）渠道是企业将产品或服务送达市场和顾客手中所进行的活动总和。渠道包括了中间商选择与培育、仓储、运输物流等。有时企业是直接面对消费者的，但有时企业并不是直接面对消费者，而是面向中间商的，企业与消费者之间的联系是通过中间商产生的，因此，这类企业应当加强中间商的培育和分销体系的管理。

（4）促销是企业为宣传其产品，说服消费者购买而产生的各类活动。促销包括了广告、人员推销、宣传、公关等。企业可以专注于一些销售行为的变化以刺激消费者，如通过短期行为（打折促销、买一送一、免费体验等）来促进消费者购买企业产品。

B　6P：大市场营销组合

20 世纪 80 年代中期，全球经济放缓，市场竞争变得更加激烈，政治和社会因素日益影响到企业的市场营销活动。也就是说，企业的市场营销活动不仅受到企业内部资源和目标的影响，还受到企业外部的不可控制因素的影响。但是，麦卡锡提出的 4P 市场营销组合重点关注企业内部的可控因素，而忽视了外部环境，如竞争对手和宏观政策的变化等。基于 4P 理论，菲利普·科特勒创立了大市场营销理论，即 6P 市场营销组合理论。科特勒认为，公司可以而且应该影响它们进行生产运营的外部环境，而不是简单地适应外部环境。在出现了各种形式的国家干预和贸易保护主义的背景下，在面临国际和国内市场激烈竞争的形势下，各企业应当利用外部权力和公共关系打破国际或国内市场的贸易壁垒，为企业的市场营销活动铺平道路。6P 可以理解为 4P+2P，除了 4P 市场营销组合中的产品、价格、渠道、促销外，还包括另外两个因素，即权力（Power）和公共关系（Public Relations）。而这两个因素强调了企业的外部环境因素，这也是 6P 和 4P 之间的最明显区别。

（1）权力是企业进入特定市场并从事生产经营活动时，获得各权力单位的支持，如来自立法部门、政府机构、专业组织等的支持。

（2）公共关系是企业需要借助的外部社会舆论力量，如意见领袖、相关少数群体组织等的舆论支持。

与一般的市场营销相比，大市场营销具有以下五个特点。

（1）大市场营销强调主动出击以应对外部变化，可以采用积极的诱导方式，也可以采用消极的诱导方式。

（2）大市场营销的目的是主动进入特定市场。

（3）大市场营销的涉及面更广，除了包含与市场营销活动直接发生联系的中间商、供应商外，还包括了党政机关、宗教组织、社会团体等。

（4）大市场营销的手段较为复杂，需要多管齐下、数箭齐发。

（5）大市场营销所需的成本较大。

与 4P 市场营销组合相比，6P 市场营销组合具有一定进步性。现在的企业营销活动面临着市场竞争全球化的趋势，了解国内外政治和经济政策的变化，是企业在市场营销活动中应该认真考虑的事情。积极与政府等有关机构合作，了解国内外政治动向，并根据现状做出更快的营销决定，有利于企业更好地实现经营目标。

C　10P：战略市场营销组合

如果说 4P 市场营销组合从理论上阐述了企业的内部营销战术，6P 市场营销组合中的权力和公共关系强调了企业的外部力量，那么 10P 市场营销组合则强调了企业更为宏观的战略营销计划。随着企业经营者对营销战略计划的逐步重视，科特勒在 6P 组合的基础上，又提出了新 4P，即战略营销计划组合，其中包括了探查（Probing）、划分（Partitioning）、优先（Prioritizing）、定位（Positioning）。人们将原来的 6P 市场营销组合与新提出来的 4P 战略营销计划组合相结合，形成了比较完整的 10P 市场营销组合理论。10P 市场营销组合也是真实市场中由于环境变化所导致的产物。

（1）探查是指市场营销调研，其含义是在市场营销观念的指导下，以消费者需求为中心，通过科学的方法，系统地收集、记录、组织和分析市场营销活动中的相关信息，从而提出解决问题的建议，确保营销活动顺利进行。

（2）划分是指市场细分，即使用系统的方法，根据消费者的不同需求，将整个市场划分为若干个消费者群体的过程。

（3）优先是指对目标市场的选择。在市场进行了细分的基础上，企业会选择希望进入的那部分目标市场，或者优先地、最大化地满足部分消费者。

（4）定位是指市场定位，其含义是基于竞争者在市场中的地位、消费者对产品的关注程度等因素，企业会努力塑造出本企业及其产品某些特色鲜明的个性或形象，从而让企业在行业中处于适当的地位，产品在市场上具有恰当的位置。

科特勒认为，战略营销计划在企业的营销过程中具有重要意义，即只有宏观的战略营销计划过程制订得当，微观的战术营销组合才能顺利进行。因此，为了更好地满足消费者的需求并获得最佳营销效益，营销人员需要首先做好探查、划分、优先、定位这四个营销战略；其次，营销人员需要掌握产品、价格、渠道、促销这四种营销战术，同时，营销人员需要具有灵活应用外部环境的能力，即权力和公共关系。这便是科特勒的 10P 市场营销组合理论。科特勒的 10P 市场营销组合理论的形成和发展为整个市场营销理论做出了突出贡献，为企业营销分析提供了比较完整的理论基础。

D　7P：服务市场营销组合

服务业在世界范围内逐步发展，很多企业开始意识到，服务业与传统的制造业在很多方面都存在不同，基于产品营销的 4P 市场营销组合有时候并不能够很好地应用到服务业企业当中去。因此，1981 年，布姆斯和比特纳在 4P 市场营销组合基础上，以服务业市场营销为主要背景，增加了三个因素，进而形成了 7P 市场营销组合。增加的三个因素分别是人员（People）、有形展示（Physical Evidence）、过程（Process）。7P 市场营销组合构成了服务市场营销的基本框架。

（1）人员是指服务过程中的人为因素，包括提供服务的人为因素和接受服务的人为因素。换句话说，人员包括了服务过程中的服务人员和顾客及其相关行为，如顾客态度、员工负责、沟通、顾客参与等。

（2）有形展示是指展示给顾客有关商品与服务的一些相关信息。有形展示能够使所促销的产品或服务更加接近顾客。有形展示包括环境设计、设备设施、实体包装等。有形展示的重要性在于它能够为顾客提供合理的线索，以便让顾客更容易地了解服务质量。因此，最好的服务是将无法触及的东西转化为有形的服务。

（3）过程是指顾客在获得服务之前所必须经历的过程，简言之，就是服务的传递过程。举例来说，如果顾客在获得服务之前需要经历漫长的等待，那么等待时间就是服务过程中需要重点考虑的一个问题。

7P 市场营销组合与 4P 市场营销组合的差别主要体现在后面新增加的三个 P 上，即人员、有形展示和过程。总体而言，4P 市场营销组合重点关注产品，是实物市场营销的基础框架，而 7P 市场营销组合重点关注服务，是服务市场营销的基础框架。

1.3.2.2　顾客导向的市场营销组合

随着市场竞争越演越烈、媒体传播速度越来越快，4P 市场营销组合的局限性愈发明显。1990 年，美国学者罗伯特·劳特伯恩提出了以顾客需求为导向的 4C 市场营销组合，这与传统的以企业生产为导向的 4P 市场营销组合相对应。4C 市场营销组合重塑了市场营销组合的四个基本要素，即变为顾客（Customer）、成本（Cost）、便利（Convenience）、沟通（Communication）。4C 市场营销组合从顾客的角度出发，强调企业首先应该追求顾客满意度，其次是努力降低顾客购买成本，最后要注意顾客购买过程中的便利性。4P 市场营销组合转变为 4C 市场营销组合，具体来说就是产品转变为顾客、价格转变为成本、渠道转变为便利、促销转变为沟通。

（1）顾客主要是指顾客需求。企业必须首先了解和研究顾客，分析顾客需求，并根据顾客需求提供产品。企业在提供产品和服务的同时，还由此产生了顾客价值。举例来说，企业直接面向顾客，因此应考虑顾客的需求和愿望，建立以顾客为中心的零售概念，并贯穿于整个市场营销活动中。企业应该从顾客的角度出发，站在顾客的立场思考问题，帮助顾客选择合适的产品或服务。

（2）成本不仅是企业的生产成本（即 4P 市场营销组合中的价格），还包括顾客的购买成本。顾客的购买成本不仅包括了所花费的金钱，还包括所花费的时间、精神消耗、体力消耗和承担的购买风险。也就是说，当顾客购买特定产品或服务时，顾客的总购买成本包括了货币成本、时间成本、体力成本等。顾客总是希望最大限度地降低各种成本，因此在购买产品或服务时，企业需要考虑顾客愿意付出的总成本，以最大限度地满足顾客的需求。

（3）便利是指企业为顾客提供最大的便利，考虑产品或服务应该如何方便顾客使用。在目前过度竞争的状况下，如何最大限度地给顾客以方便，是企业应当认真考虑的问题。4C 市场营销组合强调，在制定营销策略时，公司应该考虑顾客的方便而不是企业自身的方便。在购买过程中，有必要为顾客提供便利的售前、售中和售后服务；在选择地理位置时应充分考虑“顾客易访问性”这一因素，以便顾客可以轻松完成消费。

（4）沟通对应的是 4P 市场营销组合中的促销。4C 市场营销组合认为，企业应积极有效地与顾客沟通，整合内部和外部营销资源，建立基于共同利益的新型企业—顾客关系，将双方的利益进行“绑定整合”。沟通不是一条单行道，不是企业单向地对顾客进行促销说服，而是一条双行道，是双方在沟通中找到同时实现各自目标的道路，见表 1-1。

为了建立竞争优势，企业必须不断与顾客沟通。在当今市场竞争激烈的环境中，企业的管理者应该意识到与顾客进行沟通，比选择合适的产品、定价、地点和促销更重要，更有利于企业的长期发展。

表1-1 4P理论与4C理论的区别

名称	从产品的角度比较	从价格的角度比较	从渠道的角度比较	从推销的角度比较
4P理论	强调提高产品质量	企业所消耗的成本加上企业的合理利润	如何通过合适的地点和渠道把产品转移到消费者手中	强调的是促销，劝导消费者购买产品或服务
4C理论	强调顾客到底需要什么产品	消费者所能接受的价格减去合理利润	如何最大限度地方便消费者购买产品和服务	强调企业与消费者之间的沟通，追求共同利益

综上所述，4C理论注重以顾客需求为导向，注重顾客的价值需求，与站在生产者角度的4P理论相比，有很大的进步和发展。

1.3.2.3 以关系为导向的市场营销组合

4R市场营销组合是以关系营销为导向，侧重于建立顾客忠诚度。无论是为了企业的利益还是为了顾客的需求，它都是一种更加实用和有效的市场营销组合。值得注意的是，4R市场营销组合是一种新的营销组合，并不是传统4P市场营销组合的延伸与拓展。4R市场营销组合包括四个因素，即关联（Relevance）、反应（Response）、关系（Relation）、回报（Return）。

（1）关联：关联是指企业应当与顾客建立某种形式的关联，企业和顾客是命运共同体。与顾客建立和发展长期合作关系，是企业市场营销的核心理念和最重要的内容，这有助于保持顾客忠诚度、保持市场份额的稳定。

（2）反应：反应是指企业及时对顾客的诉求做出快速及时的反应。在企业与顾客相互影响的市场环境中，对于企业而言，目前最现实的问题不是如何制订、实施和控制计划，而是如何从顾客的角度出发，及时倾听其诉求，并快速回应其需求。

（3）关系：关系是指企业对顾客进行关系营销，建立良好的与顾客之间的关系。在当前企业与顾客之间的关系发生重大变化的市场环境中，抢占市场的关键是与顾客建立长期稳定的关系。这需要企业的经营理念发生变化，从一次性交易转变为维持长期友好的合作关系，从重视短期利益转变为重视长期利益，从顾客的被动适应转变为顾客参与到生产过程中，从相互利益的冲突转变为共同和谐发展，从管理营销组合转变为管理企业与顾客之间的互动。

（4）回报：回报是指企业的短期与长期的收入和利润。任何交易和合作，归根结底都是经济利益问题。因此，一定的合理的回报，不仅是企业正确处理市场营销活动中各种矛盾的起点，也是市场营销活动的终点。

营销新视野

迪士尼公司4R市场营销组合与现代科技的有机结合

4R市场营销组合与现代科技进行有机结合，从而促进了企业生产经营活动质量与效率的提升。

以迪士尼公司为例。迪士尼乐园落户上海，吸引了众多游客的到访。迪士尼公司对于如何建立并维护和顾客的关系相当在行，它的一项新计划有助于增加游客在乐园中的逗留时间，进而增加营业收入。游客在乐园门口可以选择一位可爱的米奇玩偶，这个米奇玩偶可以帮助游客通过手机获取一些有用的游园信息，避免游客因不熟悉乐园设施及活动而造成遗憾。乐园的员工会通过米奇玩偶、手机 App、乐园广播等多种渠道及时通知游客各种信息，如游行开始时间、游行路线、游乐设施排队时间、孩子喜欢的卡通人物在何处可以遇到等。利用 GPS 定位系统，迪士尼乐园的服务反应性又提升了一个台阶。例如，游客可以知道目前有多少人在车站排队，又有多少人在等候游玩某个娱乐设施。同样的信息也会传递给园区的摆渡车司机，他们可以根据可能的人流量灵活排班，以应对潜在的大客流。这些技术都是为了保证游客能够在迪士尼乐园拥有更好的顾客体验，从而更好地与顾客建立积极的关系、保障迪士尼的盈利。

通过与顾客建立“开心快乐”的共同理念与顾客产生关联，利用多种科技对顾客诸如信息获取等需求做出及时告知，与顾客建立良好的互动机制，并从顾客体验中获取经济回报，迪士尼将 4R 市场营销组合很好地运用到了实际的生产经营活动中。

（资料来源：卡尔·麦克丹尼尔，小查尔斯·W. 兰姆，小约瑟夫·F. 海尔. 市场营销学：案例与实践［M］. 上海：格致出版社，2010.）

1.3.3　市场营销哲学的发展趋势

当前，随着知识经济、共享经济、互联经济的发展，市场营销哲学面临着新的发展趋势。以人工智能和大数据为代表的信息技术快速发展，市场营销全球化加速，非营利组织对市场营销活动的关注加强，社会对企业责任与道德的要求提高，这些都对市场营销造成了深刻的影响。

1.3.3.1　企业营销道德与社会责任

现今，信息流传递愈加快速，信息的传播也更加透明，企业的一举一动几乎都被民众看在眼里。当前，随着消费者对自身利益的重视以及环保意识的增强，企业的营销人员更需要关注自身的营销道德，肩负起回馈社会、保护环境的社会责任。关注消费者福祉成为企业肩负社会责任时必须要面对的事情。消费者福祉连接着消费者对产品的满意度和消费者的生活质量。消费者福祉是消费者在消费生命周期的不同阶段中，具备主观幸福感和客观幸福感的一种理想状态。消费生命周期指的是消费者从购买产品到处置产品的全过程，包括产品购买、产品准备、产品消费、产品所有权占有、产品维修、产品处置等。消费者的主观幸福感与客观幸福感是有区别的，主观幸福感是消费者对自身消费过程的评价，属于消费者的主观感知；客观幸福感是由外部专家对消费生命周期中消费者成本与获利的实际评价。

企业需要关注消费者福祉，在给消费者带来满意产品或服务的同时，还要改善消费者在消费过程中的各个环节，为提高消费者的生活质量做出努力。企业在进行市场选择和执行 4P 市场营销组合的过程中，同样也需要保护消费者的利益，这有利于企业为自身建立一个良好的内外部环境，进而提升企业的生产经营水平和盈利能力。基于消费者福祉的营销是一种新的市场营销哲学，是以企业营销道德与伦理为基础，对关系营销的进一步延伸，这不仅能为企业带来长期的经济方面的回报，也有助于企业提升自身的道德水平与社会责任感。

无论是大型跨国企业，还是本土中小型公司，它们在企业营销道德与社会责任方面都将接受舆论的监督，在出现企业营销道德或社会责任问题时，也会受到公众的谴责。公众对企业的营销道德与社会责任要求会越来越严格，因此，许多优秀的公司将企业营销道德与社会责任看成企业树立竞争优势与提升公共关系的良好机会，并通过遵守营销道德、肩负社会责任，为消费者提供长期利益而获得盈利。

1.3.3.2 国际营销

当今世界经济全球化、一体化趋势明显，几乎所有的企业都不得不面对全球化的竞争，不得不参与到国际贸易中。跨国企业早已将其业务开展到了世界上几乎每一个角落，而中小企业需要面对跨国企业的竞争，同时也可以通过经济全球化，在家门口就可以获得来自世界各地订单的机会。国际营销正成为市场营销新的发展趋势之一。因此，企业需要从国际化的视角来重新看待市场营销，放眼世界、面向全球，而不是管中窥豹、坐井观天。越来越多的企业开始重新思考国际营销这个命题，而在学界，国际营销也成为市场营销研究的新领域。

1.3.3.3 数字营销

当前社会进入了数字信息时代，大数据、人工智能、物联网、区块链、移动互联等新技术的发展对企业的市场营销活动产生了巨大影响。市场营销人员可以充分利用这些新技术，进行市场营销分析、产品定位、市场细分等活动，为消费者提供个性化的产品或服务，满足其特殊需求。具体内容将在后续章节详细介绍。

数字信息为市场营销的工具带来了一次革新。当前，许多企业都已经开设了网上业务、进行数字营销，进而可以争取到来自全世界的新客户，并与之建立良好关系。数字营销的应用领域广泛，衣食住行、吃喝玩乐、生老病死，几乎每个场景都有数字营销的身影。数字信息技术为市场营销活动打开了一扇新的大门，给市场营销人员提供了更多的机会和可能。

思 考 题

(1) 结合实际，谈谈市场营销对企业发展的意义。

(2) 市场营销哲学中，传统市场营销观念、市场营销观念、社会市场营销观念分别注重什么？

(3) 市场营销组合中，4P、4C、4R 市场营销组合分别以什么为导向？

(4) 4P、6P、10P、7P、4C、4R 市场营销组合分别包括什么因素，具体含义是什么？

案 例 分 析

2019 年 9 月，作为和《中国机长》共同见证奇迹的民族品牌之一，张裕公司特意定制了以“敌中国英雄”为主题的张裕解百纳干红作为赠礼，一盒两瓶，酒标分别选用《中国机长》的两幅中国风创意海报，一幅是水墨风格的熊猫戏竹图，寓意“胸有成竹”；另一幅是青花瓷风格的山水图，寓意“化险为夷”。烟台张裕集团有限公司的前身烟台张裕葡萄酿酒公司创办于1892年，至今已有一百多年历史。它是中国第一个工业化生产葡萄酒的厂家，也是目前中国乃至亚洲最大的葡萄酒生产经营企业之一，主要产品有白兰地、葡萄酒、香槟酒、保健酒、中成药酒和粮食白酒六大系列数十个品种，年生产能力8万余吨。目前，张裕解百纳销往全球28个国家，进入欧洲5000多家卖场，包括英国Sainsbury's、德国Schneekloth、西班牙Soysuper S. L.、瑞士Rutishauser Barossa等，截至2019年2月，全球销量累计突破5.32亿瓶。

（1）百年张裕——历经坎坷创辉煌（可用于营销观念）。

1892年（清光绪十八年），著名华侨巨贾张弼士先生在烟台创办张裕酿酒公司。张裕之命名，前袭张姓，后借“昌裕兴隆”之际。经过十几年的努力，张裕终于酿出了高品质的产品。1915年，在世界产品盛会——巴拿马太平洋万国博览会上，张裕的白兰地、红葡萄酒、雷司令、琼瑶浆（味美思）一举荣获四枚金质奖章和最优等奖状，中国葡萄酒从此为世界所公认。

改革开放后，社会经济环境为其提供了前所未有的发展机遇。张裕产品凭借其卓越的品质，多次在国际、国内获得大奖，成为家喻户晓的名牌产品。然而，名牌不等于市场，金字招牌对于张裕来说是一个极大的优势，但是，这个优势却不足以使张裕在市场上所向披靡。在市场经济改革的头两年，由于市场观念差，企业缺乏适应市场竞争的能力，盲目生产，等客上门，受到了市场的惩罚。1989年，张裕的产值较上一年下降了2.5%，产量下降了26.2%，6条生产线停了4条，1/4的职工没有活干，近一半的酒积压在仓库里，累计亏损400多万元，生存和发展都面临着严峻的挑战。关键时刻，张裕人并没有躺在历史上顾影自怜。

在积极反思失败原因，努力摸索市场规律，下功夫钻研营销后，公司树立了“市场第一”的经营观念和“营销兴企”的发展战略，实现了两个根本性转变：一是企业由“销售我生产的产品”转变为“生产我销售的产品”，一切围绕市场转；二是由“做买卖”转变为“做市场”，从“推销”变成“营销”。

这两个转变使企业的经营不再是单纯的生产和推销问题，而是以市场为导向的调研、决策、实施、监控的有机结合，在满足消费者利益的同时为企业创造最佳效益。在正确营销观念的指导下，1997年、1998年连续两年产销量、销售收入和市场占有率均高居同行业榜首；在1998年度全国产品市场竞争力调查中，荣获消费者心目中的理想品牌、实际购买品牌和1999年购物首选品牌三项第一。2017年中国最具品牌价值的50个品牌，张裕公司位列第35名，再次成为唯一入选的中国葡萄酒企业，这已经是张裕连续10次登上该榜单。

思考：张裕公司是在什么情况下转变观念的，先后是什么观念，具体体现在何处？

（2）群雄逐鹿——红酒市场竞风流（可用于营销环境分析）。

葡萄酒具有多种保健养生功能。葡萄发酵时能产生十几种人体所需的氨基酸，可以缓解氧化反应、清理动脉、防止动脉粥样硬化和其他心脏疾病。同时，葡萄酒还有助于消化，并含有丰富的维生素B1、B2、B6、B12和多种矿物质，可以使人容颜丰润。

近年来，随着国人饮食健康观念的增强，葡萄酒也因其本身所具有的多种保健功能而备受青睐，其消费骤然升温，成为酒类市场的新宠。10多个国家的100多个洋品牌和400多个国内生产厂家和品牌在我国市场汇聚，一竞风流，市场竞争的激烈程度可想而知。目前，国内葡萄酒年产量达万吨的企业已经超过20个，称得上葡萄酒生产巨头的企业只有张裕、长城、王朝三家。据统计，实力雄厚的三家企业的市场占有率分别为张裕19.35%、长城16.09%、王朝15.57%；消费者对三个品牌的熟悉程度分别为张裕73%、长城35%、王朝30%；消费者最常喝的葡萄酒品牌张裕占43%、长城占19%、王朝占15%。其中我国驰名商标张裕葡萄酒是消费者最熟悉又最常喝的品牌。

在经历了一场与洋酒的生死较量后，国产葡萄酒尤其是国产干红葡萄酒凭借其优良的品质和低廉的价格取得了实质性的胜利。据统计，1996年全国干红酒的消费近4万吨，其中国产干红超过2万多吨，而洋品牌只有约1万吨。自1998年起，张裕、长城、王朝三家占据了60%左右的市场份额，而野力、龙徽等十几种品牌则成长为第二梯队，占据了剩下的绝大多数市场份额。杂牌洋酒组装厂家、小企业、小作坊则生存艰难，几乎没有市场。1998—1999年，倒闭的葡萄酒厂达上百家。

(3) 培育市场（可用于消费者市场分析）。

1998年年底，张裕营销公司的市场调研部在分析全国各地反馈的市场信息时发现，沿海地区和中西部城市的葡萄酒的终端消费者结构存在较大差异。沿海地区葡萄酒个人消费比例很高，市场销量比较稳定；中西部城市主要为公款消费（占70%以上），市场销量起伏也较大。

同时对终端消费者的心理调查表明，沿海地区消费者看重的是葡萄酒的保健功能及文化品位，而中西部城市消费者则看重的是身份标志和时尚。这表明沿海地区的葡萄酒消费者进入理性消费阶段，步入速度减缓的市场成熟期，而中西部城市则处在感性消费阶段，处在市场上升期。但因为我国葡萄酒的主要消费区域在沿海地区，故而可以推测：1999年的葡萄酒市场增长速度将放慢，张裕公司必须相应调整营销的策略，加大市场培育和开发的力度。

张裕公司很清楚，与啤酒、白酒比，葡萄酒的市场规模实在太小，整个产业的市场规模充其量不到100亿元。现在平均每个中国人葡萄酒年消费量只有0.3升，是世界平均水平的1/20。而国人以白酒为主的酒类消费习惯是在历史发展中逐渐形成的，是中国饮食业的一大特色，短期内很难改变，引导消费须下大功夫。假如每个中国人每年消费两瓶葡萄酒（1.5升），那么就需要195万吨葡萄酒，市场规模即可达780亿元。这表明中国葡萄酒市场还存在着巨大的发展空间，关键在于市场的培育和开拓。

思考：企业的竞争者有哪几种类型，张裕品牌的各类竞争者有哪些？

为了培养消费者，张裕着力于“沟通”。受价格因素限制，经常性的葡萄酒消费者主要是中高收入阶层，另外，行政管理层人士也是不可忽视的主流消费群；偶尔性消费者则以年轻人为主。张裕沟通的主要对象就是这些人，即将经常性消费者巩固下来，让偶尔性消费者逐渐转向经常性消费者，同时开拓新的大量新生性消费者。针对不同的消费层次，张裕采用了不同的沟通方式。

对经常性消费者而言，张裕通过一系列目标明确的整合传播，主要展示葡萄酒的健康、自然及其文化内涵——葡萄酒的品位和格调。张裕通过对经常性消费者主要的信息来源，如高品位杂志、体育节目、酒店等，进行“润物细无声”的文化渗透，提高葡萄酒在这些消费者心目中的亲和力，同时通过一系列品牌策略，树立起张裕东方红酒经典形象，以“传奇品质，百年张裕”作为主题，也使葡萄酒的系统传播得到了较好的效果。

对偶尔性消费者而言，张裕则侧重于宣传葡萄酒本身的时尚色彩，通过对大众传媒的控制性传播，传达各种葡萄酒的时尚资讯，营造出一种氛围，即把葡萄酒作为一种身份的象征进行推广，使其成为时尚潮流中的一部分。例如，在报纸上开辟醒目的葡萄酒消费专栏，在电视台黄金时间插播葡萄酒的各类专题，举办各种葡萄酒知识讲座等。通过日积月累的渗透式传播，让消费者树立这样一种心态：选择葡萄酒就是在选择一种更好的生活方式。事后的调查表明，很多消费者都受到了这种传播的影响，并逐渐喜欢上了葡萄酒。

从 1998 年起，张裕通过一个声势浩大的全国性活动，为其找到了很多新生性消费者，这就是它近两年在全国各地举行的“中国葡萄酒文化展”。百年张裕有着深厚的文化底蕴，中西合璧的张裕在市场开拓中越来越强调一种文化认同，即强调自己的东方个性。基于中国传统文化的“中国葡萄酒文化展”，利用大量的图片和史实，详细介绍了中国葡萄酒 2000 多年的悠久历史。

在市场推广和拓展上，张裕集团一直与时俱进，致力于时代的变迁和自身的传承。张裕表示，这种培育市场的工作他们将一直做下去。

思考：张裕集团如何开展营销活动，有何具体方案？

（资料来源：张裕用心良苦做市场. 百度文库（整理改编）.）

实 训 题

实训目的

通过实训帮助学生了解市场营销的核心概念和市场营销管理的任务。

实训内容

以小组为单位，选择学生熟悉的校园市场，各组选定一种产品，如饮料、手机、运动服饰等，通过此实训任务，让学生了解该产品在校园市场中的营销需求，了解该产品如果需要进入校园市场，作为营销者应采取哪些营销决策。

（1）针对各组选定的产品确定该产品的市场需求。

（2）讨论如果该产品需进入校园市场，作为营销者应针对产品采取哪些营销决策。

实训组织和要求

将班级学生分成若干个项目小组，小组规模以 3~5 人为宜，每个小组选举一名组长来协调小组的各项工作，指导老师应及时检查学生对各项任务的完成情况，并组织各组进行经验交流。

项目 2　营销战略计划与营销管理

学习目标

（1）掌握企业营销战略计划的过程。

（2）掌握企业营销战略业务组合分析的主要方法。

（3）掌握营销管理的任务和过程。

（4）掌握不同竞争地位的企业及其竞争战略。

能力目标

（1）提升市场营销理论的归纳总结能力。

（2）提升营销战略与管理的理论认知。

（3）根据竞争环境和竞争者分析，初步提出企业竞争战略。

案例导入

中国商飞公司市场营销战略

大型客机是一个国家工业、科技水平等综合实力的集中体现，被誉为“现代工业之花”和“现代制造业的一颗明珠”。中国商飞公司因民族的百年飞天梦想和国家的战略而生，肩负着国家的意志，承载着民族的梦想和人民的重托。让中国的大飞机翱翔蓝天的神圣使命，召唤和激励着中国商飞公司全体员工将人生追求和价值目标融入为大型客机事业的不懈奋斗中，攻坚克难、奋勇前行，使中国航空工业向更高领域迈进。中国商飞公司是实施国家大型飞机重大专项中大型客机项目的主体，也是统筹干线飞机和支线飞机发展、实现我国大飞机产业化的主要载体，主要从事大飞机及相关产品的科研、生产、试验试飞，从事大飞机销售及服务、租赁和运营等相关业务。中国商飞公司按照现代企业制度组建和运营，实行“主制造商—供应商”发展模式，重点加强飞机设计研发、总装制造、市场营销、客户服务、适航取证和供应商管理等能力，坚持中国特色，体现技术进步，走市场化、集成化、产业化、国际化的发展道路，全力打造更加安全、经济、舒适、环保的大型客机，立志让中国人自主研制的大型客机翱翔蓝天。

中国商飞公司研制的其中一款飞机就是 C919。这是一款受到全国民众关注的、名副其实的“明星飞机”。C919 飞机是由中国商飞公司于 2008 年开始研发、拥有自主知识产权、中国第一款符合最新国际适航标准的干线民用飞机，对标国外的空客 320、波音 737 飞机。“C”是英文 China（中国）一词的首字母缩写，也是中国商飞公司英文缩写 COMAC 的第一个字母，第一个“9”的含义是永恒与天长地久，“19”代表中国首架中型客机 190 座的最大客运量 C919 使用了大量先进的复合材料，复合材料占所有材料使用量的 20%左右；飞机内部的结构也进行了优化设计，飞机重量进一步降低，有利于飞机的节能减排。飞机结构重量的 30%左右为国产钛合金、国产铝合金、国产钢，这体现了 C919 客机为国内其他产业提供动力的能力。与此同时，由于使用了较多的复合材料，

C919 的机舱噪声预计将降至 60dB 以下，而国外同类机型的机舱噪声往往为 80dB。

（资料来源：中国商飞公司门户网站.）

如果说市场营销策略是具体的执行方案，那么市场营销战略就是宏观的指导政策。我们常说“站得更高、望得更远”，市场营销战略就是要从一个更高远的视角把握市场营销全局，为后续的市场营销实践提供宏观指导。制订市场营销战略计划有多个步骤，需要有效的分析方法和工具。同时，也需要根据消费者的需求，对市场营销进行合理有效的管理。

任务 2.1　战 略 计 划

2.1.1　战略、策略、战术

战略、策略和战术是经常同时被提及但又经常被混淆的三个词。

战略是指企业为了实现预定目标所做的全盘考虑和统筹安排，旨在确定企业的长期发展目标，且战略设定的目标必须与企业的使命保持一致。战略可以说是贯穿企业的指导思想，也是一种分析工具和一种长期的整体计划。

策略是指组织根据内外部形势发展而制定的行动方针，是实现组织目标的各种方案的集合。策略是在一个动态过程中产生的思考或行动，是根据可能或已经出现的问题所制定的对应方案，以期实现组织目标。

战术是指为了实现目标而采取的指导组织行为的具体方法和具体措施。相比较而言，战略更为宏观，从大方向明确了企业要“走向何处”；策略更为中观，指出企业要“走向该处”需要从哪些方面或环节进行考虑，即“如何走”；而战术则更为微观，从细节上说明企业具体要采取何种方式、何种步骤，需要配置多少资源，即具体“怎么走”。

2.1.2　战略计划及其过程

计划是一种事先的安排，用以正确地指导企业实现自己的目标。战略计划是企业根据外部营销环境和内部资源条件制订的涉及企业管理各方面（包括生产管理、营销管理、财务管理、人力资源管理等）的全局性的重大计划。战略计划强调企业组织的整体性，而不仅限于市场营销一个方面。尽管如此，市场营销部门在战略计划中仍起着重要作用。

战略计划过程是指企业的最高管理层通过制定企业的任务、目标、业务组合计划和新业务计划，在企业的目标、资源、能力与迅速变化的经营环境之间发展和保持一种切实可行的适应战略的管理过程。换言之，战略计划过程是企业及其各业务单位为生存和发展而制定长期总战略所采取的一系列重大步骤，包括规定企业使命、确定企业目标、安排业务组合、制定新业务计划，如图 2-1 所示。

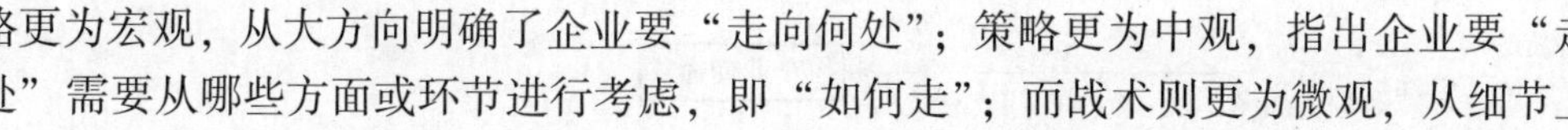

图 2-1　战略计划过程

2.1.2.1　规定企业使命

企业在规定其使命时，可向股东、顾客、经销商等有关方面广泛征求意见，并且需考虑企业历史的突出特征、业主和最高管理层的意图、企业周围环境的发展变化、企业的资源情况、企业的特有能力等因素。

通常，企业要通过使命陈述或使命宣言具体阐述企业的使命。有效的使命宣言应具备如下特点。

（1）市场导向。企业在使命宣言中要按照其目标顾客的需要来规定和表述企业使命。

（2）切实可行。企业在使命宣言中要根据本企业的资源特长来规定和表述其业务范围，不要把业务范围规定得太窄或者太宽，也不能太笼统。

（3）鼓动性和感召力。企业的使命宣言要能够提高士气，鼓励全体人员为实现企业的使命而奋斗。

（4）具体明确。企业的使命宣言中要规定明确的方向和指导路线，以缩小每个人的自由处理权限和范围。例如，在企业的使命宣言中要明确规定有关人员如何对待供应商、顾客、经销商和竞争者，使全体人员在处理一些重大问题时有统一的准则可以遵循。

企业的使命一旦确定，就成为至少一二十年内企业努力的方向。一般来说，企业的使命不能随着环境变化或无关的新机会出现而每隔两三年就变更一次。环境变化越快，企业就越需要经常检查其使命的规定和表述是否适当。

2.1.2.2　确定企业目标

企业使命还需要具体化为一系列各组织层级的目标，如图 2-2 所示。各级经理应当对其目标胸中有数，并对其目标的实现完全负责，这种制度称为目标管理。企业的目标必须符合以下要求。

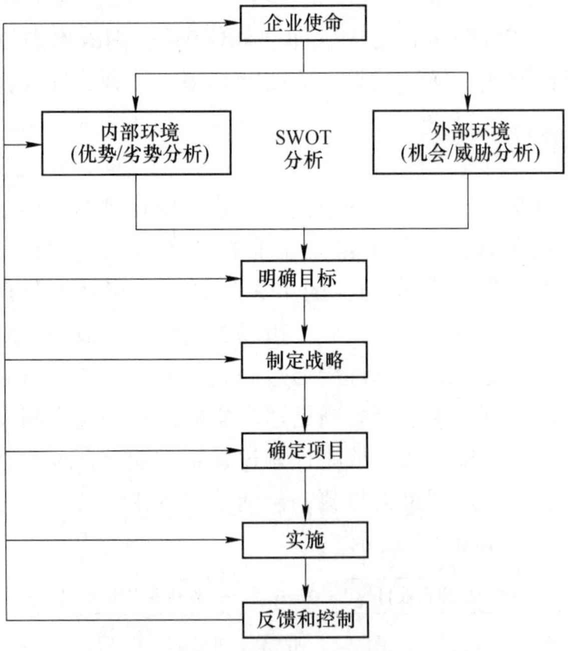

图 2-2　战略计划过程中的使命和目标

（1）层次化。一个企业（尤其是大企业）通常有许多目标，但是这些目标的重要性不一样，应当按照各种目标的重要性来排列，显示出哪些是主要的，哪些是派生的。

（2）可量化。企业目标应当可以量化，有明确的量化指标，如离职率、销售额、市场占有率等。举例来说，“今年的销售额比去年提高10%”这个目标就要比“今年的销售额要大幅提升”好，因为其可以量化。

2.1.2.3　安排业务组合

企业目标确定之后，往往就需要对业务组合进行适当安排。特别是大企业，往往拥有多种产品品牌，分支公司、业务部门众多，但是不同的业务、不同的分支公司具有不一样的盈利能力和发展潜力，企业的资金和资源也有限，不可能做到将资源平均地分配给每一个业务或分支公司。因此企业必须对现有业务进行分析，评估哪些业务具有较大的潜力应当大力支持，哪些业务应当减少投入。企业对自己拥有的业务进行合理的组合与安排，将有限的资源投入到最需要的业务中，有利于资源配置达到最优。安排业务组合是战略计划过程当中的一个重要任务。对业务组合进行安排需要进行以下两个步骤。

1. 划分战略业务单位

在进行业务组合的安排时，企业需要先把已有业务划分为若干战略业务单位。一个战略业务单位可能是一个或多个部门的集合，可能是一个或多个产品的集合，也可能是一个或多个品牌的集合，具体需要根据企业的外部环境及内部条件与资源进行划分。一个战略业务单位往往具有以下特点：（1）有独立或一组相关的业务；（2）使命有别于其他战略业务单元；（3）存在竞争者；（4）有管理人员和领导班子；（5）拥有一定资源；（6）能通过战略计划得到一定的利益；（7）可以独立计划、拓展、开发业务。

2. 评价战略业务单位

划分好战略业务单位之后，企业要对各战略业务单位的经营情况进行分析评价，以确定哪些战略业务单位要大力扶持，哪些需要被淘汰。评价战略业务单位有多种方法，相对著名的方法是波士顿矩阵法和通用电气矩阵法。

（1）波士顿矩阵法。波士顿咨询集团（Boston Consulting Group）是美国一家著名的管理咨询公司，该公司建议企业采用“市场增长率—市场占有率矩阵”进行评估，简称BCG法。BCG法的要点：一个经营单位、产品或服务的相对市场占有率和年市场销售增长率是反映其市场吸引力与发展状况的重要指标，企业可以参照这两个重要指标对经营单位、产品或服务的取舍和经营战略进行组合。

1）波士顿矩阵分析图的制作。波士顿咨询集团设计出一个具有四象限的波士顿矩阵分析图，如图2-3所示。横轴代表产品的相对市场占有率，它是本企业某产品的绝对市场占有率与其主要竞争对手产品绝对市场占有率的比值，而且以某个关键值为区分高低的标准。纵轴表示该产品的相对市场增长率，它是本企业某产品的当年市场销售额相对于去年市场销售额的净增长率。纵轴的相对市场增长率反映经营单位、产品或服务的市场吸引力大小。

① 明星业务。明星业务是指相对市场增长率和相对市场占有率都较高的业务，是企业的经营实力所在，最好战略应能维护其稳定增长，加强其所需资源的保证力度。

② 金牛业务。金牛业务是指那些有较低的相对市场增长率和较高的相对市场占有率的业务。该业务能为企业带来较高的销售额和利润，所以应投入一定资源加以维护其市场份额。

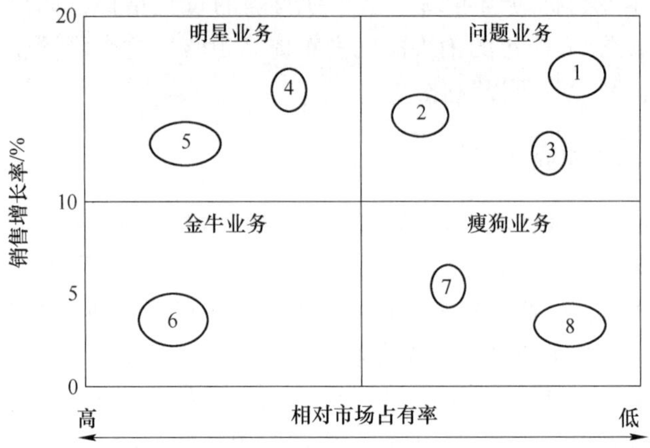

图 2-3　波士顿矩阵分析
（图中的圈及中间的数字代表产品个数）

③ 问题业务。问题业务是指相对市场占有率较低和相对市场增长率较高的新兴业务。其需要资源多却产生利润较少，可见风险较大，但这是企业的未来，应投入一定资源培育、拓展市场。

④ 瘦狗业务。瘦狗业务是指相对市场占有率和相对市场增长率都较低的业务。顾名思义，这种业务已很难获利，最佳战略选择是不投入资源，放弃该业务，立即转向新业务。

2）战略选择。根据波士顿矩阵分析图，在对各业务单位进行分析之后，明星、金牛、问题、瘦狗这四种业务在市场上的地位不同，企业对它们的期待也不同，因此就须采取不同的战略措施。可供选择的战略有以下几个。

① 发展战略。发展战略是指企业在现有的市场基础上，开发新的目标市场的基本方针。发展战略的两个主要因素是产品和市场，适用于问题业务中有希望转为明星业务的业务。

② 维持战略。维持战略是指企业通过详细分析市场环境、内部条件后，认为只能保持原有的增长水平或者只能有较少的增长时，采取相应的措施防御竞争对手，不主动出击的营销战略。维持战略适用于金牛业务。

③ 收割战略。收割战略是指企业在产品处于衰退期时，在开发新产品的同时，保留生产少数产品（或零部件）供应用户的一种战略，即利用剩余的生产能力，在保证获得边际利润的条件下，生产少量产品，满足市场老用户的需要，或者仅生产某些零部件满足用户维修的需要。收割战略适用于发展前景暗淡的金牛业务和问题业务。

④ 放弃战略。放弃战略是指企业不景气时所采取的退出市场的战略，通常有临时性撤退战略、转移性撤退战略和彻底性撤退战略三种类型。产品销售不佳，企业暂时停止经营，待查明原因并改进产品营销策略后，再生产投放市场，争取赢得客户，这是临时性撤退战略。在市场上，往往存在这样的现象：在甲地滞销的产品，在乙地十分畅销。此种情形下，企业从原市场撤出，去开发吸引力较强的新市场，这属于转移性撤退战略。企业放弃原经营方向，转向生产经营其他产品或者业务，这也属于转移性撤退战略。彻底性撤退

战略是指企业针对处于衰退期的老产品，或是刚上市但“不对路”而过早夭折的新产品，采取果断退出市场的策略。彻底性撤退战略适用于给企业带来很大负担而又没有发展前途的瘦狗业务和问题业务。

企业通过上述战略可以达到优化业务（或产品）组合的目的。但是，需要指出的是，上述四类战略业务单位在矩阵分析图中的位置不是固定不变的，任何产品都有其生命周期，随着时间的推移，这四类战略业务单位在矩阵分析图中的位置会发生变化。因此，在使用这种方法时要尽量参考更多资料，审慎分析，避免因方法的缺陷造成决策的失误。

（2）通用电气公司法。通用电气公司分析业务或产品组合的方法称为战略业务规划网络，又称通用电气公司法（或 GE 法）、麦肖锡矩阵法、九盒矩阵法、行业吸引力矩阵法。这种方法认为，除市场增长率和相对市场占有率，还需要考虑更多的影响因素。这些因素可分为行业吸引力和企业战略业务单位的业务力量两大类。

1）行业吸引力，包括的因素有市场大小、市场年增长率、历史的利润率、竞争强度、技术要求和由通货膨胀引起的脆弱性、能源要求、环境影响，以及社会、政治、法律的因素等。

2）企业战略业务单位的业务力量，即企业战略业务单位在本行业中的竞争能力，包括的因素有市场占有率、市场增长率、产品质量、品牌信誉、商业网、促销力、生产能力、生产效率、单位成本、原料供应、研究与开发成绩及管理人员等。企业的最高管理层对上述两大类因素中的各个因素给出分数，而且各个因素都要加权，以求出各个变量的加权平均分数。行业吸引力大、企业战略业务单位的业务力量强的业务是最好的业务。多因素投资组合矩阵根据其行业吸引力大小和企业业务力量强弱分为三个区域，如图 2-4 所示。

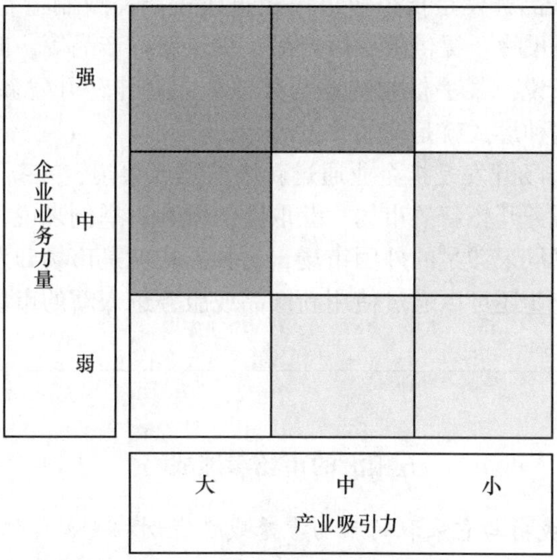

图 2-4　多因素投资组合矩阵

① 强势区域。左上角地带，这个地带的三个小格分别是“大强”“中强”“大中”，这是最佳区域，对处于这个区域的业务单位，应该采取拓展战略，即追加投资，促进其发展。

② 中等区域。从左下角到右上角的对角线地带，这个地带的三个小格分别是“小强”“中中”“大弱”，对处于这个区域的业务单位，应采取维持战略，即维持现有投资水平，

不增不减。

③ 弱势区域。右下角地带，这个地带的三个小格分别是“小弱”“小中”“中弱”，这是行业吸引力和企业竞争能力都低的区域，对处于这个区域的业务单位应采取收割或放弃战略，不再追加投资或者收回现有投资。

2.1.2.4　制订新业务计划

企业的经营环境是变化的，因此企业应当及时考虑制订新业务，为未来的业务发展做出战略性规划，即制订新业务计划。企业制订新业务计划有以下几种方法。

A　密集增长

如果在现有产品或市场中尚存有潜在机会，那么企业就可以采取密集增长战略。通过分析产品市场发展矩阵，密集增长战略可以有以下三种具体策略：市场渗透、产品开发、市场开发，如图 2-5 所示。

	现有市场	新市场
现有产品	市场渗透	市场开发
新产品	产品开发	多元化增长

图 2-5　产品市场发展矩阵图

（1）市场渗透。市场渗透是指企业通过各种手段与措施，在现有市场扩大现有产品的销售。例如，企业可以通过促销等活动，使现有顾客购买本企业更多的产品或服务；在现有市场吸引竞争者的顾客，使其购买本企业的产品或服务：吸引尚未购买过本企业产品或服务的顾客进行购买等。举例来说，某手机制造商通过各种活动和促销办法，促使已有顾客再次购买该款手机，并将其作为礼物送给亲朋好友，这种形式就属于市场渗透。

（2）产品开发。产品开发是指企业可以通过改进产品或制造新产品，如增加产品品种型号、增加产品花色尺寸、提供限量版产品、提供新款产品等，向现有市场提供改良款产品或新产品。举例来说，某手机制造商与其他企业合作，开发新款定制版、限量版手机，促使顾客购买，这种形式就是产品开发。

（3）市场开发。市场开发是指企业通过新增网点或渠道，在新的市场扩大产品销售。企业用已有的产品或服务开拓新的市场，获取新的顾客。举例来说，某手机制造商使用已有款型的手机产品进军从未涉足的外国市场，这种形式就是市场开发。

当然可以发现，企业还可以通过使用新产品或服务进入新的市场，这就是接下来要阐述的多元化增长战略。

营销实例

五粮液的市场渗透战略

五粮液获得巨大成功与它采取的市场渗透战略密切相关。具体策略就是利用品牌簇群进行市场细分，为对手设置贸易壁垒；利用网络优势，强力渗透终端，增加对手进入难度。例如，在礼品酒市场一口气推出四大礼酒系列有名窖 1386、五粮醇、金叶神、五龙宾。中高端礼酒相继问世，一路高开高走，主要面向成功人士。而这些礼品酒的价位都是主流商务核心价位。正是这种品牌簇群策略、全方位市场渗透，最终使五粮液独占中高端礼品酒市场。

（资料来源：五粮液 VS 茅台，品牌策略．豆丁网（整理改编）.）

B　多元化增长

多元化增长战略认为，企业可以有选择性地增加一些产品种类（增加新产品），跨行业、跨领域进行生产经营（进入新市场），进而使企业的资源利用率得到提高，企业特长得到发挥，企业的管理水平和经营效益得到提升。多元化增长战略包括以下几种具体策略。

(1) 同心多元化。同心多元化是指企业可以基于现有生产经营技术、管理经验，开发同现有产品存在一定相关性的新产品。以企业已有产品为圆心，逐步扩大其经营范围，如生产公交车的企业可以增加生产轿车的产品线。同心多元化的特点是，新产品与现有产品的基本用途存在一定差异，但是两者的技术相关性较强。

(2) 水平多元化。水平多元化是指企业可以基于现有市场，使用不同技术开发新的产品。企业以现有市场为水平线，逐步扩大其经营项目，如生产农用拖拉机的企业基于农业市场开发新的农药产品。水平多元化的特点是，新产品与现有产品在基本用途上存在较大差异，两者的技术相关性较弱，但是两者可以共享相同的分销渠道和市场。

(3) 集团多元化。集团多元化是指企业将自身业务拓展到完全崭新的一个行业，且该企业在这个新行业内提供的新产品与已有产品在技术相关性、市场渠道等方面几乎毫无联系，如航空运输公司跨界涉足电影院线领域，或者发动机制造公司跨界涉足幼儿教育领域。集团多元化的特点是，新产品与现有产品几乎毫无联系，新市场与现有市场也几乎毫无关系。"鸡蛋不会放在一个篮子里"，企业以多元化的形式发展，这往往是实力雄厚的大集团常常采取的经营措施。

C　一体化增长

一体化增长战略认为，企业可以在所处的行业中进行产、供、销一体化发展，进而提高生产经营效率，提升盈利水平。一体化增长战略包括以下几种具体措施。

(1) 前向一体化。批发商或零售商往往直接面向前端顾客，制造商可以通过收购、兼并批发商或零售商等形式，控制其分销体系，进而实现产销一体的前向一体化。

(2) 后向一体化。原材料供应商往往属于产品的"后台"，制造商可以通过收购兼并原材料供应商的形式，控制其供应体系，进而实现供产一体的后向一体化。举例来说，部分视频播放网站收购、兼并，甚至自己成立视频制作公司，控制视频这一原材料的供应，就属于后向一体化。

(3) 水平一体化。制造商可以收购、兼并同行业的企业，或者与其他同类型企业进行合资经营，进而从同一个行业水平面上形成一体化。优酷视频收购土豆视频、滴滴打车合并优步中国打车都是水平一体化的体现。

任务 2.2　市场营销管理

2.2.1　市场营销管理的实质

市场营销管理是指企业为了实现自己的市场营销目标，维持与目标市场之间的交换关系，而对营销设计方案所进行的分析、计划、执行和控制等过程。市场营销管理的实质是需求管理。在实际的市场营销过程中，市场的实际需求可能是没有需求、需求很少、需求满足或需求过量。除了需求满足这种情况外，其他的实际需求情况都与需要的预期有所不同，需要企业采取不同的应对措施，而这些应对措施就是需求管理。

2.2.2 市场营销管理的任务

市场营销管理的任务是企业为了实现其自身的目标而调节需求的水平、性质和时机等。目标市场可以总结为八种不同的需求状况，在这些不同的需求状况下，市场营销管理的任务也会有所区别。

2.2.2.1 负需求

负需求是指大多数人对某个产品或服务感觉到厌恶，甚至愿意采取各种措施主动回避它的一种需求。举例来说，将垃圾回收站建在自己小区旁边就是一种负需求，因为大多数居民都不希望有异味的垃圾回收站建在自己的房屋旁边，而为了回避垃圾回收站，有人愿意花更高的价格买其他房屋，或者采取示威游行、开听证会、民意上访等方式以避免垃圾回收站的建设。在负需求的情况下，市场营销管理的任务是改变市场营销，分析消费者为什么厌恶这种产品或服务，是否可以通过重新设计产品、增加产品属性等方式改变市场态度，进而转化为正需求。

2.2.2.2 无需求

无需求是指消费者对产品或服务毫不关心的一种需求状态。通常情况下，人们会认为废旧物资这种毫无价值的东西是无需求的，或者某些产品在特定市场、特定环境下也会没有需求。在无需求的情况下，市场营销的任务是刺激市场需求，通过宣传、沟通、促销等方式，将产品的功能和消费者的需求与兴趣进行联系，从而产生市场需求。

2.2.2.3 潜伏需求

潜伏需求和潜在需求是有区别的。潜在需求是指消费者对某种产品或服务是有实际需求的，但是由于目前没有购买力或不急于购买而暂时没有需求的一种状态；而潜伏需求是指消费者对某种产品或服务具有强烈的需求，但是现有产品或服务无法满足其需求的状态。

举例来说，目前消费者可能想要一款同时有七种颜色的彩虹色耳机，但目前市面上出售的可能都是单色耳机，目前产品无法满足消费者需求，这种情况下的消费者需求就是潜伏需求。在潜伏需求的状态下，市场营销管理的任务就是要深入了解消费者需求，开发有效的、能够满足消费者需求的产品或服务，进而将潜伏需求转变为现实需求。

2.2.2.4 下降需求

下降需求是指消费者对产品或服务的需求呈现下降的状态。需求减少的原因有很多，如消费者的偏好转移，或者是消费者需求总量降低等。例如，市面上移动手机普及之后，消费者对固定座机的需求就是下降需求。市场营销管理的任务是提振市场需求，分析市场需求降低的原因，改进产品或服务的质量与特色，重新刺激需求，扭转需求下降的态势。

2.2.2.5　不规则需求

不规则需求是指消费者对某种产品或服务在不同的年份或一年中的不同时间内，甚至是一天中的不同时间内，产生较大的需求波动这样一种状态。举例来说，居民的用电需求波动很明显，白天的用电需求明显大于凌晨用电需求；城市的出租车使用需求波动也很明显，高峰期的用车需求明显大于夜间的用车需求。此时市场营销管理的任务是协调市场需求，通过多种手段，如波峰波谷灵活定价等措施调节需求的产生时间，使产品或服务的供给与需求在时间上保持相对一致。

2.2.2.6　充分需求

充分需求是指消费者对某种产品或服务当前的需求水平与预期需求水平保持相对一致的状态。充分需求是企业追求的一种理想状态，但现实是，在动态的市场竞争过程中，消费者的偏好在变化，内外部环境也在变化，包括企业自身也有变化，因此要达到充分需求是比较难的。在充分需求的情况下，市场营销管理的任务是维持当前市场需求，通过改进产品或服务的质量，保持或降低产品或服务的价格，提升消费者满意度，维持目前的需求水平。

2.2.2.7　过量需求

过量需求是指消费者对某种产品或服务的需求比企业实际能够提供的产品或服务要多，或者说企业提供的产品或服务满足不了消费者的实际需求。以一些网红产品为例，其门店经常出现人满为患的现象，供不应求，这就是过量需求的表现。在这种情况下，市场营销管理的任务就是降低市场需求或者提高供应量。降低市场需求有很多办法，如提高价格、减少服务、减少促销、退出盈利较少的细分市场等。需要注意的是，降低市场需求水平可以是暂时性措施或永久性措施；同时，降低市场需求并不意味着杜绝需求，而是降低一定量的需求水平。

2.2.2.8　有害需求

有害需求是指消费者对某种有害产品或服务的需求。例如，吸烟有害健康且污染环境，对香烟的需求就属于有害需求。在这种情况下，市场营销管理的任务是反市场需求，尽量让消费者放弃对有害产品或服务的需求。具体措施包括宣传该产品或服务的有害性甚至是违法性、大幅度提高产品或服务的价格、停止生产或供应等。值得注意的是，反市场需求与降低市场需求是不一样的，反市场需求是消灭需求，而降低市场需求只是减少需求。

2.2.3　市场营销管理的过程

战略计划过程从较为宏观的角度阐明了企业如何找到需要重点关注与经营的领域和业务，而市场营销管理过程则较为具体地阐述在确定关注领域与业务后，企业应当如何系统性地在这个业务领域寻找市场机会，进而再找准时机，将市场机会转变为企业机会。市场营销管理过程就是企业发现机会、分析机会、选择机会、利用机会的动态管理过程，进而实现企业的营销任务。具体而言，市场营销管理过程包括了分析市场机会、选择目标市场、设计市场营销组合、管理市场营销活动四个步骤。

2.2.3.1 分析市场机会

市场需求总是在不断变化中，产品也有其生命周期，因此，企业不能只依靠某一个产品维持生产经营，必须经常寻找合适的市场机会。具体而言，企业可以采取以下办法分析市场机会。

(1) 广泛搜集市场信息。企业营销人员可以通过阅读报纸期刊、浏览网页、使用多种社交媒体、参加展销会、研究竞品、组织消费者访谈等方式，寻找发现新的市场机会。

(2) 分析产品市场矩阵。营销人员可以使用产品市场发展矩阵来寻找新的、合适的市场机会。分析产品市场矩阵是发现市场机会的一种非常有用的办法。

(3) 进行市场细分。企业营销人员可以通过市场细分寻找合适的市场机会，并对各种市场机会进行评价，决定哪些市场机会能够成为对企业真正有利的机会。

(4) 进行协同分析。协同分析是指寻找营销效率和研发——生产效率之间的平衡性分析，进而发现市场机会。换言之，协同分析要解决的是“我在这个新的机会中行不行、是否能够很好地发展”这个问题。一般而言，企业可以通过寻找新市场或通过产品开发来取得内部协同，也可以通过兼并或收购来获得外部协同。

市场机会能否成为企业的有利机会，需要看这种市场机会与企业的愿景、目标、任务是否一致，而且还要看该企业是否能够利用已有资源，使用好这个市场机会，获得比其他潜在竞争者更大的竞争优势，即获得更大的差别优势。

2.2.3.2 选择目标市场

企业营销人员在选定企业机会后，需要进一步做市场营销研究和信息分析的工作，分析营销环境，了解消费者和生产者的心理，以决定企业将通过生产经营哪些产品、进入何种目标市场。在这一环节，营销人员需要回答以下几个问题：谁将购买这些产品？他们的心理价位是多少？他们要买多少？他们将在哪里购买这些产品？竞争对手又是谁？他们的资源和能力怎样？企业选择目标市场可以考虑下列策略，如图 2-6 所示。

(1) 市场集中化。企业只选择一个目标市场，只生产一类产品，供应单一的顾客群。

(2) 选择专业化。企业有选择地进入几个不同的子市场。每个子市场都具有良好的盈利潜力，且与企业的目标和资源条件相符合。

(3) 产品专业化。产品专业化指企业同时向几个子市场销售一种产品。企业通过这种战略可在特定的产品领域树立良好的形象。

(4) 市场专业化。市场专业化指企业集中力量满足某一特定顾客群的各种需要。这种模式能更好地满足顾客的需求，树立良好的信誉，还可以向这类顾客群推销新产品。

(5) 市场全面化。市场全面化指企业为所有顾客群提供他们需要的所有产品。只有实力强大的大公司才能采取这种策略。

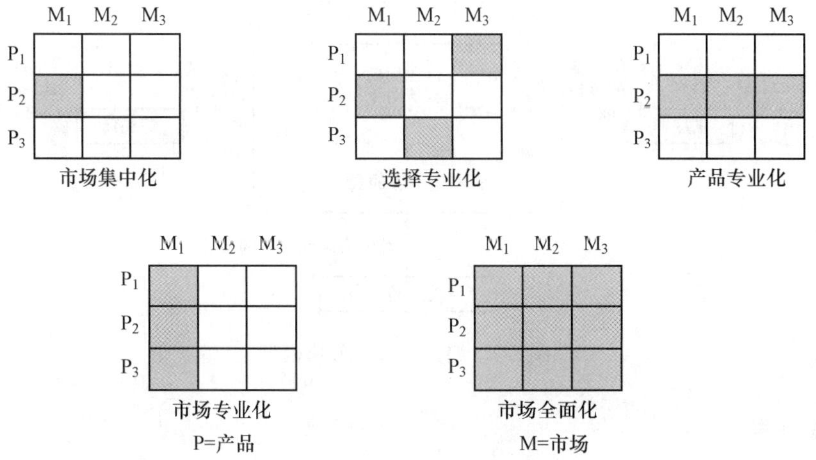

图 2-6　目标市场选择策略

任务 2.3　竞争战略分析

商场如战场，兵法的规律在今天的市场经济中仍然适用。对企业而言，竞争如影随形，除了在垄断行业中，企业都要面临不同程度的市场竞争。如果不能对竞争者的优势及其可能采取的行动有所了解，企业无法判断自身的相对竞争优势，也就无法形成企业营销战略的核心要素。如何识别竞争者、分析竞争者，有针对性地制定相应的竞争战略，如何在激烈的竞争中获取竞争优势，立于不败之地，是每一个参与市场竞争的企业都要面对的问题。

企业在制定竞争战略时，首先要识别不同类型的竞争者，并对竞争状况进行分析和评估。在分析和评估了竞争者后，还需要根据自身的目标、资源和环境，以及在目标市场上的地位来制定有效的竞争性营销战略，以取得竞争优势。根据不同的竞争状况，企业首先应明确竞争定位，然后选择不同的竞争策略。

2.3.1　识别竞争者

竞争分析的首要任务是识别谁是企业的竞争者。只有识别出竞争对手，才能对竞争局势有整体把握，并制定相应的竞争战略和策略。

识别竞争者可以从行业竞争和市场竞争两个方面分析。

2.3.1.1　行业竞争

从行业竞争来看，“竞争战略之父”迈克尔·波特认为，企业的盈利能力主要由行业现有的竞争状况、供应商的议价能力、购买商的议价能力、替代产品或服务的威胁、新进入者的威胁这五大竞争力量决定，被称为波特的五力分析模型，如图 2-7 所示。

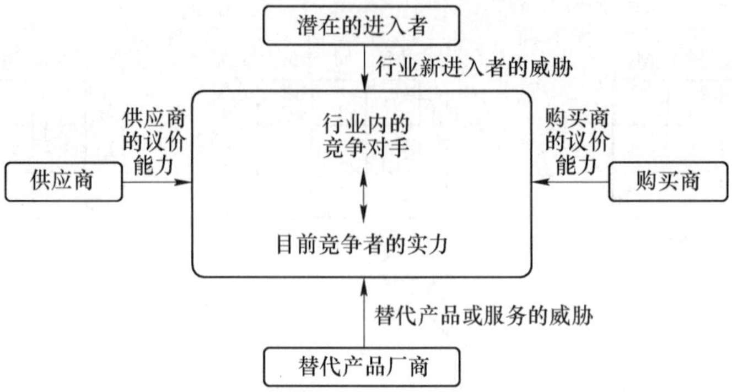

图 2-7　波特的五力分析模型

A　竞争者

同行业中现有厂商，即本行业内现有的与企业生产同样产品的其他厂家，这些厂家是企业的直接竞争者。

B　潜在的进入者

当某一行业前景乐观、有利可图时，会引来新的竞争企业和跃跃欲试想要加入该行业的企业，使该行业增加新的生产能力，并要求重新瓜分市场份额和主要资源。另外，某些多元化经营的大型企业还经常利用其资源优势从一个行业侵入另一个行业。新企业的加入，将可能导致产品价格下降，利润减少。

C　替代产品厂商

与某一产品具有相同功能、能满足同一需求的不同性质的其他产品，属于替代品。随着科学技术的发展，替代品将越来越多，任一行业的所有企业都将面临与生产替代品的其他行业的企业进行竞争。

D　供应商

供应商通过供应商品的质量、数量、价格、交货期等影响企业产品成本、获利能力和竞争力。当企业产品对供应商产品的依赖程度较高、供应商产品具有不可替代性、企业更换供应商的转换成本过高时，供应商就具有较强的讨价还价能力。

E　购买商

当购买商实力雄厚，购买数量庞大，占企业的销售额比例较高时，购买商具有较强的讨价还价能力，通过压低价格、要求增加服务、宽松的付款条件等影响企业的盈利能力。

2. 3. 1. 2　市场竞争

从市场竞争来看，所有能够满足相同市场需求，甚至是满足不同需求的企业都构成竞争，无论它们是否是生产同类型产品的企业。依据竞争的同质化程度可区分为品牌竞争者、产品形式竞争者、平行竞争者和愿望竞争者。此部分内容已在第四章的企业微观环境分析中的竞争者分析中有所讲解，此处不再赘述。

从市场角度分析竞争者，可使企业拓展竞争视野，全面清晰地界定竞争者，认识到自己的竞争地位，从而制定有效的竞争战略和策略。

营销实例

谁导致了方便面市场整体下滑？

方便面曾是几代人的回忆，但从 2013 年起，中国方便面行业开始走下坡路，方便面的销售量正在以每年几十亿包的速度减少。2016 年中国方便面销售量下降 6.75%，到 2017 年，销售量从 2013 年的 462.2 亿包下降到 389.7 亿包。遭遇如此断崖式的危机，难道是产品出了问题吗？不是的，恰恰相反，方便面产品越做越精致，越做越全面，品种繁多，琳琅满目，各种口味层出不穷，各公司还请了口碑极好的大牌明星代言宣传，但仍旧挽回不了衰败的颓势。

为什么这个曾经连续 18 年销售额保持增长的国民美食，在越做越用心的情况下，反而销售量严重下降？原因之一是外卖的风靡。自从外卖行业横空出世，各种美食只要动动手指，半小时左右就能送到手边，既然有更丰富而可口的选择，消费者怎么还会钟情方便面呢？所以，打败康师傅方便面的不是统一，不是今麦郎，更不是白象，不是任何一个平日里厮杀惨烈的同行业竞争者，而是依托于美团、饿了么、大众点评等这些互联网的、散布在城市里大大小小的外卖美食店。

（资料来源：根据搜狐网相关资料整理．）

2.3.2　基本竞争战略

竞争战略属于企业战略的一部分，是在企业总体战略规划下，通过确定顾客需求、竞争者及本企业这三者之间的关系，指导和管理具体战略经营单位的计划和行动，以建立本企业产品在市场上的特定竞争地位并维持这一地位的谋略。

不同企业面临的竞争强度不同，潜在的获利能力不同，企业竞争战略设计的核心在于选择正确的行业以及在行业中占据有利的竞争位置。企业在与各种竞争力量的抗争中，面临着三类战略选择：成本领先战略、差异化战略和集中化战略。这三种战略被称为基本竞争战略。

2.3.2.1　成本领先战略

成本领先战略是企业通过追求规模经济、拥有专有技术或获得优惠的原材料等因素，降低生产和经营成本，以低于竞争者或低于行业平均水平的成本提供产品和服务，从而获得较高的利润和市场份额的战略。成本领先战略要求企业建立起高效、规模化的生产设施，全力以赴地降低成本，严格控制生产成本、管理费用及研发、服务、推销、广告等方面的成本费用。

2.3.2.2　差异化战略

差异化战略是指企业为使其产品或服务与竞争者产品有明显的区别，形成独特的与众不同的特点而采取的战略。这种战略的重点是通过分析竞争者产品特点和消费者需求，树立被全行业和消费者认可和感知的独特的产品和服务形象。需要指出的是，差异化战略并不代表企业就完全忽略成本，只是成本领先此时不是主要的战略目标。

2.3.2.3　集中化战略

集中化战略是指企业在详细分析企业内部条件和外部环境的基础上，对特定的顾客群体或产业内一个或少数几个细分市场展开有针对性的生产经营活动，从而获得竞争优势的战略。由于资源有限，一个企业很难在市场上展开全面竞争，尤其是实力较弱的企业，需要集中企业资源开发有限的市场，以取得较好的市场经营效果。集中化战略的前提是相比其他竞争者企业在该市场上拥有更高效的竞争能力。集中化战略有两种形式：一种是寻求在有限的且标市场上的成本优势，称为成本集中战略；另一种是企业在有限的目标市场上寻求差异化优势，称为差异化集中战略。两种战略形式都是为有限的特定细分市场或目标群体服务，只是在此基础上的战略侧重点有所不同。

根据企业在行业中的竞争地位，可将竞争者划分为市场领导者、市场挑战者、市场跟随者和市场补缺者四个类型。不同市场地位的企业在竞争中的目标和战略各不相同，成功的竞争战略意味着综合进攻和防御行为。商场如战场，战场中的用兵之道常常被借鉴到市场竞争的经商之道中。

2.3.3　制定竞争者营销战略

2.3.3.1　市场领导者战略

市场领导者是指在产品市场上占有率最高的企业，它在营销战略、新产品开发、市场开拓、建立消费者对品牌的忠诚度等方面具有显著优势，在市场上具有较强的影响力和话语权，成为行业中其他企业挑战、效仿或回避的对象。一般来说，在竞争性行业中大都会存在这样被行业公认的领导型企业，如世界市场中软饮料行业的可口可乐、计算机软件行业的微软，中国市场中冰箱行业的海尔、手机行业的华为等。市场领导者的地位并不是一成不变的，在激烈的市场竞争中，它常常会受到众多竞争者的挑战。市场领导者除非享有合法的垄断权，否则就要时时保持警惕，采用适宜的竞争战略维护自己的竞争优势和竞争地位。

A　扩大市场需求总量

对于市场占有率最高的市场领导者来说，市场需求总量扩大意味着对本企业产品的市场需求的增大，关系到企业的销售量和利润水平。将市场总需求这块“饼”做大，对市场领导者而言收益是最明显的。一般来说，市场领导者可以从以下三个方面扩大需求量。

（1）发掘新的使用者。每种产品都有吸引新用户、增加用户数量的潜力，因为有些消费者可能对某种产品还不甚了解，或认为产品定价不合理、产品性能有缺陷等。一个生产者可从三个方面（市场渗透、市场开发和地理扩展）找到新的用户。如香水企业可设法说服原来不用香水的女性使用香水（市场渗透战略）；说服男士使用香水（市场开发战略）；向其他国家推销香水（地理扩展战略）。

（2）开发产品的新用途。为产品开辟新的用途，可扩大需求量并使产品经久不衰。

（3）增加使用者对产品的使用量。通过增加使用者的单次使用量和使用频率，积少成多，增加消费者对产品的需求量。例如，一些牙膏和牙刷企业宣传健康的卫生习惯，倡导一天刷三次牙，在传播健康理念的同时，也增加了消费者对牙膏和牙刷的使用频率，客观上达到增加需求量的目的。

B　保持市场占有率

处于市场领先地位的企业，必须时刻防备竞争者的挑战，保卫自己的市场阵地。这些挑战者都是很有实力的，主导者稍不注意就可能被取而代之。因此，市场主导者任何时候都不能满足于现状，必须在产品创新、服务创新、分销渠道的优化和成本降低等方面，真正处于该行业的领先地位，时刻做好防御工作。有时，主导者应该在巩固自身优势的同时，针对对手的弱点主动出击，军事上有一条原则："进攻是最好的防御。"

C　提高市场占有率

对于市场领导者而言，提高市场占有率是保持市场领先地位、增加收益的有效途径之一。从长期来看，高市场占有率使得规模效应发挥得更加充分，领先优势更加明显，市场领导者地位也进一步稳固。

市场领导者提高市场占有率可采用多种策略。例如，不断完善产品，提高产品质量；增加产品的广度和深度，扩大市场覆盖程度；新产品进入市场时利用已经形成的品牌信誉和品牌形象，实施品牌延伸策略；通过整合营销沟通，巩固和建立消费者与企业的信任关系，推动市场占有率的提高。

2.3.3.2　市场挑战者战略

市场挑战者一般是在行业中仅次于市场领导者，处于第二或第三地位的企业。顾名思义，市场挑战者是在市场上积极争取主动地位，向市场领导者和比自己更强大的竞争对手发起挑战，动摇市场领导者地位，甚至取而代之的竞争者。市场挑战者不安于现状，其目标是加速成长，成为新的市场领导者。

市场挑战者如果要向市场领导者和其他竞争者挑战，首先必须确定自己的战略目标和挑战对象，然后选择适当的进攻战略。

A　确定挑战对象

(1) 攻击市场领导者。攻击市场领导者的风险较大，如不成功，可能会招致打击性报复。挑战者需谨慎行事，仔细研究市场领导者的竞争战略、优劣势，发现其薄弱之处和经营失误，避实就虚，伺机而动，寻找进攻的突破口。同时挑战者要善于发展和利用自身优势，将优势发挥到极致，以己之长攻彼之短，增加胜算概率，如挑战者拥有卓越的研发能力，可潜心研究市场，开发出比市场领导者更优越的新产品，赢得新的竞争优势；再者，挑战者需洞察营销环境提供的市场机会，市场环境变化往往会带来新的机遇，企业要善于把握市场机会，赶超市场领导者。

(2) 攻击与自己实力相当的企业。挑战者可以对市场经营状况不好而又和自己实力相差无几的企业发起攻击，趁机夺取它们的市场份额，壮大自己的实力，积累力量以便最终成为市场领导者。

(3) 攻击中小企业。向一些经营不善的中小企业，或者与自己实力悬殊的小企业发起进攻，快速占领它们的市场，这一战略风险较小，见效较快。尤其是对本企业有互补优势或稀缺资源的中小企业，企业可通过兼并、收购、控股等方式获得优质资源，提高自身的市场竞争力。

B 选择进攻战略

在确定了战略目标和挑战对象之后，必须运用正确进攻战略，才能取得挑战的最终胜利。一般来说，有以下几种战略可以运用。

（1）正面进攻。正面进攻是指集中全力向竞争对手的主要市场阵地发动进攻。为此，企业要投入大量的研发费用，降低产品成本以低价格向竞争对手发动进攻，这是实行正面进攻策略最可靠的基础之一。

（2）侧翼进攻。侧翼进攻是指集中优势力量攻击竞争对手的弱点，这一进攻战略是一种最有效和最经济的策略形式，较正面进攻有更多的成功机会。侧翼进攻可以分为两种情况：一种是地理性的侧翼进攻，即在一定区 域内寻找并攻击竞争对手市场力量薄弱的地区；另一种是细分性侧翼进攻，即寻找竞争对手尚未关注或服务的细分市场，并在这些市场上迅速填空补缺。

（3）包围进攻。包围进攻是指当企业确信自己拥有优于竞争对手的足够资源，并确信围堵竞争对手的计划完全足以打垮对手时，就可以采取全方位、大规模进攻竞争对手的包围进攻战略。

（4）迂回进攻。迂回进攻是指完全避开竞争对手现有的市场阵地而迂回进攻，是一种最间接的进攻策略。具体操作可以采取以下三种方法：一是实现产品多角化；二是以现有产品进入新市场，实行市场多元化；三是研发新技术，开发新产品，取代现有产品。

（5）游击进攻。游击进攻是指企业主要以小型的、间断性的进攻干扰对手的士气，以占据长久性的市场立足点。这一进攻战略主要适用于规模较小、力量较弱，无力发动正面进攻或有效的侧翼进攻的企业。

2.3.3.3 市场跟随者战略

市场跟随者在市场上居于次要地位，与挑战者不同，它不是向市场领导者发动进攻并图谋取而代之，而是跟随在领导者之后自觉地维持共处局面。市场跟随者所占有的市场份额远低于市场领导者，但仍然可以盈利，其市场目标是安于次要地位，在“和平共处”的状态下求得尽可能多的收益。

思 考 题

（1）战略、策略与计划有什么区别？

（2）战略计划过程的四个步骤是什么？

（3）市场营销管理的步骤有哪些？

（4）作为市场挑战者，其可以采取的进攻战略有哪些？

案 例 分 析

以目前白酒市场为例，能经久不衰的酒品牌并不多，一些能维持三年五载的品牌已经是不错的了，“一年喝倒一个牌子”成为白酒品牌中常有的事。酒类商品作为快速消费品，近年品牌链不断延长，一个酒品牌往往有高中低档全部的品种，同时为了实现品牌的差异化，总会有新品推出，这些变化就连“茅五剑”这些名牌，也在不断采用。

某一酒类经销公司经营 A、B、C、D、E、F、G 七个品牌的酒品，公司可用资金 50

万。经对前半年的市场销售统计分析，发现：

(1) A、B 品牌业务量为总业务量的 70%，两个品牌的利润占到总利润的 75%，在本地市场占主导地位。但这两个品牌是经营了几年的老品牌，从 2020 年开始市场销售增长率已呈下降趋势，前半年甚至只能维持原来业务量；

(2) C、D、E 三个品牌是新开辟的新品牌。其中 C、D 两个品牌前半年表现抢眼，C 品牌销售增长了 20%，D 品牌增长了 18%，且在本区域内尚是独家经营。E 品牌是高档产品，利润率高，销售增长也超过了 10%，但在本地竞争激烈，该品牌其他两家主要竞争对手所占市场比率达到 70%，而公司只占到 10%左右；

(3) F、G 两个品牌市场销售下降严重，有被 C、D 品牌替代的趋势，且在竞争中处于下风，并出现了滞销和亏损现象。

（资料来源：百度文库.）

思考：

针对七个品牌的影响及发展状况，利用波士顿矩阵法为该经销公司选择合适的业务战略。

实　训　题

实训目的

通过实训，使学生掌握竞争者分析的内容和方法，为营销决策提供依据。

实训内容

选择某一行业的一家知名企业，识别其主要的 2~3 个竞争者，并按照所学内容，对竞争者进行详尽分析。

实训组织和要求

将学生分组，每组 3~5 人。每个小组选举一名组长，负责组织和协调小组内成员的分工与合作，小组成员在分工的基础上共同完成小组任务。指导老师应及时检查学生对各项任务的完成情况。任务完成后，各小组提交报告，并以 PPT 形式做小组汇报。

项目3 市场营销环境分析

学习目标

（1）了解市场营销微观环境和宏观环境的内容。

（2）掌握营销环境对企业市场营销的影响。

（3）掌握市场营销环境分析的SWOT模型。

（4）掌握市场营销环境分析的机会-威胁矩阵。

能力目标

（1）能够使用市场营销环境分析方法，依据市场环境变化，对企业的市场营销战略的策划和调整做出全面分析。

（2）根据市场营销微观环境和宏观环境分析，初步分析出企业生存和发展的环境状况。

案例导入

你的大众消费品如何满足中产的“小众情怀”？

什么是“小众需求”？

一个小女生手握着五月天的歌词瓶可乐---伤心的人别听慢歌---走出便利店时，我仿佛都能读到她一连串的故事。而这也正是她挑选五月天歌词包装的用意---让你们看到“我”的内心，体会到“我”的不同，甚至能通过某种方式，给“我”一些共鸣。这就是一种小众，准确地说，是一种小众情怀。

当我们参加朋友婚宴或生日，或乔迁，或生子，或入学，或升职等很自我的宴请，看见其中各种独特的定制酒时，我所感受到的，是朋友属性之外的个性之美。

这些不同需求引发的“小众消费”，有的甚至超出了产品本身的功用，而消费者自我性的诉求与色彩更加浓厚。

在商业领域，小众之需就是商家重视消费者体验高于利益追求的一种情怀契机。谁触到了消费者的“痛点”与“痒点”，谁就洞悉了消费者的心思与钱包，赚钱，就只是时间问题了。

“小众消费”产生的根源，始于越来越多的人生活变得富足，于是乎，消费动机开始向多样化和个性化发展。经济改变生活，小众消费的核心价值，就是人彰显自我的价值。一切以人为诉求与服务的产品，“满意”就是消费者对产品的最高奖赏。

小众消费者希望拥有话语权，注重品位与形象，不想自己买的东西被别人重复，所以在未来，中产阶层将会成为个性化小众产品的主流消费群体。

目前中国中产阶层这个群体的总量，消费能力强劲而可观。而中产阶层的消费心理、消费模式，与过去的温饱阶层消费者有着本质的区别，是拉动小众消费市场的一支重要力量。

从追求价格到追求价值，中产阶层更关注产品品质，它能给客户带来什么感觉和体验，都会成为衡量一个产品价值的标准，这种完整产品的概念会逐渐深入人心。

大众的“小众需求”和小众的“大众可能”

面临这样的社会与时代变化，“小众”产品有了非常稳定的需求基础，并催生越来越多的厂家商家投入到更加个性化的市场中去。最近几年，有的“小众”产品，完成了大众化；也有的“大众”产品，开始追求“小众”特色……一时间，小众与大众的价值边界，几乎难以再用几个简单的术语来界定。

前者如苹果手机。你会发现，这款曾经被少数人士追捧的手机，如今实现了“小众商品大众化”。又如可口可乐在包装上的创新。从流行词标签，到流行歌词标签，可口可乐在最大程度释放规模化生产效率的前提下，也最大程度上为用户提供了“小众”的可能。

现如今谈“小众”，已经不能基于满足“小部分人的需求”，而应该基于满足“人的小部分需求”。

（资料来源：欧阳瑾，高丽艳．你的大众消费品如何满足中产的“小众情怀”？[J]．销售与市场（渠道版），2017（4）.）

任务 3.1　市场营销环境概述

每个企业的营销活动都是在不断发展、变化的社会环境中进行的，它的生存和发展既要受自身条件的制约，也要受企业外部环境的影响。在现代市场经济条件下，企业必须时刻监测营销环境的发展变化，要善于分析和识别由环境变化带来的机会和威胁，并及时采取相应的对策。

3.1.1　市场营销环境的概念

美国著名市场学家菲利普。科特勒认为，一个企业的营销环境是影响企业的市场和营销活动不可控制的参与者和影响力。具体地说就是“影响企业的市场营销管理能力，是其能否卓有成效地发展和维持与其目标顾客交易及关系的外在参与者和影响力”。因此，市场营销环境是指与企业营销活动有潜在关系的所有外部力量和相关因素的集合。对企业来说，在这些因素里，随时蕴藏着商业机遇和潜在威胁。为此，企业必须经常调查研究环境的现状和预测其发展变化的趋势，善于分析和判断由于环境的发展变化而新出现的机会和威胁，以使企业结合自身的条件，及时采取趋利避害的对策，使企业的营销活动能和周围的环境相适应，以取得最佳的营销效果，达成企业的营销目标。

企业的市场营销环境由微观环境和宏观环境组成。微观环境是指与企业紧密相连、直接影响企业营销能力和服务消费者能力的参与者，主要包括企业自身、供应商、营销中介、顾客、竞争者及社会公众。由于这些环境因素对企业的营销活动有着直接的影响，所以又称直接营销环境。宏观环境是指企业无法直接控制的因素，是通过影响微观环境来影响企业营销能力和服务消费者能力的社会力量，主要包括人口、经济、自然资源、科学技术、政治法律和社会文化。由于这些环境因素对企业的营销活动起着间接的影响，所以又称间接营销环境。微观市场营销环境和宏观市场营销环境之间不是并列关系，而是主从关系。微观市场营销环境受制于宏观市场营销环境，微观市场营销环境中的所有因素均受到宏观市场营销环境中的各种力量和因素的影响。企业与营销环境之间的关系如图 3-1 所示。

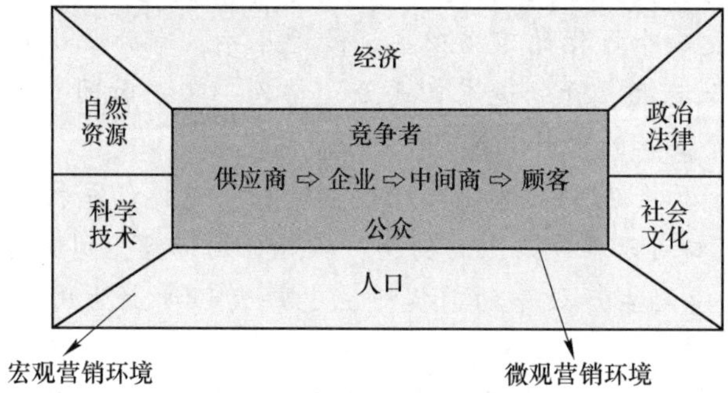

图 3-1 企业与营销环境之间的关系

3. 1. 2 市场营销环境的特点

由多因素构成且处于不断变化中的市场营销环境具有以下七个方面的特点。

3. 1. 2. 1 复杂性

营销环境包括影响企业市场营销能力的一切宏观和微观因素，这些因素涉及多方面、多层次，而且彼此相互作用和联系，既蕴含着机会，也潜伏着威胁，共同作用于企业的营销决策。

3. 1. 2. 2 客观性

企业的市场营销不可能离开特定的社会环境而独立存在，不管企业如何经营，营销活动总会受到社会环境的影响或制约。因此，企业在进入一个新的市场之前，必须认真评估社会环境对市场营销行为产生的影响及应对措施。

3. 1. 2. 3 动态性

营销环境是企业营销活动的基础和条件，但这并不意味着营销环境是一成不变的、静止的。随着时间的推移，外界环境经常处于变化中。例如，外界环境利益主体的行为变化和人均收入的提高均会引起购买行为的变化，影响企业营销活动的内容；外部环境各种因素结合方式的不同也会影响和制约企业营销活动的内容和形式。

3. 1. 2. 4 差异性

市场营销环境的差异性主要表现在不同的企业在特定的社会环境下受到的影响，不管是积极的影响还是消极的影响，都是不相同的。例如，不同国家、民族、地区，在人口、经济、社会文化、政治、法律、自然地理等各方面存在着广泛的差异性，这些差异对一部分企业来讲可能是市场机会，而对另一部分企业来讲可能就是市场威胁。企业外部环境对企业营销活动影响的差异性，要求企业制定并运用不同的营销策略。

3.1.2.5 相关性

市场营销环境是一个复杂的系统，系统中的各个影响因素之间可能会产生交互影响。因此，企业在进行环境分析时，应考虑哪些因素是主要影响因素，哪些因素是次要影响因素，哪些因素存在交互影响等。企业开发新产品，要考虑目标市场的经济因素、社会文化因素，从而对产品的风格定位、价格定位产生影响。

3.1.2.6 不可控性

影响市场营销环境的因素是多方面的，也是复杂的，并表现出企业的不可控性。例如，企业不可随意改变一个国家的政治法律制度、人口增长及社会文化习俗等。

3.1.2.7 可适应性

有人认为现代企业外部环境的变化远远快于企业内部因素的变化。因此，企业发展越来越依赖其适应外界环境变化的能力。生态营销观念已经很清楚地说明了企业对环境的适应性，并提出了"适者生存"的法则。在现代营销观念中，企业在强调适应环境的同时，也提出了更积极的营销观念，即企业应使用自己的营销行为去改变环境。这是一个很大胆的设想，但是改变环境并不是件容易的事情，需要企业有雄厚的经济实力。

3.1.3 市场营销环境的重要性

现代营销学认为，企业经营成败的关键，就在于企业能否适应不断变化着的市场营销环境。因此，分析和过滤企业外部的各种错综复杂的环境，就变得非常有意义了。

3.1.3.1 市场营销环境分析是企业开展市场营销活动的出发点

企业的生存和发展是以适应环境为前提的，环境是不断变化的，企业的营销活动受周围环境制约，同时它也对周围的环境产生影响。对制约因素和作用对象的分析是企业开展营销活动的首要步骤和前提。社会生产力水平、技术进步变化趋势、社会经济管理体制、国家在一定时期的政治经济任务等，都直接或间接地影响着企业的生产经营活动，左右着企业的发展。环境不断变化，企业应该相应调整战略。成功的企业经营者，都十分重视调查和分析市场营销环境，如果仅仅埋头生产，而忽视了经营环境的变化，结果必然是被市场淘汰出局。

3.1.3.2 市场环境的分析有助于企业趋利避害，发现营销机会和避免环境威胁

市场营销环境对企业有两方面影响：发展空间与环境威胁。营销机会是指企业能取得优势和差别利益的市场条件，如世界杯足球赛的举办带动了各种足球体育用品的需求；环境威胁则是营销环境中对企业营销活动不利的因素。市场营销环境变化按变化状态分为三类：稳定的环境（如食品）；变化缓慢的环境（如石英表）；急剧变化的环境（如石油危机）。营销环境的变化不断制造新的机会和新的威胁，现实生活中，机会与威胁往往同时并存。营销的任务就在于抓住机会，化解威胁，以有力的措施迎接市场的挑战。因此，分

析营销环境的变化有助于企业制定和适时调整营销策略，有效地利用环境变化带来的机遇，及时预测和防范环境中出现的不利因素。

3.1.3.3　市场营销环境的分析是企业制定和开展具体营销策略的依据

企业在开展具体营销活动时，必须保证企业的外部环境、内部条件和经营目标之间的动态平衡。通过对内外部环境的分析，企业的营销资源得到最优的配置，并与外部需求取得最佳结合，从而获得最佳的经营效果。例如，针对不同的经济发展水平、社会文化环境，企业需要对营销组合中的诸多因素做出相应的调整，以期达到预期的营销目标。针对不同的产品，也需要对产品性能、市场需求结构、竞争状况以及替代产品的可能性等因素做出分析，以便制定恰当的营销策略。

任务 3.2　微观环境因素分析

企业的微观营销环境主要由企业的供应商、营销中介、顾客、竞争者、社会公众以及企业内部参与营销决策的各部门组成。这些因素对企业的营销活动比宏观环境有更加直接的影响，并且企业经过努力对一些因素可以不同程度地加以控制。供应商一企业一营销中介一顾客，这一链条构成了企业的核心营销系统。一个企业的成功，还受到另外两个群体的影响，即竞争者和社会公众。

3.2.1　企业

企业开展营销活动要考虑企业内部的环境力量。企业本身包括最高管理层、市场营销及研究开发、采购、制造、财务等部门。企业营销部门在制订和执行营销计划时，必须与企业内部其他部门配合默契，目标一致，实行整体营销，以便企业的营销决策和营销方案能顺利实施。

大型企业的市场营销部门一般由市场营销副总裁、市场营销研究经理、市场营销计划经理、销售经理、广告经理、定价专家、推销人员等组成。市场营销部门在制定决策时，要重视同其他业务部门的密切协作，以便共同研究制订科学可行的营销计划。没有足够的资金，营销部门无法开展有效的营销活动；没有足够的原材料和稳定可靠的能源供应，生产部门就无法进行正常的生产活动；生产部门不能进行正常的生产活动，营销部门就不能开展正常的营销活动；没有营销部门的营销活动，企业生产的产品就有可能造成积压，导致生产资金无法回笼。因此，企业的各部门必须密切配合，才能共同完成企业使命。

3.2.2　供应商

供应商是指向企业提供必需的原材料、零部件、能源、劳动力和资金等资源的企业或个人。供应商这一环境因素对企业开展营销活动有着重大的影响。供应商提供的资源价格、品种及交货期等，直接影响企业的生产成本、销售定价、所得利润等。因此，选择合适的供应商，确保所需资源的数量、质量和按期交货，是企业顺利开展市场营销活动的基础。对此，企业必须时刻关注供应商这一营销环境的变化，一方面应考虑供应商对企业的合作态度、诚意和可靠性，以保证企业所需资源的长期性、稳定性，并与供应商建立长期友好合作的关系；另一方面应考虑供应商的供应能力、信用及所提供的资源的质量、价格、品种等是否符合要求。此外，还要考虑供应商的距离，一般不要舍近求远，否则会增加采购成本，不利于竞争。

3. 2. 3　营销中介

营销中介是指参与并协助产品从企业向最终购买者转移过程中的所有中介单位，包括中间商、实体分销机构、营销服务机构、金融机构。

(1) 中间商。中间商是产品从生产者向最终消费者流动的中间环节或渠道，主要包括批发商、零售商和代理商。合适层次与数量的中间商可以节约顾客的时间成本、金钱成本，为营销提供便利条件。

(2) 实体分销机构。实体分销机构是帮助企业进行产品保管、储存、运输的专业企业，包括仓储公司、物流公司等，其专业性保证了产品在储存和运输期间的质量和产品转移的速度。

(3) 营销服务机构。营销服务机构是为厂商提供各种营销服务的机构，如广告公司、市场调研公司、财务公司、营销咨询公司等，它们提供的各项服务有利于企业营销计划的制订与实施。

(4) 金融机构。金融机构是在营销活动中进行资金融通的机构，主要有银行、信贷机构、保险公司、电子钱包、各种网络支付工具等，为营销活动中的资金流动提供快速而便捷的服务。

总的来说，企业营销活动的效率高低与各个营销中介机构的工作效率和质量紧密相连。实现营销活动的最高境界“在合适的时间、合适的地点把合适的产品送到合适的人手中”，离不开营销中介的配合。

3. 2. 4　顾客

顾客，亦即目标市场，是指使用进入消费领域的最终产品或劳务的消费者和生产者，也是企业营销活动的最终目标市场。企业与供应商和中间商保持密切关系的目的，是为了有效地向目标市场提供商品与劳务。没有顾客就没有市场，企业的生命力体现在顾客的高度信任和忠诚上。顾客是企业产品销售的市场或服务的对象，是企业经营活动的出发点和最终归宿，或者说是企业赖以生存和发展的支柱。企业的一切活动都必须以顾客的需求为中心，想顾客所想、应顾客所需，用适销对路的产品把顾客紧紧地吸引住，只有这样才能在市场经济的浪潮中立于不败之地。顾客对企业营销的影响程度远远超过前述的环境因素。顾客是市场的主体，任何企业的产品和服务，只有得到了顾客的认可，才能赢得这个市场，现代营销强调把满足顾客需要作为企业营销管理的核心。顾客的基本类型有以下几种：

(1) 消费者市场，指为满足个人或家庭消费需求购买产品或服务的个人和家庭；

(2) 生产者市场，指为生产其他产品或服务，以赚取利润而购买产品或服务的组织；

(3) 中间商市场，指购买产品或服务以转售，从中营利的组织；

(4) 政府市场，指购买产品或服务，以提供公共服务或把这些产品及服务转让给其他需要的人的政府机构；

（5）国际市场，指国外购买产品或服务的个人及组织，包括外国消费者、生产商、中间商及政府。

上述五类市场的顾客需求各不相同，要求企业以不同的方式提供产品或服务，它们的需求、欲望和偏好直接影响企业营销目标的实现。为此，企业要注重对顾客的研究，分析顾客的需求规模、需求结构、需求心理以及购买特点，这是企业营销活动的起点和前提。企业应该从不同的角度对顾客进行细分，以便掌握不同类型顾客各不相同的需求特点和购买方式，使企业的营销活动能够针对不同类型顾客的需要进行，只有这样企业才有可能取得成功。

3.2.5　竞争者

竞争是商品经济的必然现象。在商品经济条件下，任何企业在目标市场进行营销活动时，都不可避免地会遇到竞争对手的挑战。即使在某个市场上只有一个企业在提供产品或服务，没有“显在”的对手，也很难断定在这个市场上没有潜在的竞争对手。

企业竞争对手的状况将直接影响企业营销活动，如竞争对手的营销策略及营销活动的变化就会直接影响企业营销，最为明显的是竞争对手的产品价格、广告宣传、促销手段的变化，以及产品的开发、销售服务的加强都将直接对企业造成威胁。为此，企业在制定营销策略前必须先弄清竞争对手，特别是同行业竞争对手的生产经营状况，做到知己知彼，有效地开展营销活动。竞争者的类型一般包括以下四种。

（1）愿望竞争者：是指提供不同产品、满足不同消费欲望的竞争者。

（2）一般竞争者：是指满足同一消费欲望的不同产品之间的可替代性，是消费者在决定需要的类型之后出现的次一级竞争，也称平行竞争。

（3）产品形式竞争者：是指满足同一消费欲望的同类产品不同产品形式之间的竞争。消费者在决定了需要的属类产品之后，还必须决定购买何种产品。

（4）品牌竞争：是指满足同一消费欲望的同种产品形式但不同品牌之间的竞争。

企业要成功，就要从众多的竞争对手中脱颖而出、与众不同，因此，找准顾客需求点准确定位对企业来说意义重大。

3.2.6　社会公众

社会公众是指所有实际上或潜在地关注着企业，或与企业存在利益关系并影响企业实现其目标的有关组织和个人。

内部公众是指公司的员工，包括各层次管理者和一般员工。员工是营销活动的具体实践者，如果他们能够理解并接受企业的理念和目标，会使营销活动开展得更加顺利。

外部公众涉及以下六类组织或个人。

（1）融资公众。融资公众是指影响企业融资能力的金融机构，如银行、投资公司、证券公司、保险公司等。

（2）媒介公众。媒介公众是指四大传统大众媒体（报纸、杂志、广播、电视）等机构，以及新兴媒介组织，即数量庞大的各类网站。它们掌握传媒工具，有广泛的社会联系，能直接影响社会舆论对企业的认识和评价。

（3）政府公众。政府公众是指在企业的市场营销活动中与之相联系的各级政府机构及其职能部门，如市场监督管理、税务等部门。

（4）社团公众。社团公众是指社会中存在的各类非营利组织，如消费者保护协会、环境保护组织、行业协会等。企业的营销活动涉及社会各方面的利益，来自这些社团公众的意见和建议往往对企业营销决策有十分重要的影响。

（5）社区公众。社区公众是指企业所在地附近的居民和社区团体。社区是企业的邻居，企业与社区保持良好的关系，为社区的发展做出一定的贡献，会受到社区居民的好评，他们的口碑能帮助企业在社会上树立良好的形象。

（6）一般公众。一般公众是指除上述各类公众以外关注企业的组织和个人。

所有这些公众，均对企业的营销活动有着直接或间接的影响，处理好与广大公众的关系，调动公众开展市场营销活动的积极性和创造性，是企业营销管理的一项极其重要的任务。

营销新视野

新媒体下的公司声誉

在微博、微信等迅速发展的新媒体环境下，任何个人或团体都可以随时随地发布信息，企业必须及时了解客户的诉求和反馈并及时做出反应，以维护企业的良好声誉。公司声誉是企业与公众在社会交往中自然形成的，是企业行为能力和公众认知两方面相互作用的结果。对企业而言，顾客是产品、服务的直接受用者，雇员是公司的形象载体，投资者是公司收益的权益人，政府是职能部门，非政府组织是企业社会责任的监督者。在以互联网为中心的新媒体环境下，企业行动受到以上各利益相关者的时时监督，企业行为稍有差错就可能一石激起千层浪。相反，若企业能够积极主动地及时了解客户和市场需求变动并为己所用，公司的声誉必将得到有效提升。

（资料来源：保住好名声．林雷．经营者（汽车商业评论）．2013. 11.）

任务 3.3　宏观环境因素分析

宏观营销环境是指对企业营销活动造成市场机会和环境威胁的主要社会力量。分析宏观营销环境的目的在于更好地认识环境，通过企业营销努力来适应社会环境及其变化，达到企业营销目标。

宏观市场营销环境的变化对企业产生的影响可以从两个方面进行分析。一是宏观市场营销环境的变化对企业的市场营销活动产生有利的影响，这对企业是一种环境机会。二是宏观市场营销环境的变化对企业的市场营销活动产生不利的影响，这对企业是一种环境威胁。面对市场机会吸引力和威胁程度不同的营销环境，需要通过环境分析来评估市场机会与环境威胁，进而提出相应的对策。通常，企业可采用机会分析矩阵图和威胁分析矩阵图来分析、评价营销环境。

3.3.1　人口环境

人口是市场的第一大要素。人口的数量直接决定市场的规模和潜在容量；人口性别、年龄、教育、民族、职业、婚姻状况、居住分布等也会对市场格局产生深刻影响，进而影响企业的营销活动。

3.3.1.1 人口数量

人口数量是决定市场规模的一个基本要素。人口数量的多少与社会购买力水平的高低并没有必然的联系，一个人口众多的发展中国家的总体购买力可能比一个人口少得多的发达国家的总体购买力水平低。但是，由于人们的购买力总是首先投向基本消费品，人口越多，这部分基本消费需求及其派生出来的产品需求的绝对数量就会越大，对于那些与生产基本消费品相关的企业，这是一种发展机遇。企业营销首先要关注所在国家或地区的人口数量及其变化，尤其对人们生活必需品的需求内容和数量影响很大。

从世界范围看，发达国家的人口出生率下降，儿童减少。这种人口动向对儿童食品、用品、服装、玩具等行业是一种环境威胁。因此，近几年来美国等发达国家某些经营儿童食品和用品的公司，或者到人口出生率高的国家去寻找市场，或者采取“转移”的对策，改行经营其他业务，如美国吉宝公司过去经营儿童食品，现在转向老年人食品、人寿保险等盈利较多的行业。此外，这种人口动向对某些行业有利。例如，许多年轻夫妇有更多的闲暇时间和资金用于旅游、在外用餐、娱乐，因而给旅游业、餐饮业、体育娱乐业提供了有吸引力的市场机会，促进了第三产业的发展。

3.3.1.2 地理分布

人口的地理分布对企业开展营销活动有很大的影响，主要表现在以下几个方面。

一是从区域人口分布来看，我国东部沿海地区人口密度大，西北人口密度小；从城乡人口分布来看，城镇人口密度大，乡村人口密度小。人口密度的大小在一定程度上决定了市场规模的大小，企业应针对地区间人口密度的不同，采取不同的措施开展市场营销活动。二是不同的地理环境（如地理位置、气候等条件），表现为消费需求和购买行为上的明显差异。三是人口地理分布的动态性对企业营销活动也会产生较大影响。随着我国农村人口城市化，城镇人口迅速增加，城镇人口密度增大，为企业增加商业网点、扩大城镇市场提供了良好的市场机会。同时，人口城市化带动了周边农村的发展，加强了城镇与乡村之间的社会联系。

3.3.1.3 人口结构

A 年龄结构

不同年龄的消费者对商品和服务的需求是不一样的。不同年龄结构就形成了具有年龄特色的市场。企业了解不同年龄结构所具有的需求特点，就可以决定企业产品的投向，寻找目标市场。更重要的是，按出生日期对人口进行界定可能不如按生活方式或生命阶段进行细分有效。

B 性别结构

男性市场和女性市场在需求上表现为明显的差异性，这种差异为营销带来了契机。企业可以针对不同性别的不同需求，生产适销对路的产品，制定有效的营销策略，开发更大的市场。例如，传统的化妆品市场一直是女性的专属，但是近年来，企业纷纷推出了针对男性特点的化妆品；在饮料市场，商家推出了主要面向男性的运动功能饮料，面向女性的减肥可乐等。

C　家庭结构

家庭是商品购买和消费的基本单位。一个国家或地区的家庭单位的多少以及家庭平均人员的多少，可以直接影响某些消费品的需求数量。随着经济的发展、劳动力的流动和家庭观念的更新，家庭结构呈现小型化、特殊化趋势，作为营销者应当考虑非传统家庭的特殊需求，反映到市场上就是对某些以家庭为购买单位的商品的营销，多开发一些小型化产品，在数量、规格、型号、包装上适应现代家庭的需求状况。

D　社会结构

人口社会结构指标包括民族、职业、受教育程度、收入水平等，它们也是影响消费决策的现实因素。不同民族有不同的需求、生活习惯和购买行为；而人在消费决策时往往会考虑职业因素，比如教师着装一般要求端庄大方，不主张浓妆艳抹、奇装异服；消费者的受教育程度决定了其审美视角和价值判断的不同，因而消费时对信息对称性的要求、对维护自身价值的要求、对消费品位的要求、对流行趋势的把握、对商家促销活动的回应都表现出较大的差异。至于收入水平，则更为直接地影响到消费需求。

3.3.2　经济环境

市场不仅需要一定的人口数量，还需要有购买力。经济环境是影响企业营销活动的主要环境因素，它包括收入因素、消费支出、产业结构、经济增长率、货币供应量、银行利率、政府支出等因素，其中收入因素、消费结构对企业营销活动影响较大。

3.3.2.1　消费者收入

消费者的收入变化直接影响个人的购买力、消费者支出和支出模式，进而影响社会购买力和市场规模的大小。消费者的收入包括工资、红利、租金、退休金、馈赠等。

A　个人可支配收入

个人可支配收入是指在个人收入中扣除消费者个人缴纳的各种税款和交给政府的非商业性开支后剩余的部分，可用于消费或储蓄的那部分个人收入，它构成实际购买力。个人可支配收入是影响消费者购买生活必需品的决定性因素。

B　个人可任意支配收入

个人可任意支配收入是指在个人可支配收入中减去用于维持个人与家庭生存不可缺少的费用（如房租、水电、食物、燃料、衣着等项开支）后剩余的部分。这部分收入是消费需求变化中最活跃的因素，也是企业开展营销活动时所要考虑的主要对象。因为这部分收入主要用于满足人们基本生活需要之外的开支，一般用于购买高档耐用消费品、旅游、储蓄等，它是影响非生活必需品和劳务销售的主要因素。

C　家庭收入

很多产品是以家庭为基本消费单位的，如冰箱、抽油烟机、空调等。因此，家庭收入的高低会影响很多产品的市场需求。一般来讲，家庭收入高，对消费品需求大，购买力也大；反之，需求小，购买力也小。需要注意的是，企业营销者在分析消费者收入时，还要区分货币收入和实际收入。只有实际收入才影响实际购买力。因为，实际收入和货币收入并不完全一致，由于通货膨胀、失业、税收等因素的影响，有时货币收入增加，而实际收入却可能下降。实际收入即是扣除物价变动因素后实际购买力的反映。

3.3.2.2 消费者支出模式和消费结构的变化

随着消费者收入的变化，消费者支出模式会发生相应变化，继而使一个国家或地区的消费结构也发生变化。西方一些经济学家常用恩格尔系数来反映这种变化。恩格尔系数表明，在一定的条件下，当家庭个人收入增加时，收入中用于食物开支部分的增长速度要小于用于教育、医疗、享受等方面的开支增长速度。食物开支占总消费量的比重越大，恩格尔系数越大，生活水平越低；反之，食物开支所占比重越小，恩格尔系数越小，生活水平越高。

食物、住房和交通用去了家庭收入的大部分，而且消费者在不同生活方式或生命阶段有不同的支出模式。据调查，没有孩子的年轻人家庭，往往把更多的收入用于购买冰箱、电视机、家具、陈设品等耐用消费品上，而有孩子的家庭，则在孩子的娱乐、教育等方面支出较多，而用于购买家庭消费品的支出减少。当孩子长大独立生活后，家庭收支预算又会发生变化，用于保健、旅游、储蓄部分就会增加。

3.3.2.3 消费者储蓄和信贷情况的变化

一般情况下消费者并不是将其全部收入完全用于当前消费，而会把收入的一部分以各种形式储蓄起来，如银行存款、债券、股票等，以求保值增值，又能积少成多。这是一种推迟了的、潜在的购买力。企业营销人员应当全面了解消费者的储蓄情况，储蓄目的不同，往往也会影响潜在需求量、消费模式、消费内容、消费发展方向的不同。这就要求企业营销者在调查、了解储蓄目的的基础上，制定不同的营销策略，为消费者提供有效的产品和服务。

消费者信贷对购买力的影响也很大。所谓消费者信贷，就是消费者凭信用先取得商品使用权，然后按期归还贷款，以购买商品。这实际上就是消费者提前支取未来的收入，提前消费。消费者信贷主要有：短期赊销；购买住宅分期付款；购买昂贵的消费品分期付款；信用卡信贷等几类。信贷消费允许人们购买超过自己现实购买力的商品，从而创造了更多的就业机会、更多的收入以及更多的需求；同时，消费者信贷还是一种经济杠杆，它可以调解积累与消费、供给与需求的矛盾。当市场供大于求时，可以发放消费信贷，刺激需求；当市场供不应求时，必须收缩信贷，适当抑制、减少需求。消费者信贷把资金投向需要发展的产业，刺激这些产业的生产，带动相关产业和产品的发展。

3.3.3 自然环境

自然环境是指营销者所需要或受营销活动所影响的自然资源。当代自然环境最主要的动向是，自然资源日益短缺，能源成本趋于提高，环境污染日益严重，政府对自然资源的管理和干预不断加强。所有这些，都会直接或间接地给企业带来威胁或机会。因此，企业必须积极从事研究开发，尽量寻求新的资源或代用品。同时，企业在经营中要有高度的环保责任感，善于抓住环保中出现的机会，推出“绿色产品”“绿色营销”，以适应世界环保潮流。

20 世纪 90 年代以来，企业和公众面临的主要问题之一是日益恶化的自然环境。自然环境的发展变化对企业的发展越来越产生强烈的影响。因此，企业的最高管理层必须分析研究自然环境的发展动向。

3.3.3.1　自然资源短缺

地球上的资源包括无限资源、可再生有限资源和不可再生资源。目前，这些资源不同程度上都出现了危机。

无限资源，如空气和水等。从总体上讲是取之不尽、用之不竭的，但污染问题严重，亟待解决。此外，近几十年来，世界各国尤其是城市用水量增加很快（估计世界用水量每 20 年增加一倍），与此同时，世界各地水资源分布不均，而且每年和各个季节的情况也各不相同，所以目前世界上许多国家和城市面临缺水问题。

可再生有限资源，如森林和食物，也必须得到合理的利用。如果人们忽视其得以再生的条件，随时可能因耕地面积的减少、森林的过量采伐、渔业的过度捕捞等多种原因损害这些资源的再生能力而出现短缺。

不可再生资源，如石油、煤和金属等矿物。由于这类资源将随着开发利用的程度而相应减少，最后不可避免地趋于耗竭。在这种情况下，就需要研究与开发新的资源和原料，这就给某些企业带来了新的市场机会，如新能源汽车的商业化、风力发电的推广等。

3.3.3.2　环境污染日趋严重

随着工业化和城市化的发展，环境污染日益严重，公众对此越来越关心，纷纷指责环境污染的危害性。一方面，这种动向对那些造成污染的行业和企业是一种环境威胁，它们在社会舆论的压力和政府的干预下，不得不采取措施控制污染；另一方面，这种动向也给控制和消除污染的包装行业和企业带来了新的市场机会。

3.3.3.3　政府对自然资源管理的干预日益加强

随着经济发展和科学进步，许多国家的政府对自然资源管理加强了干预。但是，政府为了社会利益和长远利益而对自然资源加强干预，往往与企业的经营战略和经济效益相矛盾。例如，为了控制污染，企业必须购置昂贵的控制污染设备，这样就可能影响企业的经济效益。目前我国最大的污染制造者是工厂，如果政府按照法律和规定的污染标准严格控制污染，有些工厂就要关、停、转，从短期来看，这样可能影响工业的发展。因此，国家必须统筹兼顾地解决这种矛盾，力争做到既能减少环境污染，又能保证企业发展，提高经营效益，以达到经济可持续发展的目的。

对自然环境的关注造就了人们所称的绿色运动。现在，受绿色运动启迪的公司正在开发环境可持续战略并且坚持不懈地实践。有些企业用更加生态安全的产品来满足消费者的需求。有的企业开发可回收和可降解的包装袋，可循环的物料和成分，采取更好的环境控制和更多的能源效率措施。可见，企业意识到健康生态和健康经济之间的关系，意识到环保行动也是一个好的商机。企业对资源和环境有保护的义务，消费者判断企业的一种视角是看企业的环境可持续承诺。

营销新视野

环境压力下的汽车产业变革

当前，在全球环保压力与日俱增的大环境下，许多国家纷纷调整发展战略，在新能源、智能网联产业加快产业布局，抢占新一轮制高点，一些国家已经制定了停止生产销售传统能源汽车的时间表。如德国联邦参议院通过了2030年后禁售传统内燃机车的提案，法国计划从2040年开始全面停止出售汽油车和柴油车，英国也宣布从2040年起全面停售汽油车和柴油车。我国也开始研究传统汽车停产停售的时间表。

停售传统能源汽车对汽车制造商将产生颠覆性影响，全球著名车企都在积极应对。大众公司宣布，到2025年，将为中国消费者提供约150万辆零排放的新能源汽车，其中绝大部分是纯电动车。沃尔沃宣布，自2019年起，沃尔沃所有新上市车型均将配备电动机，这标志着该汽车制造商将终结纯内燃机时代，电气化技术成为其未来发展的核心。丰田汽车在2015年就宣布，到2050年将停售内燃机汽车，届时只会出售混合动力汽车、电动汽车以及燃料电池汽车，到2050年将新车的二氧化碳排放量减少90%，以达到环保目标。

与此同时，一些外资品牌纷纷布局中国新能源汽车领域。2016年9月，大众汽车集团与江淮汽车达成合作意向，双方将成立一家合资乘用车公司并专注于新能源市场。2017年8月，福特汽车与中国电动汽车制造商众泰汽车签署了一份合作协议，双方各持股50%，拟建一家集纯电动乘用车的研发、制造、销售和服务于一体的合资公司。同月，雷诺-日产联盟发布声明，称已与东风汽车集团签订协议，双方将设立新的合资公司，在中国共同研发生产电动汽车。新公司名为易捷特新能源汽车有限公司，充分利用雷诺-日产联盟在电动车领域的领导地位，以及东风汽车在新能源领域的资源，推出迎合中国市场需求的电动车。

进入21世纪以来，我国汽车产业实现快速发展。2016年产销量突破2800万辆，连续八年位居世界第一位。汽车市场在国民经济支柱中的作用不断增强，汽车税收占全国税收比重、从业人员数占全国就业人员数比重、汽车销售额占全国商品零售总额的比重均超过10%。然而，面对环境压力下产业发展的新趋势，中国车企必须及时调整战略，明确发展规划，适应新形势的挑战。事实上，2015—2017年上半年，国内共有超过200个新能源汽车整车生产项目落地，投资金额超过1万亿元人民币，已公开的产能规划超过2000万辆。

（资料来源：未来已来！行业格局说变就变．一个时代即将结束．正略管理评论．2017（9）．）

3.3.4　科学技术环境

科学技术环境涉及国家、地区、行业的科学技术发展速度与水平、科技政策、基础研究、应用研究、技术开发的投入、科技人才、科技发展趋势、技术创新能力、技术贸易、社会与民众的科技意识等要素。在市场营销领域，技术最重要的作用是提升企业产品的市场竞争力。

科学技术环境是社会生产力中最活跃的因素，它影响着人类社会的历史进程和社会生活的方方面面，对企业营销活动的影响更是显而易见。现代科学技术突飞猛进，科技发展对企业营销活动影响作用表现在以下四个方面。

3.3.4.1　科技发展促进社会经济结构的调整

每一种新技术的发现、推广都会给有些企业带来新的市场机会，导致新行业的出现。同时，也会给某些行业、企业造成威胁，使这些行业、企业受到冲击甚至被淘汰。例如，计算机的运用代替了传统的打字机，复印机的发明排挤了复写纸，数码相机的出现将夺走胶卷的大部分市场等。

3.3.4.2　科技发展促使消费者购买行为的改变

随着多媒体和网络技术的发展，出现了“电视购物”“网上购物”等新型购买方式。人们还可以在家中通过“网络系统”订购车票、飞机票、戏票和球票。工商企业也可以利用这种系统进行广告宣传、营销调研和推销商品。随着新技术革命的进展，“在家便捷购买、享受服务”的方式还会继续发展。

3.3.4.3　科技发展影响企业营销组合策略的创新

科技发展使新产品不断涌现，产品生命周期明显缩短，要求企业必须关注新产品的开发，加速产品的更新换代。科技发展运用降低了产品成本，使产品价格下降，并能快速掌握价格信息，要求企业及时做好价格调整工作。科技发展促进流通方式的现代化，要求企业采用顾客自我服务和各种直销方式。科技发展促使广告媒体的多样化，信息传播的快速化，市场范围的广阔性，促销方式的灵活性。为此，要求企业不断分析科技新发展，创新营销组合策略，适应市场营销的新变化。

3.3.4.4　科技发展促进企业营销管理的现代化

科技发展为企业营销管理现代化提供了必要的装备，如计算机、传真机、电子扫描装置、光纤通信等设备的广泛运用，对改善企业营销管理，实现现代化起了重要的作用。同时，科技发展对企业营销管理人员也提出了更高要求，促使其更新观念，掌握现代化管理理论和方法，不断提高营销管理水平。

企业必须注意科学技术的变化，促进自身的科学技术进步，并且鼓励本企业技术人员进行超前研究，引领行业技术的发展，只有这样企业才能在竞争中立于不败之地。

营销实例

人工智能养猪

雷宗雄，北京邮电大学计算机系毕业生，是阿里云的人工智能工程师，从 2014 年入职开始，就参与一个机器学习算法平台的研发，工作可谓“高大上”。2018 年年初，他被分配到四川宜宾市麻衣村养猪。一同去的，还有 20 多位工程师。

雷宗雄去了猪场才发现：猪场不像工厂，根本没有完善的 IT 基础设施和自动化设备，除了饲料可以自动化送到食槽，剩下的脏活累活基本全靠人工。无线网，没有；环控设备接口，没有；安装智能传感设备，拉电线、组网络、调试中控设备系统都得从零开始。

一个个看上去非常高级的方案，都被否定。比如，让机器人在过道里不断走动，完成巡检、清扫卫生、加料等工作，彻底取代人。谁想到试验了几个方案后发现，行走机器人根本迈不过横亘在它面前的猪粪。再如，他们试图用无人机定时在猪场内起飞、巡逻，完成对每头猪情况的盘点、记录。谁料伸手就能摸到的房顶和凌乱的水管就把无人机拦了下来。最后，受“盒马”外卖传输索道的启发，工程师们自己爬猪栏，在猪场顶部搭建了一个滑轨，在上面安装了自动巡查系统。这套系统能够实现对每头猪信息的近乎100%的准确判断，记录它一天的食量、运动、饮水、精神状态、体型、产仔、断奶等数据，成为后续各类算法的基础。

以前，由于技术和资金问题，普通农户养猪顶多养10头左右。现在他们跟阿里巴巴合作，每户一年可以养猪500~1000头，如果没有疫情损失，可以拿到9万~18万元不等的收入，一般能在3年内收回成本。

（资料来源：刘少华，阿里巴巴蹚出一条技术扶贫路. 人民日报海外版，2019-01-17.）

3.3.5 政治法律环境

3.3.5.1 政治环境

政治环境是指企业市场营销活动的外部政治形势，包括国内政治环境和国际政治环境。

国内安定团结的政治局面有利于经济发展和人民收入的增加，也会影响消费者的心理预期，改变消费需求。国家颁布的政策法规对消费者的消费需求有指导作用。

国际上，政治权利与政治冲突对企业的营销活动影响很大。政治权利的影响，一般表现在政府机构出面采取某种措施来约束外来企业或其产品，比如绿色壁垒、限制进口、外汇控制、劳工限制等。政治冲突主要是国际重大事件与突发事件，对企业的影响或大或小。

3.3.5.2 法律环境

法律环境涉及国家的立法、司法和执法机构，国家法律、法规、法令等规范和约束；国家主管部门及省（自治区、直辖市）颁布的各项法规、法令和条例等。法律环境影响到所有企业，它是企业营销的限制性环境因素，具有强制性、严肃性。法律法规的变动将直接影响企业的营销机会和营销成本。

3.3.6 社会文化环境

社会文化是指一个社会的民族特征、价值观念、生活方式、风俗习惯、伦理道德、教育水平、语言文字、社会结构等的总和。企业的营销人员不论在国内还是国际市场的营销工作中，都必须深入了解目标市场的社会和文化环境，在产品造型设计、颜色、包装及命名、营销方式、宣传方式上适应当地的文化特色，这样才能取得事半功倍的效果。通常，社会文化环境分析的内容包括：

3.3.6.1　教育水平

受教育程度的高低，影响消费者对商品功能、款式、包装和服务要求的差异性。通常文化教育水平高的国家或地区，消费者对商品的鉴别力强，容易接受广告宣传和接受新产品，购买的理性程度高，对附加功能也有一定的要求。因此企业营销开展的市场开发、产品定价和促销等活动都要考虑到消费者所受教育程度的高低，使产品的复杂程度、技术性能与之相适应。

3.3.6.2　宗教信仰

宗教信仰是一种具有很强行为约束力的价值规范。不同宗教有自己独特地对节日礼仪、商品使用的要求和禁忌，因此在营销活动中，必须明晰不同宗教信仰对人们的消费观念、消费行为、习惯禁忌、消费方式等方面的影响，以便有针对性地设计营销策略。

3.3.6.3　价值观念

价值观念是人们对社会生活中各种事物的态度、评价和看法。不同的文化背景下，人们的价值观念差别很大，而消费者对商品的需求和购买行为深受其价值观念的影响。营销人员应充分了解目标市场的价值观念状况，有针对性地制定营销措施。

3.3.6.4　消费习俗

消费习俗是指人们在长期社会与经济活动中所形成的一种消费方式与习惯，它是风俗习惯在消费领域的具体体现，表现为人们在衣食住行、婚丧嫁娶、节日、礼仪等活动和规范上的差异，这种差异往往取决于地域、民族差异，对企业的产品研发、渠道选择和促销安排都有直接影响。了解目标市场消费者的禁忌、习惯、避讳等是企业进行市场营销的重要前提。

3.3.6.5　审美情趣分析

审美情趣是指对音乐、艺术、形状、色彩等的鉴赏与偏好，这对产品的包装、命名、广告、宣传等的设计有很大的影响。例如，色彩是人们辨别和认识事物的重要依据，还能够表达一定的感情。世界各国对颜色都有所喜好和禁忌，营销工作者在商品包装以及广告画面上要注意这一点。

任务 3.4　企业应对营销环境变化的对策

营销环境的不断发展和变化给企业经营带来了极大的不确定性，但企业只有对环境的变化做出积极的反应才能够求得自身的生存和发展。因此，环境分析是企业制定经营战略和营销战略的先决条件。

3.4.1　熟悉 SWOT 模型

企业在进行环境分析时，一种简单易行的方法就是 SWOT 分析法。这是一种能够较客观准确地分析和研究一个企业现实情况的方法。企业利用这种方法可以从中找出对自己有利的、值得发扬的因素，以及对自己不利的、如何去避开的威胁，发现存在的问题，找出解决办法，并明确以后的发展方向。

SWOT 所代表的含义是优势（strengths）、劣势（weaknesses）、机会（opportunities）、威胁（threats）。

拓展阅读

SWOT 分析法和 PEST 分析模型

SWOT 分析法即态势分析法，20 世纪 80 年代初由美国旧金山大学的管理学教授韦里克提出，经常被用于企业战略制定、竞争对手分析等场合。

PEST 分析是指对宏观环境的分析。宏观环境又称一般环境，是指影响一切行业和企业的各种宏观因素。对宏观环境因素的分析，不同行业和企业会有一定的差异，但一般应对政治（political）、经济（economic）、社会（social）和技术（tchnological）这四大类影响企业的主要外部环境因素进行分析。

（资料来源：根据百度文库相关资料整理 .）

3.4.2 分析企业内部优劣势

企业内部优劣势分析属于微观因素分析。企业的优势和劣势，通常是指消费者眼中一个企业或它的产品胜于或劣于其竞争对手的内容，包括产品的质量、可靠性、适用性、风格和形象、价格的竞争性、渠道便利性，以及及时的服务，热情的态度等。

决定企业竞争优劣势的因素主要涉及企业的生产、技术、资金、人员、营销、管理等方面，具体可从生产成本、设备状况、产品的竞争地位、员工素质、研发能力、财务状况、营销能力、组织管理能力等方面进行分析。需要特别注意的是，衡量一家企业是否具有竞争优势，要站在现有潜在用户的角度上，而不是站在企业的角度上。

3.4.3 辨析外部环境的机会和威胁

具体地讲，环境机会是指企业从宏微观环境中可能获得的重大有利形势，如市场的较快增长、出现较多的新增顾客、竞争对手出现重大决策失误、与供应商关系改善等；环境威胁则是指环境存在重大不利因素，对企业的发展产生约束和障碍。

各种宏观、微观环境因素的变化对不同的企业所产生的影响是不同的。同一个环境因素的变化对某些企业来说可能是机会，而对另外一些企业来说则可能是威胁。企业在进行环境分析时，应具体问题具体分析，深入比较分析各种机会和威胁实现可能性大小及对企业的影响程度，从而找出对企业影响最重要的环境机会和威胁，并按轻重缓急或影响程度等排序。例如，通常要将那些对组织发展有直接的、重要的、重大的、迫切的、长远的影响因素排在前面，优先考虑。

任何企业都面临若干环境威胁和市场机会，企业的最高管理层可用机会威胁矩阵图（见图 3-2）来加以分析和评价。根据机会与威胁程度的高低，可以把企业的业务划分为四种类型：（1）理想业务，即高机会和低威胁的业务；（2）冒险业务，即高机会和高威胁的业务；（3）成熟业务，即低机会和低威胁的业务；（4）困难业务，即低机会和高威胁的业务。

		威胁程度：低	威胁程度：高
机会程度	高	理想业务	冒险业务
	低	成熟业务	困难业务

图 3-2　机会威胁矩阵图

3.4.4　制定应对策略

在对企业内外部环境因素进行全面分析和评价的基础上，就可以进一步运用系统分析和综合分析的方法，制定企业的经营策略以更好地促进企业的发展。

3.4.4.1　制定企业应对策略的基本思路

发挥优势因素，克服劣势因素，利用机会因素，化解威胁因素；考虑过去，立足当前，着眼未来。具体有四种对策可供选择。

（1）优势机会对策（最大与最大对策），即着重考虑优势因素和机会因素，目的在于努力使这两种因素都趋于最大。

（2）劣势机会对策（最小与最大对策），即着重考虑劣势因素和机会因素，目的是努力使劣势趋于最小，使机会趋于最大。

（3）优势威胁对策（最大与最小对策），即着重考虑优势因素和威胁因素，目的是努力使优势趋于最大，使威胁趋于最小。

（4）劣势威胁对策（最小与最小对策），即着重考虑劣势因素和威胁因素，目的是努力使这些因素都趋于最小。

3.4.4.2　制定企业营销策略

（1）如果采取劣势威胁对策，由于企业在规模、资金、销售方面存在严重问题，同时外部环境也不容乐观，企业必须考虑采取科学的应对措施，如果资源不足以支撑措施的实施，企业必须放弃该市场，采取退出策略。

（2）如果采取优势机会对策，企业应该充分利用市场快速发展的有利时机，充分发挥自己在资金、设计队伍方面的优势，并强化这种优势，在产品研发领域占据市场的制高点。

（3）如果采取优势威胁对策，企业应利用质量管理水平高的优势和管理层的开拓能力获取新的经济增长点。

（4）如果采取劣势机会对策，企业应利用国内消费水平快速提升的机会，迅速将企业规模做大，如采取快速的市场开拓策略、广泛的分销策略及新细分市场的渗透等。

营销实例

下面以某企业的营销转型 SWOT 分析为例进行说明。企业在分析了内外部环境之后，建立了 SWOT 分析矩阵，并将内外部环境的影响因素填入了矩阵中，具体见表3-1。

表 3-1　SWOT 分析表

内部因素 / 外部因素	优势（S） 1. 历史悠久，客户源稳定 2. 产品质量好，拥有良好口碑与品牌美誉度 3. 员工业务能力强、素质高 4. 企业形象佳，企业服务有保证 5. 财力雄厚，利于业务的拓展 6. 企业欲对现有市场营销模式进行变革 7. 具备新产品研发能力	劣势（W） 1. 员工在营销转型方面的理论建设能力较弱 2. 企业发展与转型沿袭民营企业的固有缺点 3. 经营模式单一，国内业务规模偏小 4. 企业对售前售后服务重视程度不足
机会（O） 1. 国内经济增长回速，趋势向好 2. 国家政策利好，有利于企业扩大市场 3. 科技技术进步，助力企业加速转型	SO 策略：增长型策略 该企业具有较多优势，而外部环境又为发挥这方面优势提供了非常有利的机会	WO 策略：扭转型策略 存在较多外部机会，但该企业存在的劣势会妨碍其利用这些机会，需要先克服这些缺点
威胁（T） 1. 竞争对手的有力竞争 2. 客户更加理性，对服务、产品的要求提高 3. 全行业整体投资发展疲软	ST 策略：多种经营策略 该企业需要利用自身优势，回避或减轻外部威胁所造成的影响，同时保持业务的持续开展	WT 策略：防御型策略 该企业需要减少内部劣势，同时抵御外部环境威胁，从而摆脱生存危机

综合表格分析，该企业现阶段处于威胁比机会的影响更深远、优势明显多于劣势、但劣势影响大于优势的形势中。该企业具有产品研发、产品质量、客户评价等方面的天然优势，而外部环境又为发挥这方面的优势提供了非常有利的机会，但是现有的营销模式不能够适应其产品销售，其服务无法对企业盈利做出贡献，对企业的未来发展形成了相当大的阻碍。

因此，选择 WT 策略，即防御型策略更加适合该企业。该企业自身的优势并不能非常明显地掩盖其劣势，威胁逐渐开始具有致命性，劣势已经相当明显，因此，SO 策略、ST 策略和 WO 策略并不适合该企业。该企业应当紧紧抓住外部机会，充分弥补在服务方面的劣势，实现新一轮的营销转型与快速发展。

（资料来源：根据百度文库相关资料整理.）

SWOT 分析法因其使用简单、分析直观，已经成为营销管理中的重要分析工具。但是该方法因为使用了定性研究方法，所以根据 SWOT 分析法所做出的判断，往往带有很强的主观色彩。因此在使用 SWOT 分析法时，需要注意该研究方法的局限性，在罗列事实时需要尽量客观描述，并最好提供数据说明，以弥补 SWOT 分析法在定量分析方面的不足。

思考题

(1) 市场营销环境对企业营销活动产生什么影响?

(2) 企业向目标市场销售产品时，将面临哪些不同类型的竞争?

(3) 科学技术的发展对企业经营有什么影响?

(4) 举例说明社会文化因素对市场营销的影响。

案例分析

韩国现代制胜美国市场

美国是世界上最大的轿车市场，而且也是世界上利润最高的轿车市场。据分析，日本汽车制造商的利润大部分来自北美市场。不难想象，各国汽车制造商都想打入美国市场。在过去的几年中，进入美国的汽车商中韩国的现代汽车取得了显著的成功。

分析原因有以下三个有利因素。

(1) 时机有利。由于日本对美国的汽车出口受到所谓"自愿配额"的限制，出口数量停留在每年 230 万辆上。日本采取了向高档车转移的方针，逐步提高售价。美国的三大汽车商出于最优利润的考虑，采取了保持销量、提高售价的做法。这就使低档小型的经济车的市场出现了缺口。这给韩国汽车提供了打入美国市场的机会。

(2) 币值有利。由于韩元对美元是稳定的，比价基本不变。因美元对日元大幅度贬值，韩元对日元也就相应贬值，这就使韩国汽车的美元成本大大低于日本汽车的美元成本。

(3) 员工素质有利。美国轿车工业趋向于"夕阳工业"，三大美国汽车商相继关闭多条生产线、解雇工人，新一代有才华的青年都不愿去汽车业谋职，使得工人年龄相对上升，素质相对下降。而韩国的汽车工业正处于上升时期，汽车工人社会地位很高，汽车厂可毫不费力地招到最优秀、最能干的工人，而其工资只是美国汽车工人的 1/10。现在韩国汽车工人的平均年龄只有 27 岁，比日本的 34 岁还要年轻 7 岁。

在自己的产品上，现代汽车采用的并不是当代最先进的汽车技术，而是 20 世纪 80 年代初日本三菱汽车公司的技术。这一技术在美国市场上已有 5 年历史，产品可靠、耐用、标准度高，维修非常方便。与之成为对照的日本铃木汽车，采用的是当代最新技术生产的马达，油耗量是轿车问世以来最低的，但其维修难度相应上升，产品成本也相应偏高，而其可靠性、耐久性还是一个问号。

在产品的价格上，现代汽车采用了快速渗透定价策略，比同等级的日本车定价约低 1000 美元，被美国汽车界评价为"日本技术，韩国价格"。

现代汽车采取了在产品的开发与生产过程中联合，但在销售环节上独立，保证 100% 的销售控制的市场运作方法。

在渠道上，现代汽车选择了先出口加拿大，后打入美国的迂回路线。加拿大市场与美国市场极为相似，世界主要厂商均在加拿大销售汽车。由于加拿大市场比美国市场小得多，有问题易于发现，也易于及时解决，代价也小得多。现代汽车采取了“少而精”的网点策略，在全美只建立了总共200个经销点，使每个经销点都有较高的销售量，保证了经销商有厚利可图。

现代汽车充分考虑了政治因素，把零部件的采购纳入整个经营战略中来统一考虑，尽可能地采用美国零部件，以保证其产品有较高的“美国成分”。而在加拿大，现代汽车中的“加拿大成分”也是进口国中最高的。现代汽车集团总经理说，我们必须考虑双向贸易。

（资料来源：百度文库.）

思考：从市场营销角度来看，韩国的现代汽车之所以能成功打入美国市场的原因有哪些？

实　训　题

实训 3-1

实训目的

（1）具有分析市场营销宏观环境的能力。

（2）具有分析市场营销微观环境的能力。

实训内容

（1）分析某一个具体企业的市场营销环境。

要求从宏观环境的政治、经济、社会和技术环境分析；从微观环境的企业自身条件、供应商、营销中介、顾客、竞争者、社会公众环境分析。

（2）撰写市场营销环境分析报告。

每个小组完成一份市场营销环境分析报告。

实训组织和要求

（1）将学生分组，每组3~5人。

（2）结合各小组确定分析的具体对象制定分析策划方案。

（3）完成市场营销分析报告一份。

实训 3-2

实训目的

掌握SWOT分析法的实际应用。

实训内容

模拟演练：以电气行业为背景，自行收集该行业企业的有关信息，使用SWOT分析法对其目前的经营状况进行分析，并指出该企业下一步发展需要采取何种战略。

实训组织和要求

学生进行分组后，首先自行查找并阅读相关材料，然后组织学生进行课堂讨论。

项目 4　市场营销调查与市场需求预测

学习目标

(1) 掌握市场营销调查与预测的内容。

(2) 了解市场营销调查的方法。

(3) 掌握市场营销调查报告的撰写。

能力目标

(1) 能够领会市场营销调查的内容，掌握市场调查的数据收集的方法。

(2) 根据市场调查的结果撰写调查报告，并做出市场预测分析。

案例导入

开展市场调查，为企业营销决策提供依据

某市场研究公司为深入了解居民的洗衣习惯，曾在全国六大城市开展了一次市场调查。这六大城市分布在不同地域。在实际调查过程中，调查人员在每个城市选择了数百户居民进行入户访问，要求被访者在试用新品洗衣液的同时详细描述洗衣过程。为了不遗漏细节，调查人员还去具体观察了被访者的洗衣方法。此次调查的被访者分布于平房、楼房等不同居住环境，以全面了解因环境不同采用不同洗衣设备而导致的洗衣习惯差异。根据调查结果，洗衣液公司摄制了广告片，在画面上再现了不同地区居民洗衣的实景，令观众倍感亲切，对新品洗衣液产生了认同和好感，该公司的洗衣液在市场上获得了巨大成功。

(资料来源：楼红平，涂云海．现代市场调查与预测［M］．北京：人民邮电出版社，2012.)

任务 4.1　市场营销调查概述

4.1.1　市场营销调查的概念

市场营销调查又称市场调研、市场调查或市场研究，当前国内外不同的专家对这一概念的内涵尚有不同的看法，对概念的表述也不尽相同。但是，大多数学者是从企业市场营销活动的角度来理解市场营销调查。一般来说，市场营销调查有广义和狭义之分。广义的市场营销调查包含从认识市场到制定营销决策的一切有关市场营销活动的分析和研究，狭义的市场营销调查则更偏重信息资料的搜集和分析。

国外较有影响的是美国市场营销学会对市场营销调查所下的定义：市场营销调查是一种通过信息将消费者、顾客及公众与营销者联结起来的职能。这些信息用于识别和确定营销机会及问题，产生、提炼和评估营销活动，监督营销绩效，加深人们对营销过程的理解。在市场营销调查中，为了获取解决营销问题所需的信息，要科学设计搜集信息的方法，有效管理信息搜集的过程，还要深入分析调查的结果，最后要沟通所得出的结论及其意义。

简单地说，市场营销调查是指通过科学的方法，系统高效地搜集、整理并分析与企业营销活动相关的数据信息，并就分析结果与管理者进行沟通。可见，市场营销调查是一种管理工具，其任务是为管理者提供解决营销管理问题的信息。

4.1.2　市场营销调查的作用

市场营销调查既是企业营销活动的起点，又贯穿于整体营销过程，在企业的市场营销活动中起着举足轻重的作用。有效的营销调查会使企业获益匪浅，其作用可综述为市场营销调查为企业营销决策提供依据，即市场营销调查在企业制订营销计划、确定企业发展方向、制定企业的市场营销组合策略等方面有着极其重要的作用；在营销决策执行过程中，市场营销调查为调整营销计划、改进和评估各种营销策略提供依据，有着检验与矫正的作用。市场营销调查作用的具体内容如下。

4.1.2.1　市场营销调查有助于更好地吸收国内外先进经验和最新技术，改进企业的生产技术，提高管理水平

当今世界，科技发展迅速，新发明、新创造、新技术和新产品层出不穷，日新月异。这种技术的进步自然会在商品市场上以产品的形式反映出来。通过市场调查，可以得到有助于我们及时地了解市场经济动态和科技信息的资料信息，为企业提供最新的市场情报和技术生产情报，以便更好地学习和吸取同行业的先进经验和最新技术，改进企业的生产技术，提高人员的技术水平，提高企业的管理水平，从而提高产品的质量，加速产品的更新换代，增强产品和企业的竞争力，保障企业的生存和发展。

4.1.2.2　为企业管理部门和有关负责人提供决策依据

任何一个企业都只有在对市场情况有了实际了解的情况下，才能有针对性地制定市场营销策略和企业经营发展策略。在企业管理部门和有关人员要针对某些问题进行决策时，如进行产品策略、价格策略、分销策略、广告和促销策略的制定，通常要了解的情况和考虑的问题是多方面的，主要有：本企业产品在什么市场上销售较好，有发展潜力；在哪个具体的市场上，其预期可销售数量是多少；如何才能扩大企业产品的销售量；如何掌握产品的销售价格；如何制定产品价格，才能保证销售量和利润两方面都能得到提高；怎样组织产品推销，销售费用又将是多少等。这些问题都只有通过具体的市场调查，才可以得到具体的答复，而且只有通过市场调查得来的具体答案才能作为企业决策的依据。否则，就会形成盲目的和脱离实际的决策，而盲目则往往意味着失败和损失。

4.1.2.3　增强企业的竞争力和生存能力

商品市场的竞争由于现代化社会大生产的发展和技术水平的进步，而变得日益激烈化。市场情况在不断地发生变化，而促使市场发生变化的原因，不外乎产品、价格、分销、广告、推销等市场因素和有关政治、经济、文化、地理条件等市场环境因素。这两种因素往往又是相互联系和相互影响的，而且不断地发生变化。因此，企业为适应这种变化，就只有通过广泛的市场调查，及时地了解各种市场因素和市场环境因素的变化，从而有针对性地采取措施，通过对市场因素，如价格、产品结构、广告等的调整，去应付市场

竞争。对于企业来说，能否及时了解市场变化情况，并适时适当地采取应变措施，是企业能否取胜的关键。

4.1.3　市场营销调查的内容

企业市场调查的内容很多，凡是影响企业市场营销的因素，都是市场调查的对家，但重点应放在对目标市场的调查上。

4.1.3.1　市场调查

市场调查的目的是了解市场状况，发现企业的潜在市场，为企业今后制定市场营销策略提供可靠的资料。调查的主要内容有经济形势、货币情况、市场潜在容量、市场供应量、进出口量及其发展趋势。

4.1.3.2　消费者调查

消费者需求是企业一切活动的中心和出发点。消费者调查应该以消费者为重要调查对象，调查的主要内容有消费者数量、消费者地区分布、购买动机与购买行为、品牌偏好、购买数量、对企业产品的满意度等。

4.1.3.3　产品调查

产品调查目的是能够按消费者需要，不断推出新产品。调查内容有产品设计、产品功能及用途、产品品牌或商标、产品包装、产品生命周期、产品销售服务及产品开发。

4.1.3.4　价格调查

价格调查目的是制定正确的定价策略。调查内容有影响企业定价的因素、产品需求弹性、不同价格策略对产品销售的影响。

4.1.3.5　销售渠道调查

企业需要了解中间商情况，建立合理的销售渠道来完成企业营销目标。销售渠道调查的主要内容是中间商的信誉、实力及需要的中间商数目。

4.1.3.6　促销手段调查

促销手段调查目的是通过对广告及其他促销手段的调查，制定最佳促销策略。调查内容有广告媒体、广告效果、广告费用、推销人员分配情况及如何选择推销方式。

4.1.3.7　竞争状况调查

企业要在市场上站住脚，保持和扩大市场占有率，必须对市场竞争情况进行调查，包括竞争对手的市场占有率、产品特点及服务特色等。

4.1.3.8　宏观环境调查

社会的经济、政治、文化环境对企业营销具有不同程度的影响，是市场调查的重要内容，包括国家经济发展状况，政府有关方针、政策和法令，世界政治环境，本地区民族构成，宗教信仰，教育程度，文化水平状况等。

4.1.4 市场营销调查的类型

4.1.4.1 按调查的时间分类

由于市场调查涉及的内容很多，其类型也多种多样。按照不同的分类方法，市场调查可划分为不同的类型。

A 定期市场调查

定期市场调查是指企业针对市场情况和经营决策的要求，按时间节点定期所做的市场调查。其形式有月末调查、季末调查、年终调查等。通过定期调查，分析研究一定时间内企业所从事的各种经营活动的情况，以便科学地认识市场环境等动态，定期有计划地调整经营活动的指导意见。

B 不定期市场调查

不定期市场调查又称经常性市场调查。企业在市场营销活动中，需要随时根据市场变化，不断地调整经营部署。为了科学地决策，需要掌握必要的市场信息，由此也就要经常开展市场调查活动。不定期调查按照企业管理、经营决策的要求来进行，每次调查的时间、内容一般都是不固定的。

C 临时性市场调查

临时性市场调查是指企业投资开发新产品、开拓新市场、建立新的经营机构或者根据市场某些特殊情况而开展的临时性的市场调查活动。这种调查可以了解市场的基本情况，如市场范围、规模、交通条件和竞争对手等。一般来说，这类信息的变化并不十分频繁，在一定时间内有某种相对稳定性，因此，只需针对这些问题做一次性调查，一般就能获取所需的数据资料。

4.1.4.2 按调查的范围分类

A 全面调查

全面调查就是普查，是对所要调查研究的对象总体进行逐一的、普遍的、全面的调查。这是全面收集数据资料的一种方法，可以获得较为完整、系统的信息。企业在市场调查中，可以根据经营决策的要求，确定一定的市场范围，对市场情况进行普查。有时，也可用于获得某一方面专项的市场数据资料，如进行商品库存量普查、试销新产品的跟踪调查等。采用全面调查形式，一般要组织专门机构，调配专门人员，在规定的时间内，按照统一要求，分头了解市场某一方面的情况，然后集中进行统计、汇总。全面调查具有明显的优势，但是在调查实践中较少采用。其主要有以下几个原因。

（1）全面调查涉及的调查对象数量多、工作量大，需要很长时间才能获得满意结果。

（2）进行全面调查，要消耗大量的人力、物力、财力。

（3）进行全面调查，调查质量在很大程度上取决于参与调查人员的知识水平、业务能力、调查经验等因素，每次全面调查开始前还要花费时间进行人员培训。

（4）全面调查是对市场总体进行逐一调查，但在通常情况下，企业难以做到这一点。

B 抽样调查

抽样调查是指根据概率统计的随机原则，从被调查的总体中抽出一部分单位作为样本进行调查分析，以此推断总体基本特征的一种非全面性的调查方法。抽样调查分为随机抽样和非随机抽样两大类。随机抽样又有单纯随机抽样、系统随机抽样、分层随机抽样和整群随机抽样等几种类型；非随机抽样则有便利抽样、判断抽样、配额抽样和滚雪球抽样等几种类型。抽样调查具有方法多样、技术性强的特点，是市场调查的一种常用方法。由于样本的选择直接影响调查的质量，因此要特别注意抽样的客观性与代表性，使其特征能较为充分地表现总体特征，避免主观倾向。

4.1.4.3 按调查的功能分类

A 探索性调查

探索性调查又称探测性调查、初步调查，它是市场调查人员对所出现的问题不知症结所在，心中无数，无法确定要调查哪些内容而进行的简单调查。其目的是针对市场营销所存在的问题，探寻关键的变量和主要的联系，为探寻解决问题的途径而获取数据资料，为正式深入调查做好准备。进行探索性调查时，方法要尽量简单，时间要短，关键是要发现问题所在。例如，某公司半年来销售量严重下滑，公司方面不能确定究竟是整个经济大环境所致，还是广告支出减少所致；是因为销售渠道不通畅，还是竞争对手崛起。要解决这一问题，就需要进行探索性调查。

探索性调查主要采用深度访谈或小组座谈会等方法，通过对专家或具有专门知识的人员，如批发商、零售商或特殊消费者的访问，以期对问题进行深入的了解。此外，探索性调查还可借助对二手资料（如政府统计资料、学术机构研究资料）的分析，来了解问题的实质。

B 描述性调查

描述性调查是以获得一般性市场营销信息为主的调查，多数以问卷调查的形式出现，在实际市场调查中是最普遍、最常见的。描述性调查所要了解的是有关问题的相关因素和相关联系，它所要回答的是“什么”“何时”“如何”等问题，并非要回答“为什么”的问题（要找出现象之间的因果关系，需要采用因果性调查）。因此，描述性调查的结果通常说明事物的表征，并不涉及事物的本质及影响事物发展变化的内在原因。

一般来讲，如果想了解市场中有多少个相关的竞争品牌，各竞争品牌的市场占有率、广告策略及广告投入、产品的分销渠道等问题，通常采用描述性调查方法。

C 因果性调查

因果性调查是为了挖掘市场某一问题的原因与结果之间的变化关系而进行的专题调查。市场的变化直接影响着企业的经营成果。有结果就有原因，因果性调查就是侧重了解市场变化原因的调查。市场的各种现象是互相联系的，但这种联系并不一定都是确定性的因果关系。因果性调查旨在发现、寻找市场营销现象之间的因果联系，从而确定解决问题从何处着手，以便做出科学的营销决策。因果性调查强调调查方法的科学性，有关市场变量的选择要考虑它们的相关性、出现时间的先后顺序以及量化的因果关系模式。

例如，要了解产品包装形式是否影响产品的销量、广告费的投入量在多大程度上影响产品的知名度和销售量、品牌知名度究竟与广告重复次数存在多大关系等问题，都要进行因果性调查研究。因果关系研究是建立在假设的基础上的，如假设A促销手段比B促销手段更有利于产品的销售。其基本思路是在对其他变量（即干扰变量或无关变量）加以严格控制的条件下，考查某一个或某几个变量（即自变量）的变化对另一个变量（因变量）所产生的影响及影响的程度。这类调查研究主要采用实验法。

D　预测性调查

预测性调查是对市场未来可能再现的情况所做的调查研究。这类市场调查事实上是调查研究方法在市场预测中的应用，它将市场调查与市场预测有机地结合起来。预测性调查是有较大深度的，它必须在说明目前市场状况的基础上，充分考虑影响市场的各种因素及影响程度，进一步说明市场将来可能是怎样的。预测性调查所获取的数据资料具有较高的实用价值，是进行商品生产和组织商品营销的重要依据。

营销实例

指出下列每一项说明了哪些类型的营销调查。请阐述你的看法。

A. 在啤酒行业确定广告和销售之间的关系。

B. 位于内华达州奥马哈的购物中心识别目标市场的人口统计特征。

C. 估计美国阿青色州、路易斯安那州和得克萨斯州这几个地区扫描设备未来5年的销售潜力。

D. 测试服装店店内温度对于外套服装的销售影响。

E. 了解居住在公寓中的人使用真空吸尘器时的习惯，并找出这些人对于哪些清洁工作不使用吸尘器进行清洁。

根据营销问题的性质，市场营销调查可分为探索性调查、描述性调查及因果性调查。

探索性调查一般是在调查专题不太明确时，为了了解问题，而进行的调查。

描述性调查是一种常见的项目调查，是指对所面临的不同因素。不同方面现状的调查研究，其资料数据的采集和记录，着重于客观事实的静态描述。

因果性调查是指为了查明项目不同要素之间的关系，以及查明导致产生一定现象的原因所进行的调查。

A. 选项运用了因果性调查。因果性调查主要是了解市场上各种变量之间的因果关系，以方便及时做出调整。影响啤酒销量的因素其中就包括广告，广告的宣传力度直接影响啤酒的销量，在其他因素一定的情况下，广告宣传得好，啤酒就会销售得快，反之则销售得慢，将这两种数据进行分析，就会得出相应的关系。

B. 选项运用了描述性调查。人口的统计特征只需要统计后的结果信息，不需要知道统计的过程、统计了什么、为什么统计等问题。因此识别目标市场的人口统计特征为描述性调查，对于不同的市场会有不同的顾客，统计对人口的统计特征，会确定主要的顾客有哪些，顾客的类型是什么，进而确定市场的主要销售产品，以扩大销售量。

C. 选项运用了探索性调查。是对未来5年的销售潜力而进行估计，对于未来市场销售的不确定性，通过探索性调查来进行初步了解，收集数据，进行分析，做出进一步调查。

D. 选项运用了因果性调查。类似于前面的啤酒行业广告和销售之间的关系，在其他因素一定的情况下，了解店内的温度与外套服装之间的关系。店内温度高，给人热的感觉，就会减少对外套服装的需求，反之则会增加对外套服装的需求，因此服装店店内的温度与外套服装之间存在着因果关系。

E. 选项运用了因果性调查。使用吸尘器进行清洁受到很多方面因素的影响。例如，清洁工作的难易程度，需要清洁的地点是否支持运用吸尘器来工作，等等因素。运用因果性调查来弄清各个变量与真空吸尘器之间的关系，在哪里适合真空吸尘器。

（资料来源：百度文库．）

任务 4.2　市场营销调查的过程和方法

4.2.1　市场营销调查的过程

市场营销调查是一项系统工程，必须遵循一定的程序。一般来说，市场营销调查可以分为确定调查问题、设计调查方案、实施调查、分析数据、撰写报告和反馈信息六个步骤。

4.2.1.1　确定调查问题

市场营销调查的第一步就是确定调查的问题，这是市场营销调查能否取得预期效果的先决条件。在这一步骤中，要明确调查的目的和要达到的目标；掌握达到目标所需的信息；了解这些信息将会满足什么决策需求；确定通过市场营销调查所获得的信息是否具有可测性。良好的开端是成功的一半，对调查问题的正确界定可以为整个调查过程提供保证、找准方向。

在这一阶段，调查人员通常也需要进行一些探索性的研究，如搜集第二手资料，对相关领域的专家进行初步的访谈，与典型消费者沟通，对市场进行充分的了解，以利于开展调查工作。

4.2.1.2　设计调查方案

在明确地定义了调查问题并充分了解市场之后，市场营销调查人员需要制定详细周密的调查方案，保证调查工作顺利进行。调查方案是对调查工作各个方面和全部过程的通盘考虑，包括整个调查工作的全部内容。调查方案是否科学可行，也是整个调查工作成败的关键。市场营销调查方案的内容主要包括调查目的与内容、调查对象与范围、调查方法、抽样设计、调查时间安排、调查经费预算以及调查报告的提交方式。

A　调查目的与内容

调查的目的是通过调查解决问题。实际上，在第一个步骤中已经确定了调查目的，在此基础上，需要进一步确定调查的具体内容，即为了解决上述问题需要搜集哪些信息资料，取得这些资料有什么用途等。调查内容是对调查目的的进一步分解和细化。为了避免遗漏调查项目，调查项目组可以采取头脑风暴法，详细列出所有可能想到的内容，然后对其重要性进行排序，删除不必要的项目。

B　调查对象与范围

明确了调查目的与内容后，就要确定调查的对象与范围，即明确调查谁以取得信息资料，在什么范围内获取信息资料。调查对象与范围直接影响调查资料的代表性及调查与抽样方法的选择，也影响调查时间和经费预算。在这一阶段往往需要对调查对象的具体条件进行甄别，以排除不符合条件的对象，提高调查的准确性与针对性。

C　调查方法

确定了调查对象与范围后，就可以选择具体的调查方法来搜集资料。根据信息资料的来源，调查方法总体上可以分为文案调查法和实地调查法。文案调查法是通过对别人完成的数据、报告、文章进行分析以获取信息资料的一种方法；实地调查法则是为了特定的研究目的，由调查人员按照调查方案直接向受访者搜集第一手信息资料的方法。实地调查法又可以具体分为调查法、观察法和实验法。

调查法（survey）是调查人员利用事先拟定的调查提纲，直接向受访者询问的一种调查方法。由于调查法能够搜集广泛的信息资料，因此在市场营销调查中运用得最普遍。调查法又可分为面访调查法、深度访谈法、小组访谈法和投射法等。观察法是调查人员在现场对受访者的情况直接进行观察、记录，以取得市场信息资料的一种调查方法，其中常用的两种具体方法是神秘购物法和垃圾分解法。实验法则是研究人员通过设计一定的实验条件，将调查项目置于实验环境中搜集信息的一种方法，主要用于因果关系研究。

由于搜集第一手资料耗资较大，因此调查通常从搜集二手资料开始，只在必要时才采用各种实地调查的方法搜集第一手资料。

D　抽样设计

调查对象的代表性直接影响调查资料的准确性，当调查对象多、调查范围广而人力、财力、时间又不够时，会依照概率原则，在调查对象的总体中选取一部分作为样本，根据样本的调查结果来推断总体的情况，这一过程就是抽样。

抽样的方法可以分为两大类，即随机抽样和非随机抽样。随机抽样又称概率抽样，是指按照概率原则，从总体中抽取一定数目的单位作为样本进行调查，总体中每一个个体被抽中的机会都是相同的。非随机抽样又称非概率抽样，从便于操作的角度出发或根据研究者的主观判断来抽取样本，这种方法比较简单，但误差较大。

E　调查时间安排

调查时间安排涉及从调查方案设计到提交报告的整个工作进度，包括各个阶段的起始时间，其目的是使整个调查工作及时展开、按时完成。

一个调查项目的进度安排通常要考虑多个方面的内容：调查方案的设计，抽样方案的设计，问卷的设计与试调查，问卷的修正与印刷，调查人员的挑选与培训，调查的实施，数据的整理、录入与分析，调查报告的撰写与提交。一般情况下，完成一个调查项目大约需要 30 个工作日。

F　调查经费预算

市场调查所需的费用总额通常与调查的范围及难易程度密切相关。通常，在一项市场营销调查中，前期的计划准备阶段的费用安排占总预算的 20%，实施调查阶段的费用安排占总预算的 40%，后期分析报告阶段的费用安排也占到总预算的 40%。因此，必须全面考虑各阶段的费用支出，以免出现问题而影响调查的实施。预算经费一般包括以下方面的开支：调查方案的策划与设计，问卷设计与抽样设计，问卷印刷，调查实施，数据的编码、录入和处理，调查报告的撰写。

G　调查报告的提交方式

提交调查报告时，除了考虑报告书的形式与份数外，还要考虑报告书的基本内容、原始数据、分析数据、演示文稿和原始问卷等。在许多情况下，调查人员除了向客户提供书面报告外，还有必要向客户做口头汇报。大多数客户都希望听到调查人员的口头汇报，双方进行必要的讨论与交流。如果要进行口头汇报，研究人员必须提前准备好演示文稿。

4.2.1.3　实施调查

这阶段的关键是数据资料的搜集，这是市场营销调查的中心环节，也是费用最高、最容易出问题的阶段。而调查实施的关键又在于实施过程中严格的组织管理和质量控制，要严格按照进度表的安排分阶段执行。在这一过程中应重点做好以下工作。

A　甄选和培训调查人员

为了保证信息搜集活动的顺利开展，需要对调查人员进行严格的甄选和培训，以免因未按照要求搜集资料而使整个调查活动失去应有的价值。经济管理类专业的大学生往往是最好的调查人员人选。针对调查人员的培训主要包括调查基础知识和项目操作方式两部分内容。

B　对调查工作进行质量监控

对调查人员的管理与监控是保证调查顺利进行和资料质量的重要环节。在调查开始阶段，研究督导可以陪同新的调查人员进行调查，在调查实施过程中可以设置查账者（隐蔽的调查监督人员）对工作进度与质量进行检查，在问卷设计上也可以采取撒胡椒面法。

C　检查和评价调查人员的工作

调查结束后，一般会抽取10%~30%的问卷进行复核，以检查调查人员的工作态度和数据质量。可以采取电话复核或实地复核方式，也可以采取三者相结合的方式。检查时一般会询问受访者是否收到礼物、对调查人员的印象如何、访问的时间和地点，同时还会重复提出一些事实型的问题（如受访者个人基本信息），以确定是否与问卷中标记的答案一致。有时会在调查结束后召集调查人员举行一次座谈，了解他们在调查过程中发现的问题以及对调查实施环节的建议，以便后期撰写调查报告，并为今后的调查积累宝贵的经验。

4.2.1.4　分析数据

完成数据搜集后，就要对数据进行处理和分析，从而解释所搜集的大量数据并得出结论。负责处理调查数据的人员最初可能只做简单的描述性统计分析，根据需要再在此基础上做交叉分析、相关与回归分析、因子分析与聚类分析等。相关的工作主要包括以下几个方面：

A　查收和校对资料

由于回收的问卷可能存在一些遗漏，甚至矛盾和错误，因此需要在分析问卷之前对其进行检查、校对。要检查问卷资料是否准确完整，问题有无遗漏，答案是否存在逻辑错误。对于有少量问题的问卷，可以通过回访补充完整，或在分析中做缺失值处理，而对于回答多处不完整、存在明显矛盾的问卷，就可能要作废卷处理。

B 事后编码

问卷编码是对应于问卷中每个问题的答案的代码，便于进行数据的分析处理。结构型问卷在设计问卷时已赋予每个答案相应的代码，这就是事前编码。对于开放性问题或封闭性问题的“其他”选项，则需要事后编码。一般的做法是：将几十份问卷的答案分别记录下来并进行归类，对归类的答案分别给予相应的代码制成编码表，根据编码表对原始问卷的相应问题进行编码。

C 录入数据，建立原始数据库

对于已检查校对并进行事后编码的问卷，由数据录入人员录入数据库。一般采用 SPSS、Excel 数据处理软件或 txt 文本文件录入数据，有些公司开发了专门的数据录入软件（如 Epidata 软件）。

D 数据查错和净化，处理缺失数据

在数据录入过程中往往会出现一些错误，数据资料即使经过校对也可能仍然存在问题，这就需要进行数据的查错和净化。一般可以抽取 10%左右的数据与原始问卷信息进行比较，以检查数据录入质量。数据的净化一般采用统计软件进行，如 SPSS 等软件可以很便捷地找出超出范围、有极端值或逻辑不一致的数据，然后根据问卷编号和原始问卷进行校对，进行必要的修改。

E 数据处理、制表绘图和统计分析

这是资料整理的最后一步，主要是根据调查的要求对资料进行分析，通常借助 SPSS 等数据处理软件完成。常见的统计处理方法是描述性统计分析，即求出调查项目的频率，这是最基本的资料分析方法。此外，在资料分析中还应尽可能多地应用先进的统计技术和决策模型，以便从调查资料中获取更多有用的信息。一图胜千字，数据统计结果一般还需要通过饼形图、条形图以及折线图等形式直观地表现出来，供决策者阅读参考。

4.2.1.5 撰写报告

调查报告是整个调查项目至关重要的部分，因为它是调查工作的最终产品，是调查人员辛勤劳动的结晶。调查报告有书面报告和口头报告等形式。

书面报告能够将枯燥乏味的数字变成鲜活的内容，便于管理者和决策者阅读和理解；口头报告能够帮助管理者理解报告的内容并接纳报告，还能够加强双方的交流。书面报告一般包括以下几个部分：（1）报告的摘要，包括主要发现、主要结论；（2）报告的详细目录，包括正文与附录的每一部分的标题与页码；（3）报告的正文，包括调查的基本情况、主要发现、结论与建议；（4）报告的附录，包括问卷、地图、技术说明等。

4.2.1.6 反馈信息

在花费了大量的精力和资金开展市场调查并准备报告后，最重要的工作是付诸实施。调查报告提交后，通常还要进行信息反馈，以便了解报告使用者在使用过程中遇到的问题，并及时做出解答。至此，一项完整的市场营销调查工作才算结束。这个环节很容易被调查人员忽视，尤其是当公司自己开展调查活动时。如果调查的信息不能被很好地利用，则会影响市场营销调查的作用的发挥，还会影响公司对调查问题的全面认识，不利于公司做出科学的决策。因此，这一过程不容忽视。

4.2.2 市场营销调查的方法

市场营销调查的本质就是通过科学的方法，以客观的态度系统、高效地搜集与企业营销活动有关的信息，为企业的营销决策提供依据。所选的调查方法是否恰当，既决定着调查结果是否科学合理，也影响着调查资源能否被有效利用。

4.2.2.1 文案调查法

文案调查法又称案头调查法或二手资料分析法，是市场研究人员对现成的数据、报告、文章等信息资料进行搜集、分析、研究和利用的一种市场营销调查方法，在探索性的研究阶段经常采用。文案调查法的优点是获取资料速度快、花费少，操作灵活且不受时空限制；缺点是针对性、准确性和客观性较差，需要采用适当的方法来验证这类资料。

采用文案调查法搜集的信息资料包括企业内部资料和外部资料两种。企业的内部资料主要包括企业内部的各种报表、订货和发货记录以及销售人员和顾客的反馈信息等。企业的外部资料主要包括各级政府、非营利机构、贸易组织和行业协会以及各种商业出版物所提供的信息资料。

采用文案调查法时一般应遵循“先易后难，由近至远”和“先内部后外部”的原则。“先易后难，由近至远”是指在进行文案调查时，先搜集那些比较容易得到的历史资料和公开发表的现成的信息资料，而对那些内部保密资料或原始资料，只是在现成资料不足时才进一步搜集。另外，应按由近期到远期的时间顺序查阅。“先内部后外部”是指在进行文案调查时，先从本企业、本行业内部着手，然后到有关的企业与行业搜集现成的信息资料。内部现成的信息资料是指内部的各种有关记录、报表、账册、总结、用户来函、订货单、合同、协议、客户名录、商品介绍、宣传资料等。外部现成的信息资料的内容与内部资料基本相同，一般根据需要及可得性去搜集。

4.2.2.2 观察法

观察法是调查人员在现场对调查对象的情况直接进行观察、记录，以取得市场信息资料的一种调查方法，其中常用的两种具体方法是神秘购物法和垃圾分解法。神秘购物法是由经过专门训练的调查人员伪装成神秘顾客购物，详细记录在购物或接受服务时所发生的一切情况，以发现商家在经营管理中存在的缺陷的一种调查方法，常用于零售业，如肯德基就经常采用神秘购物法开展调查。垃圾分解法是调查人员通过对调查对象的生活垃圾进行分解、研究，获取必要的信息的一种调查方法。垃圾分解法尽管听起来荒唐，却是一种获取信息的十分有效的方法，因为垃圾绝不会说谎和弄虚作假，什么样的人就丢什么样的垃圾。美国金宝汤公司曾通过运用这种调查方法有效地调整了产品的目标顾客。

采用观察法可以比较客观地搜集第一手资料，直接记录调查的事实和调查对象在现场的行为，调查结果更接近实际，特别便于对无法、无须或难以进行语言交流的市场现象进行调查。但观察法也有一些缺点，如只能反映客观事实的发生经过，不能说明发生的原因和动机，对调查人员的技术水平要求相对较高等。

营销实例

一只手揽来的大把财富

你也许没有听说过通用磨坊食品公司，但你肯定对哈根达斯冰激凌耳熟能详，通用磨坊食品公司正是这个著名冰激凌品牌的生产商，成立于 1886 年。这家百年老店屹立不倒，有一个自己的秘诀。原来 20 世纪有一段时间，这家公司并不景气，让当时的首席执行官鲍威尔忧心忡忡。有一天，很少清早步行出门的鲍威尔在华尔街上遭遇了“早高峰”：来来往往的人行道上，商界精英们一手拎着公文包，一手抓着汉堡，大口咬着，还不时抬起手腕看看时间。

鲍威尔出神地望着行色匆匆的人们，灵感如火山般迸发，他立刻跑到公司召开紧急会议。他宣布，将改变所有食品的设计理念。于是，酸奶被装进了挤压式软管，麦片被浓缩成方糖大小，冰激凌被装进了封闭的圆筒里，插上了粗吸管。经过改造之后的产品一经问世就好评如潮，本来疲软的销售业绩也开始一路爆红，公司得以跻身世界 500 强，成为北美地区最大的上市食品制造企业之一。

时隔多年，当鲍威尔在一次公开活动上道出自己的商业玄机时，人们才恍然大悟：是一只看得见的手改变了这家公司的命运。像一个旁观者一样看待自己和他人，也许会有意想不到的收获。灵感来自对世界的积极探索和发现，创新往往源于对人们潜在需求的把握。

（资料来源：“一只手”揽来大把财富．马晓伟．共产党员（河北）．2015. 10.（整理改编）.）

4. 2. 2. 3　小组访谈法

小组访谈法又称焦点访谈法，是一组（通常 8~12 人）具有代表性的消费者或客户在一个装有单面镜和录音录像设备的房间内，在一个受过专门训练、有经验的主持人的组织下就某个问题进行无结构的、深入的讨论，从而获得对该问题的深入了解的一种调查方法。它是一种典型的定性的研究方法，几乎是定性调查的代名词。

小组访谈法将调查与讨论相结合，具有资料搜集快、效率高、结构灵活的特点，获取的资料较全面详细，因此在许多国家得到广泛运用。这种方法对主持人的要求较高，由于受访者的回答是开放式的，因此后期的资料整理，工作难度较大，而且容易造成判断错误。

4. 2. 2. 4　深层访谈法

深层访谈法又称深度访谈法或专家访谈法，由具有访谈经验并掌握一定访谈技巧的调查人员对受访者进行面对面的深入的访谈，以揭示对某一问题的潜在动机、态度、信念和情感。它是一种无结构的、直接的、一对一的访问，主要用于探索性调查。

与小组访谈法相比，深层访谈法能更深入地了解受访者内心深处的想法和态度，而且能更自由地交换信息，因此信息的挖掘更充分。运用深层访谈法调查一个样本需要 30 分钟到 1 小时。这种方法的不足是：对调查人员的要求相对较高，要求调查人员能够根据受访者的回答有效地追问；对访谈结果难以进行统计分析。

4.2.2.5　面访调查法

面访调查法是应用最广泛的一种定量调查方法，由调查人员与受访者进行面对面交流，通过结构性调查问卷从受访者处搜集信息。根据操作方式的不同，面访调查法可分为入户面访调查法和街头拦截式面访调查法等。

入户面访调查法是指调查人员按照抽样方案的要求，到抽中的家庭或单位中，按事先规定的方法选取合适的受访者，再依照问卷或调查提纲进行面对面的直接访问的一种调查方法。运用这种方法可以获得较高质量的样本，便于对复杂的问题进行深入访问，其缺点主要是拒访率比较高，费用也比较高，而且访问质量难以控制。

街头拦截式面访调查法是由经过培训的调查人员在事先选定的地点（通常是人口密集的商业区），按照一定的程序和要求选取调查对象，在征得其同意后按照问卷进行现场的简洁访问的一种调查方法。这种方法操作简便，费用较低，但样本的代表性相对较差。

4.2.2.6　电话调查法

电话调查法是调查人员通过电话对受访者进行访问以获得信息的方法，可以分为传统电话调查法和计算机辅助电话调查法。

传统电话调查法是指调查人员按照调查方案所规定的随机拨号方法拨打电话，筛选受访对象，对受访者进行问卷调查的一种调查方法。如果未联系上抽中的访问对象，应换时间再打电话，连续拨打 3~5 次电话仍无人应答时才能放弃。这种方法抽样简单（利用电话号码簿），费用较低，适合小样本调查。但其效率较低，实施中难以进行质量控制，而且难以处理复杂的问卷（如跳问较多）。

计算机辅助电话调查法是指调查人员通过装有计算机辅助电话调查软件的自动拨号系统随机拨号，并在电话接通后将数据即时录入电脑的一种调查方法。使用这种系统进行调查，屏幕上每次只出现一个问题，计算机会根据答案自动跳到下一个相关问题，省去了数据编码和录入的过程，而且计算机主机可以随时提供整个调查的进展情况及阶段性调查结果。

采用电话调查法，不仅编制受访者名单比较容易，而且可能访问到不易接触的调查对象。但是，这种方法也存在不足：受电话普及率的影响，抽样总体与目标总体可能不一致；调查时间不宜过长，调查内容难以深入；调查中无法观察受访者的表情、姿态等肢体语言。

4.2.2.7　网上调查法

随着网络技术的发展，传统的市场调查方法似乎受到挑战。营销专家越来越重视网上调查。

网上调查是信息搜集者通过网络向受访者提供调查问卷，搜集并处理信息的一项活动。网上调查因其信息搜集、处理便于标准化的特点而多用于定量调查。网上调查可以分为 E-mail 问卷调查、网页上直接填答问卷和下载问卷等形式。其中最常见的是网页上直接填答的形式，受访者填完电子问卷后，点击“提交”按钮，信息就直接传回研究者那里。问卷星、调查派、EnableQ 及 SurveyMonkey 等许多网上调查平台都深受研究者喜爱，它们一般都提供免费使用版。许多市场调查公司经常发布各种基于网上调查的免费报告，为相关企业营销决策提供了重要的二手资料来源。

与传统调查方式相比，网上调查方便且节省费用，具有较强的交互性、随机性和逻辑性，可以避免传统调查中访问员的误导。尽管具有以上优点，但网络本身的特点使其也存在些局限性，比如样本能否代表母体的特征值得探究，问卷过长会导致应答率低，网上调查人性化不足等。随着信息技术的发展和网络的普及，网上调查将逐渐发展和完善，成为一种重要的调查方式。

4.2.2.8　实验调查法

实验调查法是指从影响调查对象的若干因素中选择一个或几个作为实验因素（即自变量），在控制其他因素均不发生变化的条件下，观察实验因素的变化对调查对象（即因变量）的影响程度，从而为企业的营销决策提供参考依据。

实验调查法借助自然科学的实验，寻找变量之间的因果关系，但其控制自变量因素的难度要比自然科学实验大。由于采用这种方法获得的资料排除了人为主观估计带来的偏差，实验中能有效控制环境，因此调查结果更精确。其缺点主要是：因市场因素变化大、难以控制而影响实验结果，而且实验中的市场条件与真实的市场条件不可能完全相同，实验中获得成功的市场策略不一定适合真实的市场。

市场营销调查方法的优劣直接影响调查的质量与效果。由于每一种调查方法都有自身的优势与局限性，因此在选择方法时要考虑以下几个方面。

A　调查性质

在选择市场营销调查的方法时，首先要考虑的因素是调查的性质。探索性调查多选取文案调查法、深层访谈法等定性调查方法；描述性调查多采用面访调查法、电话调查法和网上调查法等定量调查方法；因果关系调查则适合选择实验调查法。

B　调查目的与内容

市场营销调查的方法要为调查的目的与内容服务。如果要测试产品的概念、广告文案等，最好选用小组访谈法；如果要进行收视率的调查，则最好选用电话调查法和入户面访调查法。

C　调查时间

时效性是市场调查中对信息资料最基本的要求，过时的信息对营销决策毫无用处。电话调查法、街头拦截式面访调查法和网上调查法等便捷省时；入户面访调查法、深层访谈法需要的时间相对较长。

D　调查经费

企业往往希望调查人员花费较少的费用就把所有的问题都搞清楚，所以调查的时间和经费是调查人员面临的两大难题。一般而言，网上调查法、电话调查法、街头拦截式面访调查法的费用较低，入户面访调查法、小组访谈法的费用则相对较高。

一种调查方法的优劣并不是绝对的。在实际的调查过程中，一般以一种方法为主，同时辅以其他方法，以便扬长避短，取得更好的效果。搜集信息资料的一般原则是“先二手后一手”，即先利用文案调查法搜集能够获得的二手资料，必要时再设计研究方案实施第一手调查。

相关链接

如何提高网络调查的可信度

随着互联网的普及，网络调查为越来越多的市场调查公司所采用。对于大型市场调查公司而言，网络调查在技术上已经不成问题，但其可信度多遭质疑。某市场研究公司通过对网络调查和传统调查所收集的数据进行对比分析，发现两种方法获得的数据具有相当高的相关性和可比性，两种样本均值不存在显著性差异，标准差也相近。该公司从而提出，在不需要向受访者出示实物产品、不需要进行长期历史数据对比、发生率不会太低及问卷长度在 30 分钟以内等情况下，可以优先考虑使用网络调查的方式。

为了减少网络调查中的误差，可以采取适当的项目设计进行系统预防。相应的策略主要包括正确界定网络调查的适用范围，通过必要的技术手段进行抽样控制，建立合适的网络调查样本框，科学设计调查方案与问卷以减少无回答误差和计量误差，通过模型调整等手段对网络调查结果进行校正。在市场快速发展的情况下，将会有越来越多的项目采用网络调查的形式。

（资料来源：改编自黄光，符力思．市场调查公司提高网络调查可信性的策略．统计与决策，2014（21）.）

任务 4.3　市场需求的测量与预测

4.3.1　市场需求的有关概念

4.3.1.1　市场需求

市场需求是指在一定的地理区域、一定的时间、一定的营销环境和一定的营销方案下，特定的顾客群体可能购买某种产品的总量。市场需求量的大小受很多因素影响，如产品、顾客、地理区域、时间、营销环境、营销努力等，其中，营销努力为可控因素，而营销努力最重要的体现便是所投入的营销费用的高低。

即使没有任何需求刺激，不投入任何费用，市场对某种产品的需求仍会存在，在这种情形下的销售额称为市场最小量。随着营销费用的增加，开始时市场需求量增加较快，在营销费用超过一定数量后，即使营销费用进一步增加，市场需求却不再随之增加，有一个上限，这个上限称为市场潜量。

根据市场需求量随营销费用变动的幅度大小，可将市场分为可扩张市场与不可扩张市场。可扩张市场，如服装市场、家用电器市场等，其需求规模受营销费用水平的影响很大。不可扩张市场，如食盐市场等，几乎不受营销费用水平的影响，其需求不会因营销费用增长而大幅度增长。

4.3.1.2　市场预测与市场潜量

企业做市场需求预测，首先要确定的是所能投入的营销费用，同计划的营销费用相对应的市场需求量就称为市场预测量。

市场预测是估计的市场需求，但它不是最大的市场需求。最大的市场需求是指对应于最高营销费用的市场需求，这时，进一步增加营销力度，不会刺激产生更大的市场需求。市场潜量是指在一定的营销环境条件下，当行业营销费用逐渐增高时，市场需求所能达到的极限值。

4.3.1.3　企业需求、企业预测与企业潜力

企业需求表示不同水平的企业营销力量刺激产生的企业的估计销售额，营销力量的强弱决定了销售额的大小。与计划水平的营销力量相对应的一定水平的销售额，称为企业预测。

企业潜力是当企业的营销力量相对于竞争者不断增加时，企业需求所能达到的极限。如果企业的市场占有率为100%，即企业成为市场独占者时，企业潜力就等于市场潜力，但这是一种极端状况。在大多数情况下，企业潜力小于市场潜力。

4.3.2　市场需求预测的方法

市场需求预测的主要方法可以分为定性预测法和定量预测法两大类。

4.3.2.1　定性预测法

定性预测主要依赖于预测人员用丰富的经验和知识及综合分析能力，对预测对象的发展前景做出性质和程度上的估计和推测。

定性预测法不用或很少用数学模型，预测结果并没有经过量化或定量分析，所以具有不确定性。定性预测适合预测那些模糊的、无法计量的社会经济现象，并通常由预测者集体来进行。集体预测是定性预测的重要内容，能集中多数人的智慧，克服个人的主观片面性。

定性预测法简便、易于掌握，而且时间快、费用少，因此得到广泛采用。但是，定性预测法缺乏数量分析，主观因素的作用较大，预测的准确度难免受到影响。因此，在采用定性预测法时，应尽可能地结合定量分析方法，使预测过程更科学，预测结果更准确。

A　购买者意向调查法

购买者意向调查法是指通过一定的调查方式选择一部分潜在购买者，直接向他们征询未来某一时期购买商品的意向，并以此为基础对市场需求做出预测的方法。市场总是由潜在购买者构成的，预测就是预估在给定条件下潜在购买者的可能行为，即要调查购买者。这种调查的结果比较准确可靠，因为只有购买者自己才知道将来会购买什么和购买多少。

在满足以下三个条件的情况下，购买者意向调查法比较有效：（1）购买者的购买意向是明确清晰的；（2）这种意向会转化为实际购买行动；（3）购买者愿意把其意向告诉调查者。

B　销售人员综合意见法

销售人员综合意见法是指将具有丰富的销售经验的人员组织起来，先由预测者向其介绍预测目标、内容和预期的市场形势等背景情况，要求其利用平时掌握的信息再结合提供的背景，对市场需求前景提出自己的预测意见，最后由预测者进行综合分析，得出预测结论的方法。在不能直接与顾客见面时，企业可以通过听取销售人员的意见估计市场需求。销售人员综合意见法的主要优点是：（1）销售人员经常接近购买者，对购买者意向有较

为全面深刻的了解，比其他人有更充分的知识和更敏锐的洞察力，尤其是对受技术发展变化影响较大的高科技产品；（2）由于销售人员参与企业预测，因而他们对上级下达的销售任务有较大的信心完成；（3）通过这种方法，也可以获得按产品、区域、顾客或销售人员划分的各种销售预测。

一般情况下，销售人员所做的需求预测必须经过进一步修正才能利用。这是因为：（1）销售人员的判断总会有某些偏差，受近期销售业绩的影响，其判断可能会过于乐观或过于悲观，即常常走极端；（2）销售人员可能对经济发展形势或企业的营销总体规划不了解；（3）为使其下一年度的销售大大超过任务指标，以获得升迁或奖励的机会，销售人员可能故意压低其预测数字；（4）销售人员也可能对这种预测没有足够的知识、能力或兴趣。

C　专家意见法

专家意见法是指集合有关领域的专家意见、经验、知识和判断能力进行市场预测的一种方法。企业也可以利用诸如分销商、供应商及其他一些专家的意见进行预测。由于这种方法是以专家为索取信息的对象，用这种方法进行预测的准确性，主要取决于专家的专业知识和与此相关的科学知识基础，以及专家对市场变化情况的洞悉程度，因此依靠的专家必须具备较高的专业水平。

现在应用较普遍的方法是德尔菲法。其基本过程是：先由各个专家针对所预测事物的未来发展趋势独立提出自己的估计和假设，经调查主持者审查、修改，提出意见，再发回到各位专家手中，这时专家们根据综合的预测结果，参考他人意见修改自己的预测，即开始下一轮估计。如此往复，直到各专家对未来的预测基本一致为止。

专家意见法的主要优点是：（1）预测过程迅速，成本较低；（2）在预测过程中，各种不同的观点都可以表达并加以调和；（3）如果缺乏基本的数据，可以运用这种方法弥补。

专家意见法的主要缺点是：（1）专家意见未必能反映客观现实；（2）责任较为分散，估计值的权数相同；（3）一般仅适用于总额的预测，而用于区域、顾客群、产品大类等的预测时，可靠性较差。

4.3.2.2　定量预测法

定量预测法是依据市场调查所得出的比较充足的历史统计资料，运用数学特别是数理统计方法，建立预测模型，对市场未来发展做出定量预测结果的一种方法。运用定量预测法一般需具有大量的统计资料和先进的计算手段。

常用的有以下几种方法。

A　简单平均法

简单平均法是用预测对象过去时期的算术平均值来预测未来变化趋势的一种方法。计算公式为：

$$\overline{X} = \frac{x_1 + x_2 + \cdots + x_n}{N} = \frac{\sum x_i}{N}$$

式中，$\overline{X}$ 为算术平均数；x_i 为观测期内的观测值，$i = 1, 2, \cdots, n$；N 为观测期。

简单平均法将时间数列的过去数据一个不漏地全部加以平均，算法简单方便，适用于销售量变化不大的较稳定状态，如果实际情况变化起伏很大，此种方法的误差就会很大。

B　移动平均法

移动平均法是在简单平均法基础上发展起来的一种方法，即对历史数据顺序逐点分段移动平均，以反映预测对象的变化趋势。这种方法克服了简单平均法对所有历史数据一次平均，从而看不出预测对象的长期趋势的缺陷。此法不考虑远期数据，并在加权移动平均法中给予近期资料更大的权重。计算公式为：

$$\hat{y}_{t+1} = M_t = \frac{x_t + x_{t-1} + x_{t-2} + \cdots + x_{t-n+1}}{n}$$

式中，$\hat{y}_{t+1}$ 为第 $t+1$ 期的预测值；M_t 为第 t 期的移动平均值；n 为跨越期；x_t 为第 t 期的实际发生值。

C　直线趋势法

直线趋势法是运用最小平方法进行预测，用直线斜率来表示增长趋势的一种外推预测方法。其预测模型为：

$$y = a + bx$$

式中，a 为直线在 y 轴上的截距；b 为直线斜率，代表年平均增长率；y 为销售预测的趋势值；x 为时间。

根据最小平方法原理，先计算 $y = a + bx$ 的总和，即

$$\sum y = na + b\sum x$$

然后计算 $\sum xy$ 的总和，即

$$\sum xy = a\sum x + b\sum x^2$$

上述两个公式的共同因子是 $\sum x$。为简化计算，可将 $\sum x$ 取 0，其方法是：若 n 为奇数，则取 x 的间隔为 1，将 $x = 0$ 置于资料期的中间一期；若 n 为偶数，则取 x 的间隔为 2，将 $x = -1$ 与 $x = 1$ 置于资料期的中间上下两期。

当 $\sum x = 0$ 时，上述两个公式分别变为：

$$\sum y = na$$

$$\sum xy = b\sum x^2$$

式中，n 为年份的数目。由此可计算出 a，b 的值分别为：

$$a = \frac{\sum y}{n}, \quad b = \frac{\sum xy}{\sum x^2}$$

所以

$$y = \frac{\sum y}{n} + \frac{\sum xy}{\sum x^2} \cdot x$$

相关链接

直线趋势法的计算示例

假设某企业 2016—2020 年的销售额分别为 480 万元、530 万元、570 万元、540 万元、580 万元，现需运用直线趋势法预测 2021 年的销售额。由于 $n = 5$ 为奇数，且 x 的间隔为 1，故可将 $x = 0$ 置于资料期的中央一期（即 2018 年），x 的取值依次为 −2，−1，

0，1，2；xy 依次为−960，−530，0，540，1160；x^2 依次为 4，1，0，1，4，所以

$$\sum y = 2700,\ \sum xy = 210,\ \sum x^2 = 10$$

请将有关数据代入计算公式，则得

$$y = \frac{2700}{5} + \frac{210}{10} \cdot x = 540 + 21x$$

由于需预测 2019 年的销售额，所以 $x = 3$，代入上式，得

$$y = 540 + 21 \times 3 = 603(\text{万元})$$

即 2019 年的销售额将为 603 万元。

（资料来源：郭国庆. 市场营销学通论（第八版）[M]. 北京：中国人民大学出版社，2020.）

思考题

（1）市场营销调查在企业的营销决策过程中有何重要意义？

（2）市场营销调查的基本内容包括哪几个方面？

（3）简述市场营销调查的程序。

案例分析

为了适应人们生活的快节奏，雀巢公司率先研制出了速溶咖啡并投入市场，着力宣传它的优点，但出乎意料的是，购买者寥寥无几。

厂商请调查专家进行研究。先是用访问问卷直接询问，很多被访的家庭主妇回答，不愿选购速溶咖啡，是因为不喜欢速溶咖啡的味道。

但这个是真正的答案吗？

调查专家实施了口味测试，试饮中，主妇们大都辨认不出速溶咖啡和豆制咖啡的味道有什么不同。

显然，消费者说谎了。

为什么说谎？

为了寻找真正的原因，调查专家改用了间接的方法进行调查。

他们编制了两种购物单，除一张上写的是速溶咖啡，另一张上写的是新鲜咖啡这一项不同之外，其他各项均相同。然后把清单分给两组家庭主妇，请她们描写按购物单买东西的家庭主妇是什么样的妇女。

调查发现，两组妇女所描写的两个家庭主妇的形象截然不同。她们认为购买速溶咖啡的家庭主妇是个懒惰的、邋遢的、生活没有计划的主妇；购买新鲜咖啡的则是勤俭的、讲究生活的、有经验的和喜欢烹调的主妇。

原来，速溶咖啡被人们拒绝，并不是由于产品本身，而是由于人们的动机，即都希望做一名勤劳、称职的家庭主妇，而不愿做被人谴责的懒惰的主妇。

消费者不知道真相。

很多调查是基于这样一个基本问题开始的：请问您需要什么？

而实际上，很多消费者并不能准确地表达他们的动机、需求和其他思想活动。当他们

努力想要告知调查者他们心中所想时，其实有时候也不完全了解自己的真正需要。

一个人没调闹钟，早上 6 点突然醒来。人们就问他为什么会那么早起床？他的大脑皮层就会产生各种各样的原因去解释他的行为：为了早上起来读英语；为了赶一个工作上的报告等。其实真正的背后原因可能是一阵风吹过，或者是被噩梦惊醒。

乔布斯也曾表示“消费者并不知道自己需要什么，直到我们拿出自己的产品，他们就发现，这是我要的东西”。

消费者故意撒谎?

实际经验告诉我们，很多时候被调查者显然是故意撒谎。有时是因为问题涉及的内容过于敏感，有时是因为答案会导致被调查者外在形象受损。

曾经有家手机厂商设计一台老人用的手机，调查了大量的老年人对手机的功能需求，包括大字体、紧急呼叫、语音留言等，可当这台为老年人量身定制的手机面市以后，却得不到老年人的认可。

原来从老年人的角度来看，使用这款手机就等于向别人承认自己年纪大了、老眼昏花了。

行为发生时刻和调查时刻的区别。消费者发生行为，同仅仅是处于调查阶段的状态是不同的。调查过程中，被调查者往往受到心理学上已知影响的干扰。当其意识到调查正在进行、自己正处于旁人的观测之中时，被调查者的反应和做出的选择往往会与真实情况产生偏差，这一问题被称为“霍桑效应”。

中央电视台曾用问卷的方式对一个区域做节目收视率调查，很多被调查者在“经常看的节目”中，会倾向于选择新闻联播、经济半小时、今日关注、百家讲坛等栏目。但真实的统计中却发现，娱乐、体育、电视剧节目的收视率被明显低估，而“正统类”电视节目的收视率并没有问卷调查结果那么高。

事后，不少被调查者提及，在接受调查的过程中，他们会认为自己应该多看一些正统性的电视节目。这是“霍桑效应”导致的结果。

样本不具有代表性。传统的市场调查方法是“实地调查+问卷发放”的模式，是一种基于样本的统计分析方法，即通过局部样本特性去判断总体特性。这时必须让样本具有一般意义的典型性才具有参考价值。不然即使抽取样本量很大，也具有较大的误差性。

1936 年的美国总统大选是样本问题的一个典型例子。那年的美国总统选举在民主党的罗斯福和共和党的兰登之间举行。当时，美国的《文学摘要》杂志是预测总统大选结果的权威媒体机构，几乎把过去历届的选举结果都预测准确了。这次，他们依旧运用过去传统的做法——大规模的样本调查统计。

根据电话簿上的地址，发出了 1000 万封信，并回收 200 万封。样本的规模是空前的，可谓是花费了巨大的人力和物力。根据他们的调查统计结果，兰登将以 57%对 43%的投票数战胜罗斯福获胜。可是，最后的选举结果令人大跌眼镜，罗斯福以 62%对 38%的票数大获全胜，连任总统。

原因是样本选择范围的不均衡。

20 世纪 30 年代，能用得起电话的都是美国的中上流阶层，而他们大都是共和党的支持者。相反，绝大多数支持民主党的中下层选民却没有被杂志社纳入样本中，进而导致了预测失败。

如何不被消费者的谎言“糊弄”？

观察消费者的决策行为，洞察其隐形需求。

消费者会撒谎，但行为就是决策结果，具有可参考性。因此，关注消费者的购买决策，将行为结果与消费者的回答进行对比。如果两者相同，则证明消费者做出了诚实的回答；如果不一致，则以消费者的决策行为为准。

日本电通公司的策划总监山口千秋曾为三得利公司的罐装咖啡 WEST 品牌做市场调查。通过前期市场销售数据将 WEST 咖啡的目标人群定位为中年劳工，如出租车司机、卡车司机、底层业务员等。当时品牌方对咖啡口味拿捏不准，味道是微苦好，还是微甜好？

按一般调查公司的做法，先是请一批劳工到电通公司办公室里，把微苦、微甜两种口味的咖啡放在同样的包装里，请他们试饮，大部分人都表示喜欢微苦的。

但山口千秋发现办公室并不是顾客日常饮用的场所。于是，他把两种口味的咖啡放到出租车站点、工厂等劳工真正接触的场景，发现微甜味咖啡被拿走得更多！真相是：“害怕承认自己喜欢甜味后，会被别人嘲笑不会品味正宗咖啡。”

找准消费者烦恼，戳中其痛点。人们对痛点往往很敏感，戳到“痛点”，离真相就不远了。心理学家表明，痛点、抱怨往往能够反映消费者真实的想法。因此，不管是直接问消费者还是找资料，都不要问正面的问题，因为当你要求消费者正面描述某个产品或服务的时候，他往往无法真实表达。你需要询问他对于产品和服务的不满，当你这样问，他们就会开始抱怨，而这种抱怨，最终会让你找到你想要的答案。

如果你是海飞丝市场部工作人员，直接问消费者，没头屑有什么好处，消费者会冷眼无语地看着你，因为即使他知道也很难表达出来。

但是如果你问消费者，有头屑会有什么烦恼，消费者自然就会告诉你，最大的问题就是尴尬。特别是如果有头屑，别人靠近你的时候，你会感到相当尴尬，同时也从不敢穿黑衣服。所以，海飞丝早期的广告就戳中了消费者内心的心声，去除头屑和尴尬。这也诞生了海飞丝许多广告的创意。

以消费者视角，将自己代入与消费者相同的情境中。有的时候，调查人员自己就可以充当被调查者，将自己代入消费者角色去看待问题，这样也能挖掘到消费者内心的心声。

例如，负责某二锅头品牌策划的创作部经理曾经遇到一个难题，究竟如何将二锅头的品牌植入受众身上。他没有急着去调查，而是将自己代入，自己去亲身尝试产品，最后他发现二锅头这种烈酒喝起来就是痛快，自己的感受在那一刹那是快活的。

同样，曾经很火的一句广告语——孤独的人总是晚回家，原创作者本身就是一个孤独的人。他自己有意识地记录自己一天的行踪，结果发现自己一个星期几乎绝大部分时间是晚归的，后来他自己也醒悟过来，确实是自己害怕每天下班面对空空的家，十分无聊，所以选择晚归。他有意识地观察与他同类的其他人，大家都有类似的习惯。因此这句话“孤独的人总是晚回家”是一群孤独的人的真实写照。

（资料来源：七叔．我的市场调研是这样拆穿了消费者的谎言［J］．销售与市场（渠道版）．2017（6）：32-34.）

思考：

营销调查人员如何发现、识别、减少“消费者的谎言”？如何有效地做好市场预测？

实 训 题

实训目的

(1) 具有设计市场营销调查方案的能力。

(2) 具有设计市场调查问卷的能力。

实训内容

(1) 调查项目：×××企业（公司）某一目标市场调查策划方案。内容包括时间、项目团队成员、项目负责人、调查方案的目的、调查方法等。

(2) 调查方案设计。

将调查问卷/访谈提纲设计范例、调查方案范例、调查报告范例、口头调查报告范例等作为实训项目操作的参考。

实训组织和要求

(1) 将学生分组，每组 3~5 人。

(2) 结合各小组确定的调查对象和调查目的制定调查策划方案。

(3) 设计调查问卷。

项目 5　消费者市场分析

学习目标

(1) 掌握影响消费者购买行为的因素。

(2) 掌握消费者购买过程和心理。

(3) 了解新时代的消费趋势。

能力目标

(1) 通过现有材料或数据，分析消费者购买的欲望和需求以及其原因，并对消费者进行分类和细化。

(2) 根据消费者和市场的信息，制定相应的针对消费者的营销方案。

案例导入

低线城市逆袭，"小镇青年"消费崛起

2018 年 10 月 31 日，经济日报联合京东、京东到家、沃尔玛和腾讯正式发布《2018 中国零售商超全渠道融合发展年度报告》（2018 China Retail Omni Channel Integration and Development Report）。跨平台的数据分析显示，伴随着消费者年轻化、消费实力增强，追求高质量消费以及消费潜力下沉等特点，零售商超开启了新一轮的自我升级和迭代，行业进入了线上线下融合的新阶段。

该报告分析了消费者的新特征主要有理性化和消费潜力下沉。近五年来，我国城镇居民人均可支配收入持续增长，2013 年我国城镇居民人均可支配收入为 26467 元，2017 年增长至 36396 元。但是，2017 年城镇居民人均消费支出增长率较 2016 年有所降低。主要原因是，近年来，我国城镇居民特别是一线城市居民的医疗、教育、房价等生活成本与日俱增。现阶段，一线城市居民消费趋于理性，更倾向于高性价比的产品。相比一二线城市消费者的高生活成本来说，三线及以下城市的消费者所西临的负债压力较小，同时物价相对较低，生活成本较低，购买力提升较快。根据京东超市数据，三线及以下城市在 2016 年 7 月到 2018 年 6 月的销售额增长率高于新一线城市及二线城市，随着收入持续提高，三线及以下城市具有较大的消费潜力。

（资料来源：根据中国商报相关资料整理.）

任务 5.1　消费者市场与购买行为分析

5.1.1　消费者市场的含义

按顾客购买产品和服务的目的或用途的不同，市场可分为组织市场和消费者市场。消费者市场是指所有为了满足个人消费而购买产品和服务的个人和家庭所构成的市场。生活消费是产品和服务流通的终点，故消费者市场也称为最终产品市场。一般而言，组织市场虽然购买数量庞大，但最终服务对象还是消费者，仍要以满足消费者的需要为中心。

5.1.2　消费者市场的特点

（1）分散性。从交易的规模和方式看，消费者市场购买者众多，市场分散，成交次数频繁，但交易数量零星，绝大部分产品和服务都通过中间商销售，以方便消费者购买。因此，面向消费者市场的企业应特别注意分销渠道的选择、设计及管理。

（2）差异性。消费者市场提供生活消费用产品，购买者是受众多不同因素影响的个人或家庭，因而市场需求呈现较大的差异性、多样性。企业应在市场细分的基础上准确选择目标市场，开展有效的营销活动，满足目标顾客的消费需求。

（3）多变性。消费者市场产品的专业技术性不强，同种产品较多，消费者选择余地大，需求多变。

（4）替代性。消费者市场产品种类繁多，不同产品之间往往可以互相替代，这与组织市场的情况差异较大。

（5）非专业性。消费者在决定实施购买行为时，不像组织市场的购买决策那样要经历一套行之有效的审批手续或审批程序，而是具有自发性、冲动性，而且，消费者市场的购买者大多缺乏相应的产品知识和市场知识，其购买行为属非专业性购买，他们对产品的选购受广告宣传的影响较大。

5.1.3　消费者市场的购买对象

如果以消费者的购买习惯为划分标准，消费者的购买对象一般分为以下四类。

（1）便利品。又称日用品，是指消费者日常生活所需的需重复购买的产品。消费者在购买这类商品时，一般不愿花很多的时间比较价格和质量，愿意接受其他代用品，多数选择就近购买。因此，便利品的生产者应注意分销的广泛性和经销网点的合理分布，以便消费者能及时就近购买。

（2）选购品。指价格比便利品要贵，消费者花较多时间对许多同类产品进行比较之后才决定购买的产品。消费者在购买前，对不同品牌、厂家的商品的差异了解不多（这一点是区分特殊品和选购品的主要界限），因而在决定购买前总是要对同一类型的产品从价格、款式、质量等方面进行比较。生产经营选购品的企业应将销售网点设在商业网点较多的商业区，并将同类产品销售点加以集中，以便顾客进行比较和选择。

（3）特殊品。指消费者对其有特殊偏好并愿意花较多时间和精力去购买的消费品，如珠宝、古玩、钱币、高档家具等。消费者在购买前对这些商品已经有了一定的认识，偏爱特定的品牌，不愿接受代用品。为此，企业应注意争创名牌产品，扩大本企业产品的知名度。

（4）非渴求品。指消费者不了解或即使了解也未必有购买意愿的消费品。如人寿保险、创新产品、献血等。

如按商品的耐用程度和使用频率分类，消费者的购买对象可分为耐用品和非耐用品。非耐用品是指使用次数较少、消费者需经常购买的商品，如食品、化妆品等。生产这类产品的企业，要特别注意销售点的设置，以方便消费者的购买。耐用品指能多次使用、寿命较长的产品。消费者购买这类商品时，决策较为慎重。生产这类商品的企业，要注重技术创新，提高产品质量，同时要做好售后服务，满足消费者购后的需求。

5.1.4 消费者购买行为

5.1.4.1 消费者购买行为模式

消费者购买行为是指与购买商品和服务有关的各种活动的集合。完整的购买行为包括 7 个"W"和 1 个"H"等八个要素，对于特定的消费者而言，在进行交易之前，首先要对上述八个要素进行决策，如图 5-1 所示。

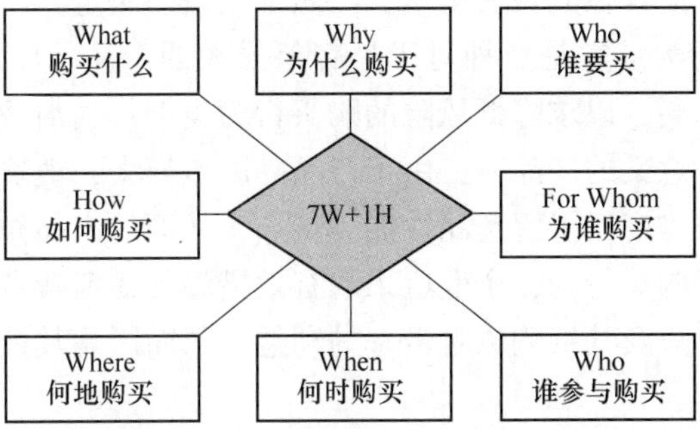

图 5-1 消费者购买行为的构成要素

5.1.4.2 消费者购买行为的类型

消费者购买决策随其购买行为类型的不同而变化。较为复杂和花钱多的决策往往凝结着购买者的反复权衡和众多人的参与决策。根据参与者的介入程度和品牌间的差异程度，可将消费者购买行为分为四种类型，见表 5-1。

表 5-1 消费者购买行为类型

品牌差异	介入程度	
	高度介入	低度介入
品牌差异大	复杂型购买行为	变换型购买行为
品牌差异小	协调型购买行为	习惯型购买行为

注：消费者的介入程度，是指在购买过程中，消费者在搜集信息、进行评估比较及实行购买时所花费的精力和时间的多少。

(1) 习惯型购买行为。它是一种对于价格低廉、经常购买、品牌差异小的产品，不需花时间进行选择，也不进行信息收集、产品评价就进行购买的最为简单的购买行为类型。消费者只是被动地接收信息，出于熟悉而购买，也不一定进行购后评价。企业可以用价格优惠、电视广告、独特包装、销售促进等方式鼓励消费者试用、购买和续购其产品。

(2) 变换型购买行为。它是一种对于品牌差异明显的产品，不愿花长时间来选择和估价，而是不断变换所购产品品牌的购买行为类型。消费者这样做并不是因为对产品不满意，而是为了寻求更多的尝试、比较和评价。针对这种购买行为类型，企业可采用销售促进和占据有利货架位置等办法，保障供应，鼓励消费者购买。

(3) 协调型购买行为。它是一种对于品牌差异小而购买风险大的产品，花费大量时间和精力去选购，购买后又出现不满意、不平衡的心理，为寻求平衡而在使用过程中继续收集产品信息的购买行为类型。有些产品品牌差异不大，消费者不经常购买，而购买时又有一定的风险，所以，消费者一般要比较、看货，只要价格公道、购买方便、机会合适，消费者就会决定购买。购买以后，消费者也许会心理不平衡或不够满意，在使用过程中，会了解更多情况，并寻求种种理由来减轻、化解这种失衡感，以证明自己的购买决定是正确的。经过由不协调到协调的过程，消费者会有一系列的心理变化。针对这种购买行为类型，企业应注意运用定价策略和人员推销策略，选择最佳销售地点，并向消费者提供有关产品评价的充分信息，使其在购买后坚信自己做了正确的决定。

(4) 复杂型购买行为。它是一种对于品牌差异大的产品，广泛收集相关信息，慎重选择，仔细比较后才购买，以求降低风险的购买行为类型。当消费者购买一件贵重、不常买、有风险且又非常有意义的产品时，由于产品品牌差异大，消费者对产品缺乏了解，因而需要有个学习过程，以广泛了解产品性能、特点，从而对产品做出某种评价，最后决定购买。对于这种复杂型购买行为，企业应采取有效措施帮助消费者了解产品性能及其相对重要性，并介绍产品优势及其给购买者带来的利益，从而影响其最终选择。

任务 5.2 影响消费者购买行为的因素

影响消费者购买行为的既有外部因素（外界刺激），又有内部因素（个人特征）。外部因素为消费者做出何种购买决策提供条件，内部因素是消费者做出何种反应的根据。所以，影响消费者购买行为的主要是内部因素即消费者的个人特征。个人特征包括四个因素，即文化因素、社会因素、个人因素和心理因素。

5.2.1 文化因素

5.2.1.1 文化

文化是区分一个社会群体与另一个社会群体的主要因素，是人们通过学习获得的区别于其他群体的行为特征的集合。文化所包含的潜在元素有价值观、文字、语言、伦理道德、风俗习惯、法律及产品和服务等，它们是人类欲望和行为最基本的决定因素，对消费者的行为具有最广泛和最深远的影响。文化不仅影响人们对特定商品的购买，还作用于消费者的信息收集和价值判断，即文化以多种方式作用于个人购买决策。

5.2.1.2 亚文化

亚文化是在较大文化内与其他群体共存的一个群体，其成员具有的共同信仰、特征或经历等能提供更为具体的认同感，如民族亚文化、种族亚文化、区域亚文化和社会阶层亚文化等。数字化时代最具影响力的亚文化群是 YWN（年轻人、女性和网民）。年轻人是新产品和新技术的最先试用者和变革者。女性是信息的收集者和有大局观的购物者，是管家、财务部长、采购主管、资产主管的结合体。网民是有表现力的传播者、社会的润滑剂以及互联网世界的内容贡献者。

5.2.1.3　社会阶层

由于社会差异的存在和社会地位的不同，社会形成了等级结构，出现了社会阶层。社会阶层是指一个社会中按等级排列的、具有相对同质性和持久性的群体，每一阶层成员具有类似的价值观、兴趣爱好和行为方式。每个消费者都会依据职业、收入、财富、受教育水平和价值观等因素而划入一定的社会阶层，每一阶层的成员具有相似的价值观、兴趣和行为，不同阶层的人的价值观、欲望、目标、行为明显不同，导致他们在消费取向、品牌偏好、产品选择等购买行为上有较大的差别。

不同阶层的人有不同的生活方式和消费习惯，对待促销和广告的态度也具有较大的差别。高层次的消费者注重成熟感和成就感，对具有象征意义的商品和属于精神享受层面的艺术品比较喜爱；中等层次的消费者注重商品的外观；低层次的消费者则存在立刻获得和立刻满足的消费倾向。

5.2.2　社会因素

人们在做出购买决定时，一般乐于听取所信赖之人的意见以降低购买决策中的潜在风险，并从他人的想法和行为中获取慰藉。因此，消费者购买行为也受到诸如参照群体、家庭、社会角色等一系列社会因素的影响。

5.2.2.1　参考群体

参考群体也称相关群体，是指对人的思想、态度、信念形成具有一定影响的社会关系群体，也指那些直接或间接影响人的看法和行为的群体。广义上说，政党、军队、机关、学校、企业、社团、朋友、邻里，都可以成为参考群体。参考群体的标准、目标、规范、要求、观念、行为方式，往往成为成员的行动指南，是人们努力达到的标准。参考群体的范围十分广泛，人们也可以同时接受各个不同参考群体的影响。

消费者接受参考群体的影响有三个方面。第一，参考群体为消费者提供新的可供选择的生活方式和消费行为。第二，由于人们通常希望能适合群体的要求，所以参考群体常常使人们的行为趋向于某种“一致化”，这是因为参考群体会形成一种群体压力，使成员的行为自觉或不自觉地符合群体规范。第三，参考群体常引起消费者的效仿欲望，从而影响他们的消费态度与购买行为，如某钓鱼协会的成员都使用同一种品牌的钓鱼竿。

5.2.2.2　家庭

家庭是以婚姻、血缘和有关继承关系的成员为基础组成的社会生活组织形式或社会单位。家庭是社会最基本的细胞，也是最基本的消费单位，是群体的主要形式。家庭对消费活动的影响有三个方面。第一，家庭决定了其成员的消费方式。常常是父母影响子女，子女继承父母的消费行为方式。第二，家庭的消费价值观影响其成员的价值观。但并非绝对，有时子女常常接受新时代的价值观。第三，家庭的消费决策方式。家庭消费决策方式有多种情况，子女往往继承家庭决策方式。此外，不同的家庭生命周期、发展阶段，由于家庭成员有所变化，购买心理与购买行为也有一定的差异。

相关链接

美国社会学家的四种家庭决策类型

家庭购买决策的方式对于购买行为的研究同样十分重要，其涉及对购买组织和营销对象的认识。对于不同产品的购买，家庭决策是以什么方式做出的，谁在决策中发挥最大的影响力，戴维斯等在比利时做了一个研究，识别了家庭购买决策的四种方式。

（1）妻子主导型，在决定购买什么的问题上，妻子起主导作用。

（2）丈夫主导型，在决定购买什么的问题上，丈夫起主导作用。

（3）联合型，丈夫和妻子共同做出购买决策。

（4）自主型，对于不太重要的购买，可由丈夫或妻子独立做出决定。

该研究发现，保险的购买通常属丈夫主导型决策；度假、孩子上学和装修住宅等多由夫妻共同做出决定；清洁用品、厨房用具和食品的购买基本上是妻子做主；饮料、花园用品等产品的购买一般是由夫妻各自自主做出决定。该研究还发现，越是进入购买决策的后期，家庭成员越倾向于联合做决定。也就是说，家庭成员在具体产品购买上确有分工，某个家庭成员可能负责收集信息和进行评价、比较，而最终的选择则尽可能由大家一起做出。

（资料来源：张延斌. 消费者行为学［M］. 天津：南开大学出版社，2016.）

5.2.2.3 社会角色

一个人有可能成为多种群体的成员，如政党、家庭、社团、俱乐部等，可以用角色和地位来表示其在群体中的位置。角色是周围人对每一个人的要求，是指某人在各种不同群体或场合中应起的作用。每个角色都伴随着一定的地位，这一地位反映了社会对他的总评价，如市长的地位可能高于某公司的总经理，而总经理的地位又高于一般员工。不同角色和地位都会在某种程度上影响其购买行为。因此，在营销活动中要有针对性地对已选定的目标市场供应适应不同角色和地位的产品。

5.2.3 个人因素

5.2.3.1 年龄和性别

年龄和性别是消费者最为基本的个人因素，具有较明显的共性特征，如年轻人和老年人由于各自的生活经历不同，接受的价值观、审美观的教育不同，因而思维方式也存在较大的差异。例如，年轻人可能会花半个月的工资购买一件奢侈品服装；而多数大半辈子生活贫困的老年人即使有这样的经济实力也不会这么消费。男女之间在购买内容和购买行为上也会表现出较为明显的差异。例如，在感兴趣的商品方面，男女之间会表现出明显的不同，女性往往对时装、化妆品等比较关心，而男性往往对影视设备、家用电器等更感兴趣；在挑选商品时，女性往往表现得比较挑剔，男性则相对较为随意。

相关链接

女性顾客购买心理

一家市场调查公司对北京、广州和上海3个城市900多名受访者进行调查的结果表明，93%的 18~35 岁的女性有过“情绪消费”行为，即冲动性购买行为，她们并没有明确的购买目的，但受到促销、打折和广告的影响，很容易引发购物的冲动。有很多女性经常会在回家以后，才发现自己买回来的东西根本没有必要。

（资料来源：陈海权. 零售学［M］. 广州：暨南大学出版社，2012.）

5.2.3.2　受教育程度

由于受教育程度不同，消费者往往在价值观、审美观方面会存在较大的差异，而这种差异必然会在消费行为上表现出来。例如，接受过较高程度文化教育的人群用于精神生活消费的支出往往要高于文化层次较低的人群。再如，新产品往往容易被文化层次较高的人群首先接受。因为人们接受新事物的倾向与其接受的知识成正比，受教育程度越高，对产品的相关知识了解越多，对产品性能的认识就越全面，早期尝试的可能性也越大。

5.2.3.3　职业

职业的不同实际上体现了一个人所扮演的社会角色的不同，由于人的社会性，决定了不同社会角色的人会形成不同的消费特征。例如，公司白领和大学生、大学教授和农民在消费行为上就会有明显的不同。这里除了消费者收入、文化程度等原因以外，还有社会对不同职业所扮演的社会角色的要求不同。例如，公司为了体现公司形象和职工的精神面貌，往往对职工言谈举止、服装等有特殊要求，而农民则很少受这方面的约束。

5.2.3.4　收入水平

市场需求是指具有购买能力的有效需求，人们的消费行为必然受到收入水平的制约。消费者收入水平的变化必然会在消费商品或服务的数量、质量、结构以及消费方式等各个方面体现出来。因此，有人认为消费者是一种“经济人”，由于其他各种因素的作用，对收入变化的反应程度会有所不同。例如，在外资企业工作的职员与经营服装生意的个体经营者收入都比较高，但两者的消费行为却有相当大的差别。但不管反应程度如何，做出反应是必然的。

5.2.3.5　个性与生活方式

每个人的生活方式会影响其购买行为。生活方式的差异往往与人的个性相关，如人的气质、性格的差异就会表现出不同的生活方式。有些人直率、热情、好交友；有些人内向、感情很少外露、不善交友；有些人属于情绪型的，易冲动，决策往往跟着感觉走；有些人则较为理智，善思考，决策时往往反复权衡。不同个性及其导致的不同生活方式的人当然在消费方式方面也会表现出不同的特点。例如，一个情绪型的人，往往会凭着一时冲动做出消费决策，而一个理智的人的消费决策则往往是再三权衡利弊的结果。再如，一个性格外向、好交友的人，用于交际方面的费用可能要占其每月收入的一大部分，而一个性格内向、不善交友的人，可能把他每月收入的大部分花在购买计算机游戏上。

5.2.4　心理因素

消费者行为常常受到许多心理因素的影响。四个关键的心理活动（行为动机、知觉、学习、信念和态度）从根本上影响着消费者对于外界刺激的反应。

5. 2. 4. 1　行为动机

在任何时候人总有一些需要，这些需要有生理上的，如饥饿、寒冷等；也有心理上的，如尊重、归属等。当需要升华到足够强度的水平时，这种需要就会变为动机。在影响消费者行为的诸多心理因素中，需要和动机占有特殊、重要的地位，与行为有着直接而紧密的联系。这是由于人们的任何消费行为都是有目的的，这些目的或目标的实质是为了满足人们的某种需要或欲望。需要、动机与行为的关系如图 5-2 所示。

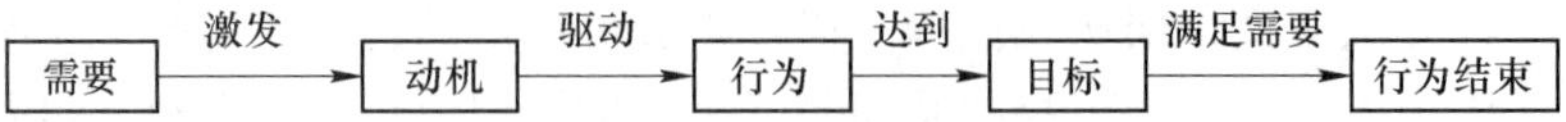

图 5-2　需要、动机与行为的关系

从图 5-2 中可以看出，就一次行动过程而言，直接引起、驱动和支配行为的心理要素是需要和动机。其中，需要是消费者行为的最初原动力，动机则是消费者行为的直接驱动力。人们面对产品的时候，不仅会对产品已知的明显特征有反应，而且会对那些潜意识方面的特征有反应，这些潜意识方面的特征会引起人们的联想和感情方面的感觉。

5. 2. 4. 2　知觉

消费者产生了购买动机后，将会发生什么样的行为，取决于消费者对客观情境的知觉。所谓知觉是将感觉到的外界刺激变成有意义的个人经验的一种过程，简言之，知觉就是理解了的感觉。消费者在购买产品之前要经历一个从感觉到知觉的认识过程。消费者首先通过五种感官形成对某一商品各项属性的反映，这就是感觉；然后将感觉得到的信息，通过大脑的综合分析，以个人自己的方式做出解释，这就是知觉。两个具有相同的购买动机，处于完全相同的客观情境之下的消费者，可能由于各人对情境的知觉不同，发生完全不同的购买行为。心理学家认为：人们对于相同的情境之所以会发生不同的知觉，从而产生不同的行为，是因为知觉具有选择性。感觉到的东西并不一定都形成知觉，知觉的选择性表现在三个方面：选择性注意、选择性曲解和选择性记忆。

（1）选择性注意。人们在日常生活中接受众多的刺激，不可能全部加以注意，而只关注那些自己感兴趣或者对自己有意义的事物和信息。研究表明，人们更多地关注那些与当前需要有关的刺激物、期待的刺激物以及与一般情况相比有较大差别的刺激物。

（2）选择性曲解。它是指人们将接收到的信息加以扭曲，使之合乎自己的认识或意愿的倾向。选择性曲解使顾客对信息的理解不一定符合信息的原貌，营销人员对此往往无能为力。

（3）选择性记忆。它是指人们倾向于保留那些能够支持其态度和信念的信息，而可能忘记所有与自己的信念不一致的信息。

选择性注意、选择性曲解和选择性记忆是影响知觉的三项重要因素。营销任务的重点在于有效、正确地把营销信息传达给消费者，其目的在于：吸引消费者的注意；避免消费者扭曲本企业的信息，以达到正面宣传的效果；将本企业的产品优点印入消费者的记忆中，使本企业产品成为其选购的对象。

5.2.4.3　学习

学习是人类活动的基础。人们吸收、积累和运用各种知识、经济、技能，并在某种程度上改变自己的行为方式。消费者的学习是消费者在购买和使用商品的活动中不断获取知识、经验和技能，不断完善其购买行为的过程。消费者的购物过程常常也是一个学习过程。消费者对其想购买但又不了解的商品，常常是先收集有关这种商品的多种资料、信息，学习这种商品的知识，然后再做出购买决策和实施购买行动。营销人员应设法给希望学习的消费者创造学习的机会和提供学习的方便，这样才有助于促成消费者的购买行为。

5.2.4.4　信念和态度

信念是指一个人对某种事物所持有的思想。例如，当消费者对某品牌商品了解较多时，就可能在其思想中建立起该品牌商品质量是可靠的、价格是合理的、服务是满意的，购买这种品牌的商品是明智的信念。这种看法或多或少带有感情色彩，即使以后发现该品牌产品质量差一点也可能不会改变他原来的购买决定。因此，企业应对消费者思想信念的建立给予特别的重视，努力树立起良好的企业形象、品牌形象和产品形象。

态度是人们对外界事物做出反应的一种心理倾向，是一个人对某些事物或观念长期持有的认知上的评价、感情上的感受和行动上的倾向。态度由情感、行为和认识三个因素组成。

营销实例

超市的知觉营销

在超市里，新鲜的瓜果蔬菜区、现烤现卖的面包熟食区以及超市播放的音乐，在刺激人的视觉、听觉、嗅觉、味觉等感官的同时激发人们的购买欲望。

超市大多把瓜果蔬菜区摆在中心位置，色彩缤纷、满满当当的陈列，从视觉上勾起人对食物的本能兴奋，大大刺激人对食物的占有欲。超市还利用灯光效果以色诱人，用不同的灯光让食品显得更新鲜，比如肉类销售区常用红光，面包类销售区常用黄光，海鲜类销售区常用蓝光，蔬菜类销售区常用绿光；对消费者精挑细选的商品比如衣服首饰，照明度更亮，对消费者不仔细挑选的商品如洗衣液等，照明度更弱。

除了视觉之外，嗅觉、味觉、听觉刺激，也是超市从无意识层面影响人们消费行为的策略。我们常看到超市在卖场里现烤蛋糕、现做熟食，其实是超市利用食物的香味，刺激人体各种消化酶的分泌，即使你不饿也没有购买计划，但闻着香味也会忍不住要多买食物。而超市提供试吃、试喝等体验，也是在味觉上激发你的购买欲望，即便你不买试过的牌子，也会因为良好体验，购买别的商品。此外，超市里经常播放舒缓愉悦的音乐。有研究表明，音乐可以调节人的紧张情绪，让人舒适放松、步伐放慢，愿意停留更长时间，给商品销售带来额外机会。

（资料来源：郭国庆．市场营销学通论（第八版）[M]．北京：中国人民大学出版社，2020.）

任务 5.3　消费者购买决策的过程

消费者的购买活动是一个解决自身需要的过程。这个过程中，既有看不见的心理活动，又有表露于市场上的有形行为。一般来说，消费者的这一过程可能多达五个阶段，如图 5-3 所示。

图 5-3　消费者购买决策过程

5.3.1　认识需要

当消费者感觉到有某种需要应予以满足时，购买过程就开始了。人的消费需要是由刺激引起的，刺激是引发购买行为的先决条件。刺激是导致购买的诱因。刺激可分为内在刺激和外在刺激。内在刺激来自人类的基本需要，即人体内部的刺激，如饥思食、渴思饮、冷思暖、困思息等；外在刺激来自人体外部的刺激，又称为触发诱因，如看了介绍某种新产品的广告、产品的包装设计、衣服的式样等，产生兴趣和需求。

在这一阶段，企业可通过营造特定的外部环境和氛围，刺激消费者的感受。必须认真进行市场调研，以认定那些可促使人们认识到需要的因素。特别要注意了解消费者产生的是何种需要，为何产生了这种需要，以及这种需要如何将他们引向对特定品牌、产品的购买。

5.3.2　收集信息

如果消费者的需求很强烈，可供满足这种需求的产品很确定，而且就在消费者附近，则消费者将立即采取购买行动以满足其强烈的需要。但是大多数情况下，已被引起的需求并不能立即获得满足，消费者需要收集有关信息，以便做出选择。消费者的信息来源主要有个人来源（家庭、微信群、朋友圈、邻居、熟人）、商业来源（广告、推销员、网红、平台主播、经销商、包装、展览）、公共来源（互联网、报刊、广播、电视、消费者评审组织等）、经验来源（处理、检查和使用产品）等。在这四种信息来源中，消费者获得信息最多的是商业来源和公共来源的信息，而消费者认为最为可信的确是个人来源和经验来源的信息。

某一项产品或某一类产品，通常在市场上会有多种品牌。全部组合包括市场上此类或此项产品的所有品牌。通常一个消费者不太可能知道所有品牌，仅知道一部分或主要的品牌，即认识集合。消费者在所知道的品牌中，只会考虑某些特定的品牌，即考虑组合。在考虑集合中，通过一些特别的考虑因素，如价格、保修期、品牌知名度等，选出一些最好的品牌，这就是选择组合。消费者再从选择集合中确定某一特定的品牌来形成最后的决定组合。

依据这个信息过滤系统，营销人员在此阶段的任务是使自己的产品在众多品牌中脱颖而出，进入目标消费者心中，进入知觉集合或选择集合。为此，广告、产品包装、颜色、大众媒体、适当的货品陈列策略等都可加以利用。

营销实例

某消费者购买手机的决策过程

消费者想购买一部手机，他主要关注手机性能、品牌，但对价格不敏感，其决策过程如图 5-4 所示。最左边的方框表明所有手机品牌的组合；他所熟悉的其中一些品牌称为该消费者的认识组合；这些品牌中只有一些符合他的购买要求，这些符合购买要求的品牌构成了考虑组合；随后，消费者了解到更多的有关品牌信息，将少数品牌留在他的选择范围内，这些品牌组成了选择组合；最后，他决定购买决定组合中的手机。

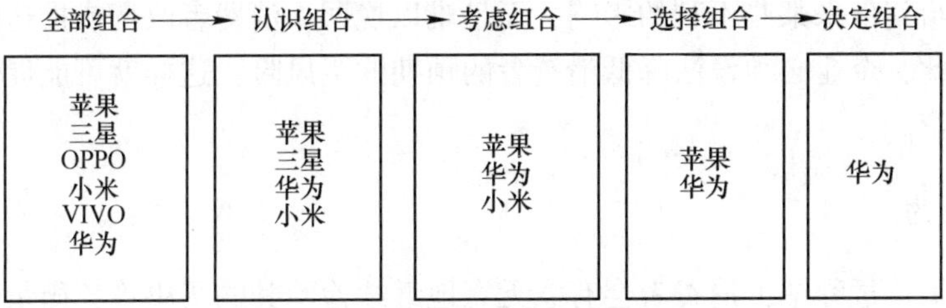

图 5-4 消费者购买手机的决策过程

（资料来源：根据百度文库相关资料整理.）

5.3.3 评价选择

消费者在获得全面的信息后，就会根据这些信息和一定的评价方法对同类产品的不同品牌加以评价并做出选择。消费者的评价行为一般涉及以下几个方面。

（1）产品属性，即产品能够满足消费者需要的特性。例如手表的走时准确性、款式、耐用性等。但消费者不一定将产品的所有属性都视为同等重要。营销人员应分析本企业产品应具备哪些属性，以及不同类型的消费者分别对哪些属性感兴趣，以便进行市场细分，对不同需求的消费者提供具有不同属性的产品。

（2）属性权重，即消费者对产品有关属性所赋予的不同的重要性权数。消费者被问及如何考虑某一产品属性时立刻想到的属性叫作产品的特色属性。但特色属性不一定是最重要的属性。在特色属性中，有些可能被消费者遗忘，而一旦被提及，消费者就会认识到它的重要性。市场营销人员应更多地关心属性权重，而不是属性特色。

（3）品牌信念，即消费者对某品牌优劣程度的总的看法。由于消费者受个人经验、选择性注意、选择性曲解以及选择性记忆的影响，其品牌信念可能与产品的真实属性并不一致。

（4）效用函数，即描述消费者所期望的产品满足感随产品属性的不同而有所变化的函数关系。它与品牌信念的联系是，品牌信念表明消费者对某品牌的某一属性已达到何种水平的评价，而效用函数则表明消费者要求该属性达到何种水平他才会接受。

（5）评价模型，即消费者对不同品牌进行评价和选择的程序和方法，如加权比较法、淘汰法、打分法等。

5.3.4 决定购买

经过评估比较阶段，消费者可能会形成某种购买意图。然而，在购买意图与购买决策之间，有两种因素会影响其购买决策。

（1）他人的态度。其他人如果在消费者准备进行购买时提出反对意见或提出了更有吸引力的建议，有可能使消费者推迟购买或放弃购买。

（2）出现未预料的情况。在消费者准备进行购买时所出现的一些意外变故也可能使消费者改变或放弃购买决策。例如，消费者家中急需资金，或者突然失去工作或稳定的收入来源等，都是一些可能改变消费者购买决策的突发因素。

影响消费者进行最终购买决策的根本问题是消费者对购买风险的预期，如果消费者认为购买之后会给其带来某些不利的影响，而且难以挽回，消费者改变或推迟购买的可能性就比较大。因此，企业必须设法降低消费者的预期购买风险，这样就可能促使消费者做出最终的购买决策。

5.3.5 购后行为

在使用和消费过程中，消费者会有意无意地继续检验其购买决策，衡量购买决策是否正确，并确认满意程度作为今后的参考。购后行为是指消费者在购买产品以后产生的某种程度的满意或不满意所带来的一系列行为表现。消费者对产品的期望值越高，不满意的可能性越大，因此企业在采取促销措施时，如果盲目地扩大消费者的期望值，虽然在短期内会扩大产品的销售量，但会引起消费者的心理失衡，退货、投诉增加，从长期来看有损企业形象，影响消费者以后的购买行为。

购后行为阶段的营销任务有以下三个。

（1）广告宣传等促销手段要实事求是，最好是有所保留，以提高消费者的满意度。

（2）采取有效措施减少或消除消费者的购后失调感，及时处理消费者的意见，给消费者提供多种解除不满情绪的渠道。

（3）建立与消费者长期沟通机制，在有条件的情况下进行回访。

思 考 题

（1）影响消费者购买行为的因素有哪些，它们是怎样影响消费者的购买行为的？

（2）描述消费者知觉过程的三个阶段，并思考知觉的选择性特征对企业营销管理有什么价值。

（3）消费者购买决策包括哪些阶段，在每一个阶段，企业的任务是什么？

（4）消费者面对不满意的产品或服务通常会采取哪些行动？

案 例 分 析

中国零售商超消费新趋势

2018 年 10 月 31 日，经济日报联合京东、京东到家、沃尔玛和腾讯正式发布

《2018 中国零售商超全渠道融合发展年度报告》(2018 China Retail Omni Channel Integration and Development Report)。该报告提出，中国零售商超消费新趋势主要体现在以下几个方面。

第一，理性化消费，“买精买好”比“买多买贵”更重要。中国的中等收入人群消费时除了关注产品质量及时间以外，有 73.8%的消费者在消费时更关注商品的性价比。随着消费需求的变迁，“只买贵的，不买对的”等消费观念已经被“买精买好”的观念取代，品质的对应商品不再与最贵挂钩，追求用合适的价格高效地选到有用的好东西是当前消费者的主要消费观。

第二，追求个性化需求，紧跟潮流，彰显个性愈发成为“80、90 后”的标签。与 2016 年相比，有 44%的“90 后”和 44%的“80 后”家庭希望增加价值开支比例，25%的“90 后”和 19%的“80 后”更愿意尝试新产品。居民消费现已步入新的发展阶段，“80、90 后”消费者已经成为消费主力军，相对于其他年龄层消费者来说，“90 后”最愿意尝试新品，其对品牌的选择更加离散和多元化，小众品牌和定制化商品迅速被市场接受。

第三，追求方便快捷，一站式服务更受青睐。当前，人们的生活节奏加快，工作压力增大，衣食住行各方面都追求方便、快捷，催生了众多商超零售新业态。根据艾瑞调研数据显示，有 67.6%的消费者选择 O2O 平台购买商品的原因是“送货上门、上门服务，方便快捷”。除此之外，随着主要消费人群的代际变迁，消费者更愿意提高效率，一次性地购齐所有需要的产品，且消费者愈发追求多元化、个性化商品，提供“一站式”服务的商超更迎合消费者的需求。

第四，线上线下消费者边界逐渐模糊，购物渠道从割裂走向融合。79%的消费者通过线上线下相结合的方式进行购物。尼尔森的调研数据显示，18~30 岁的消费者更爱在线上购物，有 41%的 18~30 岁的消费者选择线上购物，29%的 18~30 岁消费者选择单一的线下购物；从性别来看，男性更爱线上购物，消费者中男性占比高达 44%，明显高于线下 20%的比率。随着线上线下消费渠道的融合，越来越多的消费者选择通过线上线下相结合的方式进行购物，来自麦肯锡的一份消费者调研报告显示，目前，5%的消费者选择了纯线上购买商品，79%的消费者是线上线下相结合的方式购物，而有 16%的消费者只进行单一的线下消费。随着消费者需求的变化及行业的发展，消费者已经不再单纯地采用单一的线上或线下来进行消费，而是根据自己的需求，选择当前最合适的方式。消费场景多元化，消费选择愈加多样化、便利化，用户体验也越来越好。

(资料来源：钛媒体 App.)

思考：

(1) 应用案例内容结合消费者决策过程理论，分析零售商超的新趋势对消费者决策过程的影响。

(2) 产生这一新趋势的消费者心理因素是什么？

实　训　题

实训目的

通过实训，使学生掌握分析消费者市场的方法，为营销的运营环节提供指导性建议或决策性文件。

实训内容

提供当前现实存在的四家知名企业的部分信息（四选一）。以小组为单位，各小组选择其中一家企业展开研究，模拟其营销决策者和建议者，针对该企业目前存在的消费者市场问题，并按照所学内容，提供一份关于该企业消费者调查的报告，同时涉及宏观和微观内容，选择同一家企业的小组参加同一场会议。鼓励学生从心理学、社会学、生物学等多方面进行解读。

实训组织和要求

将学生分组，每组 3~5 人。每个小组选举一名组长，负责组织和协调小组内成员的分工与合作。小组成员在分工的基础上共同完成小组任务。指导老师应及时检查学生对各项任务的完成情况。任务完成后，各小组提交报告，并以“商业会议+PPT”的形式进行小组汇报。最后由组长共同组成决策小组，确定方案，指导老师现场分析。

项目 6　组织市场分析

学习目标

（1）了解组织市场的概念。

（2）了解影响组织购买行为的因素。

（3）掌握组织购买行为的类型。

（4）掌握组织市场的购买过程。

（5）了解网络时代组织购买的趋势。

能力目标

从宏观上重视组织市场，从微观上能运用组织市场相关知识进行营销。

案例导入

格力的经销模式

格力经销商大军对《中国机电工业》说，“格力的销售模式中，最重要的是销售政策。”作为格力的签约经销商，老赵要签订销售任务，并要保证每年都有一定幅度的销售增长，增长幅度因人因时而异——老赵近几年要保证每年增长 20%；大军说他原来要保证每年增长 30%；另一位县城的经销商老曾则要保证 20%~30%的增幅。“格力要求先打款，后提货…签完约后，一般首期出款要达到全年任务的 30%”。

格力所给的“返利”，才是他们真正的利润来源。大军说：“如果你只想一进一出赚差价，那你根本就赚不到钱。”据他介绍，格力的产品按价格一般可分为标牌机、活动机、特价机等几种，提标牌机、活动机等都会有相应的“返利”，“比如提标牌机的货，可能会对你当期提货给予 15 个点的‘返利’，按标牌价提货一般给的‘返利’都比较高。”大军说道。接下来，格力的提货“政策”会一拨接一拨地“袭来”，并且环环相扣。“第二次提货不仅会有相应的‘返利’，而且可能会告诉你，如果这次的提货政策跟了，会对你第一次的提货追加几个点的‘返利’；第三次可能还会对你前两次的提货追加‘返利’…”政策的释放是不定时的，大军说道，“格力会根据自身的情况来适时制定相应的政策，比如在感觉到经销商提货不积极的情况下、在需要资金的时候、在‘五一’‘十一’等重大促销活动期间，或者针对竞争对手的行动等，都会释放相应的政策，鼓励经销商提货。这样一期政策连着另一期，环环相扣，经销商一旦不跟，损失就比较惨重。”

事实上，格力的“返利”不会以现金的形式返还给经销商，而是以货物的形式；但在“返利”的使用上，会有所限制。“用‘返利’提货不是说你想提什么都可以，会给你规定只能提什么类型的货，一般提的都是高端机型或比较难卖的机型，价格比较高，提回来销售的话平均折扣率在 15%以上。”大军说道。老曾的情况与之类似，他也曾用“返利”提过许多高端机型，因为所处地区并不富裕，销售往往会有大幅折扣。“1.9 万元提回来的空调最后可能只能卖到 1 万元，贬值比较大。”他说。

“下一年度开盘时，‘返利’结算清楚后，比如说你有10万元的‘返利’，你得按照一定的比例打款过去，这个比例是不定的，有时是1：3，有时是1：4，今年的比例是1：6，这就意味着，你得打60万元过去，然后格力会给你70万元的货。”老赵说。对于那些销售规模越大、提货越多、“返利”越高的经销商来说，“买‘返利’”时所需的资金也越多。

就这样一个周期接着另一个周期。格力在急速膨胀、飞奔前行，而对于老赵他们来说，却往往跟三四年就跟不动了。“一般情况下，那些选择不买‘返利’的经销商，下一年度也就选择不再续约。为什么？因为他手中所压的货物已经足够他下一年度去销售了，他已经没有钱再跟着做了。大部分人都是这种情况，因为手中所剩的货物实在太多了，下一年度根本就跟不动，损失就损失吧，我先买卖，以后再说。”大军说道。即便他们萌生了退意，也并非真的就此彻底与格力“一刀两断”。大多数情况下，他们在资金回笼之后，又会重新与格力走在一起。“格力的品牌实在太强大了，根本就不存在卖不出去的情况。”大军说道，“在我们这个地方，凡是买空调的顾客，没有不知道格力的。它的品牌拉动力十分强大，对于我们这种综合性的家电卖场来说，有时成套购买的顾客过来，一看没有格力空调，他可能掉头就走了，其他的电视、冰箱、洗衣机等也都不买了。”他顿了一下，接着说道，“有些综合性的店可能就没跟格力签约，但他也会想办法弄点格力空调来卖，他们或许根本不指望卖格力挣钱，只是想让格力起到一个拉动作用。缺了这个东西，还真不行。”

当然，除了品牌认知度高、拉动力强之外，格力所给予的“返利”回报，其实并不低。“如果所有的政策你都能跟上，一期也不落下，那你所获得的那份回报确实很丰厚，平均毛利率至少在25%以上，高的时候能超过30%。”大军说道。他的言辞间，洋溢着一种“爱恨交加”的味道。“不过格力始终是把你套在里面，到你最后‘解套’的时候，用‘返利’提回来的货得打一个折扣，所以如果真的不做了，你的收益率其实会有一个折扣。”他说。

老曾也表达了类似的感受。“如果你能把政策都吃全，那格力所给的回报的确很高。我可以说是这个县里第一家做格力空调的，这么多年下来，也是断断续续，跟两年就跟不动了，能倒腾开的时候再去做。”除此之外，经销格力还让他在其他方面有所收获——比如格力的言出必行、作风强硬的行事风格对他在管理员工上有所启发——“格力要是通知经销商们开会，我们从来不敢迟到。如果迟到就会被罚钱，散会时当场把这些罚款分给在座的经销商。如果不交，会直接从账上把钱划走，没有商量的余地。这点我是比较欣赏的，也在实际管理过程中学了一下格力的这种方式。”

（资料来源：康晓博，1400亿销售额背后的谜底之一：看格力是怎样“黏住”经销商的［J］. 中国机电工业，2015（2）.）

企业的营销对象不仅包括广大消费者，也包括生产企业、商业企业、政府机构等各类组织，这些组织构成了原材料、零部件、机器设备、供给品和生产性服务的庞大市场。为了提高企业产品的市场占有率，扩大产品销售，满足组织市场的需要，开展B2B营销，企业必须了解组织市场的购买行为特征及购买决策过程。

任务 6.1　组织市场与组织购买行为

6.1.1　组织市场的构成

组织市场是指工商企业为从事生产、销售等业务活动以及非营利组织和政府部门为履行职责而购买产品和服务所构成的市场。简言之，组织市场就是以某种组织为购买单位的购买者所构成的市场，是消费者市场的对称。就卖主而言，消费者市场是个人市场，组织市场则是法人市场。组织市场包括生产者市场、中间商市场、非营利组织市场和政府市场。

6.1.1.1　生产者市场

生产者市场也称产业市场，是指购买产品或服务，销售或租赁给他人以获取利润的单位和个人，涉及农业、林业、渔业、工业、采矿业、金融业、保险业等各行各业。在美国，产业市场大约由 1300 万个组织构成，每年购买的货物和劳务超过 3 万亿美元。这些企业有的很小，有的则是全球 500 强，如通用汽车每年购买产业用品的费用大约是 700 亿美元，超过了葡萄牙或土耳其的全年国内生产总值。所以，生产者市场是组织市场中最庞大、最多样化的市场。

6.1.1.2　中间商市场

中间商市场也称转卖者市场，是由所有以盈利为目的的从事专卖或租赁业务的个体和组织构成，包括批发商和零售商两个部分。批发商是指那些购买商品和服务并将其转卖给零售商和其他组织用户的商业组织；零售商则主要是把商品卖给最终消费者。在美国，中间商市场约有 41.6 万家批发商和 192.32 万家零售商，它们的年销售总额约为 2 万亿美元。由于中间商采购的目的是转售，所以他们为其他顾客充当了采购代理人的角色。在较为发达的商品经济条件下，大多数商品都是由中间商经营的，只有少数的商品是由生产者直接卖给消费者的。

6.1.1.3　非营利组织市场

非营利组织市场是由政府之外的其他非营利组织构成的市场，其追求的目标不是利润、市场份额等。它包括学校、医院、疗养院、教会、工会、监狱和其他机构以及其他类型组织。这类组织采购的目的是对本团体所照顾、看管的人员提供商品和服务，加之由于这类团体里人员消费的不可选择性及这些团体的慈善性与公益性，使得这一市场具有许多独有的特点。

6.1.1.4　政府市场

政府市场是由为了执行政府职能而购买或租用产品的各级政府及下属部门所构成的市场。也就是说，一个国家政府市场上的购买者是该国各级政府的采购机构。各国政府通过税收、财政预算等掌握了相当一部分的国民收入，为了开展日常政务，政府机构经常要采购物资和服务，因而形成了一个很大的市场。政府机构是非营利组织市场的主要组成部分，是市场活动的最大买主，占有 20%～30%的份额。

6.1.2　组织市场的特点

组织市场同消费者市场在构成主体方面有根本区别，相应地，二者的购买行为也不尽相同。组织市场购买行为是指各类正规组织机构确定其对产品和服务的需求，并在可供选择的品牌与供应商之间进行识别、评价和挑选的决策过程。

与消费者市场相比，组织市场购买行为具有以下特点。

6.1.2.1　购买者数量少但购买规模大

组织市场营销人员相比消费品营销人员接触的顾客少得多，但都是大客户。例如，各地发电厂是发电设备生产者的客户，少数大型煤矿是大型采煤设备生产者的客户，某轮胎厂的命运可能取决于能否接到某家汽车厂的订单。组织市场的客户单笔订单量极大，有时一位买主可以买下一个企业较长时期内的全部产量，有时一张订单的金额可以达到千万元甚至是数亿元。

6.1.2.2　购买者地理位置相对集中

由于资源和区位条件等原因，各种产业在地理位置的分布上都是由相对的集聚性，所以组织市场的购买者往往在地域上也是相对集中的。例如中国的重工产业大多集中在东北地区，石油化工企业云集在东北、华北以及西北的一些油田附近，金融保险业在上海相对集中，而广东、江苏、浙江等沿海地区集聚着大量轻纺和电子产品的加工业。这种地理区域集中有助于降低产品的销售成本，这也使得组织市场在地域上形成了相对的集中。

6.1.2.3　供需双方关系密切

由于组织市场的购买者数量较少，因此人员推销成为组织市场上的主要营销方式供需双方通过推销谈判完成交易所付出的人力、财力和时间成本通常较高，使得供需双方的转换成本较高，从而增加了双方的相互依赖性，由此，组织市场的供需双方通常建立起长期的业务关系。此外，组织市场的购买者也会出于自身的个性化需求，介入生产者的产品设计、生产，甚至结成更加紧密的联盟关系，共同参与针对其他企业的竞争。这一切都使得供需双方的关系更加密切。

6.1.2.4　需求具有派生性（亦称衍生需求）

需求最终取决于消费者。组织市场的顾客购买商品是为了给自己的服务对象提供所需的商品或服务，因此，业务用品需要由消费品需求派生出来，并随消费品的变化而改变。例如，消费者的饮酒需求使酒厂对粮食、酒瓶、酿酒设备的需求，连锁引起有关企业和部门对化肥、农资、玻璃、钢材等产品的需求。派生需求往往是多层次的，形成一环扣一环的链条，消费者需求是这个链条的起点，是原生需求，是组织市场需求的源泉和动力。

6.1.2.5　需求弹性小

组织市场对价格和服务的需求总量受价格变动的影响较小。在需求链条上，距离消费者越远的产品，价格的波动越大，需求弹性却越小。例如，在酒类需求总量不变的情况下，粮食价格下降，酒厂不一定会大量购买，除非粮食是酒产品中的主要部分且酒厂有大量的存放场所。粮食价格上升，酒厂也未必会减少购买，除非酒厂找到了其他代用品或者节约原材料的方法。原材料的价格越低或者原材料成本在制成品成本中所占比重越小，其需求弹性就越小。组织市场的需求在短期内特别无弹性，企业不会临时改变产品的原材料和生产方式。

6.1.2.6　行业需求波动大

在短期内，与消费者市场相比，组织市场需求的波动幅度更大。组织购买者对波动的预期，以及生产企业的投资规模呈现不连续变化的特征，都是导致组织需求波动大的重要原因。比如，当消费者市场的需求数量发生微小波动时，生产者市场在波动预期的影响下，往往以更大的比例增加或减少相关设备和原材料的投入；生产企业为了满足顾客需求的小幅增加，可能需要建立成套的生产线和车间并配备人员等，因而以较大的比例增加了投资及相应的需求。上述两种情形都使组织市场的波动比消费者市场的波动。

6.1.2.7　互惠性购买

另外一种在消费营销过程中不会发生但在组织营销过程中常见的现象是互惠现象。也就是“你买我的产品，那么我也就买你的产品。”由于生产资料的购买者本身总是某种产品的出售者，因此，当企业在采购时就会考虑为其自身产品的销售创造条件。但这种互惠购买的适用范围是比较狭窄的，一旦出现甲企业需要乙企业的产品，而乙企业并不想购买甲企业的产品时，就无法实现互惠购买了。这样互惠购买会演进为三角互惠、多角互惠。例如，甲企业向乙企业提出，如果乙企业购买丙企业的产品，则甲企业就购买乙企业的产品，因为丙企业以甲企业推销其产品作为购买甲企业的产品的条件。这就是三角互惠。虽然这类现象极为常见，但大多数经营者和代理商却反对互惠原则，并视其为不良习俗。

6.1.2.8　大型商品多以租赁形式

一些组织购买者乐于租借大型设备，并不愿意全盘购买。这种方式目前在工业发达的国家有日益扩大的趋势。特别适用于电子计算机、包装设备、重型工程机械、运货卡车、机械工具等价格昂贵、精神磨损迅速或并不经常使用的设备。

6.1.2.9　专业人员采购

采购人员经过专业训练，具有丰富的专业知识，清楚地了解产品的性能、质量、规格和有关技术的要求。供应商应当向他们提供详细的技术资料和特殊的服务，从技术的角度说明本企业的产品和服务的优点。

6.1.2.10 购买决策复杂

与消费者购买相比，组织购买者的购买决策更加复杂。组织购买常常涉及大量的资金、复杂的技术和经济条件，以及买卖各方不同层次的多个人员的互动。这种购买行为更加繁复，因此，组织购买的决策周期往往历时很长。大规模的组织购买常常要求详细的产品说明、书面的购买单据、细致的供应商筛选和正式的审批。

任务 6.2 生产者市场与购买行为分析

6.2.1 生产者购买行为的类型

6.2.1.1 直接重购

直接重购是指生产者用户的采购部门按照以往的订货目录和基本要求继续向原先供应商购买产品，是一种习惯性的重复购买行为。这也是最简单的购买类型，是供应商特别愿意看到的状况。直接重购的产品主要是原材料、零配件和劳动用品等。采购部门会对以往的所有的供应商打分评估，将自己满意的供应商作为直接重购的供应商。入选的供应商会尽力保持产品和服务质量，它们通常会建议建立一个自动重新订货系统，以节省订购者的重新订购时间。落选的供应商也会尽力提供更好的产品以求购买者重新订购它们的产品。在直接重复购买中，最常用的方法是使用购买合同，以保证购买者的决策和行为具有常规性。

6.2.1.2 修正重购

修正重购是指购买者希望调整产品的规格、价格、条件或供应商。修正重购比直接重购涉及更多的决策参与者。已入选的供应商会感到压力，对于落选的或新的供应商是一个获得交易的好机会。

6.2.1.3 新购

新购是指生产者初次购买某种产品或服务。这是最复杂的购买类型，需要收集大量的信息。新购的产品大都是不常购买的项目，采购者需要在一系列问题上做出决策，如产品的规格、数量、价格、交货时间、交货条件、服务条件、付款条件、可接受和可选择的供应商等。因此，营销者想要接近购买者获得交易，需要尽力向购买者提供各种帮助和信息。

在直接重购情况下，产业购买者要做出的购买决策最少；而在新购情况下，产业购买者要做出的购买决策最多，通常要做出以下具体决策，即决定产品规格、价格幅度、交货条件和时间、服务条件、支付条件、订购数量、可接受的供应商和选定的供应商等。

6.2.2 生产者购买决策的参与者

每个企业的采购组织都存在差异。一般来说，小型企业的采购人员数量较少，大型企业则设有庞大的采购部门，由专业的管理人员进行管理。有一些公司的采购经理有权决定采购产品的规格和供应商；还有一些公司的采购经理只负责把订货单交给供货商即可。一般情况下，采购经理只对小型的产业用品具有决策权。如果需要采购重要的设备，那么需要多人参与采购决策过程。

在任何企业中，除了专业的采购人员，还会有一些其他人员也参与采购的决策过程。所有参与购买决策过程的人员构成了采购组织的决策单位，也被称为采购中心。采购中心通常包含了五种成员。

(1) 使用者，即生产者用户内部使用这种产品或服务的人员。通常情况下，使用者往往先提出购买建议并协助确定产品的功能、质量、规格与数量。他们在产品的规格与型号、数量的确定方面发挥很大作用。

(2) 影响者，即企业内部和外部能够直接或间接地影响采购决策的人员，他们协助确定产品规格和购买条件，提供方案评价的情报信息，影响采购的选择。

(3) 采购者，即具体执行采购计划的企业人员，在较复杂的采购工作中，采购者还包括参加谈判的公司高层人员。

(4) 决定者，即企业中具有批准购买权力的人。在标准品的例行采购中，采购者和决定者通常是一个人。但是，在较复杂的采购中，公司领导人往往是决定者。

(5) 信息控制者，指在企业外部和内部能控制市场信息流使其流向使用者、决策者的人员，即有权阻止采购方案顺利进行的人员。比如，技术人员可以拒绝某些供应商所提供的产品与服务的信息，接待员、电话接线员、秘书、门卫等可以阻止产品推销者与企业内部使用者或决策者接触。

然而，采购中心并不是必须包含这五种人员。根据企业规模的大小和采购商品的复杂性，这五个角色可能会重合为一个人。例如，一个小型企业想要购买办公用品，可能只需要采购者和使用参与者参与整个购买决策过程即可。在这种情况下，采购中心的成员较少，规模较小；一个大型企业想要购买多媒体设备，其技术性较强、单价较高、购买行为较为复杂，参与购买决策的人员较多，因此，采购中心的规模较大，成员较多。

6.2.3 影响生产者购买决策的主要因素

在组织购买过程中，除了受上述的五种组织内部决策人员的影响之外，还会受组织所在的外界环境的影响。部分营销学者认为影响组织购买的主要因素是经济因素，因此供应商致力于向购买者提供更多的经济利益。但是，除了经济因素之外，还有其他的因素对组织购买有着重要的影响。特别是当各供应商的商品差异化程度较低的时候，组织购买者就会与完全理性的选择产生偏差。每个供应商都能满足组织的购买目标，因此，个人因素在决策中起的作用就开始突显。当然，当竞争者的产品差异较大时，购买者就会对其选择更加负责任，因而经济因素的影响更为显著。

6.2.3.1 环境因素

环境因素是影响组织购买的宏观环境因素，主要包括经济环境、技术环境、政治法律环境、自然环境、产业环境等方面的因素，其中最受关注的是需求水平、经济前景、资金成本、技术发展、法律制度等。这些因素影响生产者市场的整体发展和组织购买行为。比如，全球倡导环境保护与低碳发展的理念，企业对具有节能减排功能的设备需求增加，这类产品的生产企业的市场空间增大。外部环境的复杂性和易变性，要求企业把握各类生产者用户的需求动态，以保证能够及时适应变化的市场需求。

6. 2. 3. 2　组织因素

组织因素是指生产企业内部的各种因素，主要包括生产企业的战略目标、政策、流程、组织结构和制度等。这些因素将影响其购买决策和购买行为。

6. 2. 3. 3　人际因素

如前所述，企业的采购中心通常包括使用者、影响者、采购者、决定者、和信息控制者，这五种成员都参与购买决策过程。这些参与者在企业中的地位、职权、说服力以及他们之间的相互关系有所不同，因而也会影响生产者的购买决策和购买行为。

6. 2. 3. 4　个人因素

个人因素是指生产者用户内部参与购买过程的有关人员的年龄、受教育程度、个性、风险意识等因素对购买行为的影响。与影响消费者购买行为的个人因素相似，企业采购人员的需要和动机、个性与偏好、价值观、专业等也会影响购买决策。比如，专职采购人员可能为了突出本部门或职位的重要性与绩效，希望购买价格高、性能好的机器设备，财务人员则可能为了完成相应的财务目标，希望购买价格低、性能适中的机器设备；有些采购人员是受过良好教育的理智型购买者，在选择供应商之前做了周密的比较。这些采购者个人因素常常成为购买决策的直接作用因素。

营销实例

产业购买者的匠心

何为匠心？2019 年 1 月初在 CCTV-1、CCTV-2 以及 CCTV-9 播出的六个核桃品牌纪录片《追着核桃奔跑》给出了最好的答案。片中，养元六个核桃采购部负责人赵庆勋 20 年追寻好核桃的坚持，就是最纯正的匠心精神。

用一生，只做好一件事，用近乎偏执的坚持，去追求最好的品质，这就是养元人的匠心所在。为了找到最好的核桃，养元人从祖国的西边走到南边再走到东边，20 天 15000 多公里的行程，二十年如一日，功夫不负有心人，养元人终于找到了核桃的三大黄金产地——新疆、云南、太行山。

好的核桃产地并不是随便挑选的，需要经过养元饮品采购专家的仔细考察，光照、土壤以及水分等都要最适合核桃生长，这样才能成为养元饮品六个核桃的原料基地。对于常年与核桃打交道的养元人来说，一定要选择皮薄、仁白的好核桃。除了自身的经验以外，每一颗来自原料基地的核桃还要通过养元饮品的“3. 6. 36”核桃采购标准。“3. 6. 36”是养元饮品自主制定的采购标准，3 是所有核桃都要来自三大黄金产区；6 是水分、色泽、口感、饱满度、粒度、杂质 6 项标准必须全部合格；36 是蛋白质、脂肪、酸价、过氧化值、黄曲霉毒素等 36 项理化指标检测必须全部满足。养元饮品深知只有对自己严格，才能为消费者打造最好的品质。

（资料来源：重磅！养元饮品回击：六个核桃到底有没有核桃！坚守匠心 无畏于行 无涩于心．中国金融商报网．(2019-02-16)．）

6.2.4　生产者购买决策的过程

生产者用户的购买过程理论上可以分为八个阶段。每个阶段，买方企业都要进行一系列的决策。供应商企业需要认真分析思考，采取有效的营销措施。在实践中，也并非买方每次购买都要经历如此复杂的过程，一般修正重购和直接重购可以跳过其中的某些阶段。

6.2.4.1　认识需要

在全新购买和修正重购情况下，购买过程是从企业的某些人员认识到要购买某种产品以满足企业的某种需要开始的。

认识需要是由两种刺激引起的。（1）内部刺激。诸如企业最高管理层决定推出某种新产品，因而需要采购生产这种新产品的设备和原料；有些机器发生故障或损坏，需要购置零部件或新机器；发现购进的某些原料质量不好，必须更换供应商。（2）外部刺激。如采购人员接触广告或参加展销会等，发现了更物美价廉的产业用品。

6.2.4.2　确定需要

买方企业在认识到需要之后，还要确定所需要购买产品的品种、数量和特征。如果采购的是标准化产品，也许很快就能确定需要；如果是比较复杂的项目或非标准化产品，买方采购人员还需要和使用者或技术人员一起共同讨论和确定需要。

在这个阶段，买方考虑的重点是“需要什么”；供应商要努力帮助潜在客户，更好地确定它们需要的产品特征和数量，即明确“需要这个”。

6.2.4.3　说明需要

在确定需要之后，买方企业要组织专人或指派专家小组，对拟购项目做进一步分析，以分析购买“是否值得”。价值分析（Value Analysis，VA）是这个阶段常用的一种方法。所谓价值，是指拟购项目的功能（function）与其耗费资源的关系，即与成本费用的比例关系。功能包括所购项目的用途、效用和作用等。为了提高效益，买方相关人员会调查拟购项目是否具备所需的、必要的功能，并讨论在保障功能的前提下如何降低采购成本，甚至去掉一些不必要的功能。担负此职责的人员最后要写出技术说明书，作为“采购中心”或采购人员决策、取舍时的依据和标准。

因此供应商也必须学习应用价值分析方法，向潜在顾客说明自己产品、服务及功能为何更好或为何能使顾客成本更低，以争取成交。

6.2.4.4　物色供应商

接下来，买方要考虑“谁能供应”的问题。它们会尽可能地寻找合乎要求的供应商作为备选。如果是初次采购或所购项目复杂、价值很高，那么花费的时间会比较长。通常，买方企业的采购人员通过企业名录、行业协会组织或向其他的客户了解等途径，寻找合格的供应商企业。因此供应商企业不仅要使用自己的名号、品牌等进入企业名录等，更要设法掌握潜在客户的具体情况，加强联系和沟通。尤其要努力使自己的企业品牌在市场上保持良好的形象和声誉。

6.2.4.5　征求供应建议

买方企业会从合格的供应商企业中挑选合适的，并向它们征求有关供应的建议。若是复杂、高价值和意义重大的采购，买方可能会要求潜在卖主提供详细的书面材料。这样做是为了能更好地从合格者中找出适合者，避免漏选或误删。供应商企业的有关人员必须擅长调研、分析和提出建议。若是书面提交，还需要注意从营销的角度分析该采购的意义，对提升客户的品牌价值、产品竞争力或市场份额等有何价值，不能只是一份说明技术参数的文件。如果口头阐述，要注意能够鼓舞对方信心。只有善于使用自己企业的能力、资源条件等因素，在潜在客户心中占据相对优势，才能在竞争中胜出。

6.2.4.6　选择供应商

在这一阶段，用户内部的“采购中心”会讨论、比较各家供应商的建议，以决定最终合作的供应商。它们一般根据不同供应商的产量、质量、价格、信誉、技术服务和及时交货能力等做出评价，即进行卖主分析并认定各个供应商的吸引力大小。在最后决定之前，“采购中心”还可能邀请更为中意的供应商面谈，试图争取更便宜的价格或更好的供应条件。最后确定一个或几个供应商作为企业的合作伙伴。一般来说，买方多倾向于保留数条供应渠道，如同时向三家购买，可使供应商之间竞争，促其努力做好供应。

6.2.4.7　签订合约

签订合约是指生产企业根据所购产品的技术说明书、需求量、交货时间、退货条件、担保书、付款条件等内容与供应商签订最后的订单。许多生产企业愿意采取签订长期有效合同的形式，而不是定期发出采购订单。买方若能在需要产品时通知供应商随时按照条件供货，就可实现无库存采购，达到节约成本的目的。

6.2.4.8　绩效评价

绩效评价是指生产企业对各供应商的供货情况与合作关系进行评价，以决定维持、修正或中止供货关系。供应商应关注该采购企业对供应商的绩效评价，了解它对自己的评价及意见，以便完善供应活动，保持长期业务关系。

营销实例

三洋科龙冷柜公司如何选择供应商

三洋科龙冷柜公司（下称“三洋科龙”）采用三洋公司 MRPII 软件中的 SOPIS 系统。SOPIS 系统采购体系的核心是围绕供应商的开发管理。三洋科龙采购员的角色从普遍意识上的“订货人”，发展为协调供应商的“咨询员”，工作重点集中在如何同供应商发展恰当的关系及降低总成本等活动，而不是订货、补货等日常事务。

综合三洋和科龙双方的经验，三洋科龙确定了选择供应商的具体做法。

（1）风险分散。一种物料必须由 2~3 家供应商同时供货，不能增多也不能减少。供应商供货额度有区别，单独一家供应商的供货额最高不超过公司所需数量的 80%，而且不能超过该供应商自身产能的 50%。这样既可保持较低管理成本，又可保证供应的稳定性。万一出现意外需求或其中一家停止供货，能迅速由其他供应商补充。仅由一家供应商负责风险较大，一旦该供应商出问题势必影响整个生产。

(2) 门当户对。并非行业老大就是首选，但选择的供应商应足够大，并能满足企业近、远期需求。又要足够小，使企业订货在对方销售中占相当大比重。这样供应商才会在生产排期、售后服务、价格谈判等方面，给予足够重视和相当的优惠。

(3) 供应链战略。与重要的供应商发展战略合作关系，如参股冷柜最重要的元件——压缩机制造商，并在其董事会取得席位。与各种供应商积极沟通，制定明确制度，确保供应链的稳定可靠。

(4) “质量、成本、交货与服务”并重。其中质量因素最重要，要确认供应商是否拥有有效的质量保证体系，具有生产所需产品的设备和检验能力；交付方面要确定供应商有无足够的生产能力和满足要求的人力资源（技术人员、管理人员的数量及其能力），能否保证按时、按需供货，并具有满足意外需求的潜力；考察供应商售前售后服务记录；最后是成本、价格，在保证供应商有一定利润的前提下，实现采购费用降低。

三洋科龙的供应商选择政策，有效指导并保证了供应商选择过程的合理性。其中一些要求硬性地在 SOPIS 系统中予以设置并不可改变，有效避免了拍脑袋决定的随意现象。

（资料来源：吴健安，钟育赣．市场营销学（第六版）［M］．北京：清华大学出版社，2018.）

任务 6.3 中间商市场与购买行为分析

中间商在地理分布上比产业购买者分散，但比消费者集中。产业市场的大部分特征中间商也具备。中间商的购买行为与购买决策同样受到环境因素、组织因素、人际因素和个人因素的影响。然而，相比之下，中间商的购买行为与决策有一些独特之处。

6.3.1 中间商购买行为的主要类型

6.3.1.1 新产品采购

对于以前未曾经营过的新产品，中间商通常要决定是否购进及向谁购买。其实它们所要解决的关键问题，追根究底还在于目标市场、潜在顾客是否能够接受新产品。因此，中间商的新产品采购类型与生产者的新购类型相似，都要经历认识需要、确定需要、说明需要、物色供应商、征求供应建议、选择供应商、签订合约和绩效评估等阶段，购买行为较为复杂。

6.3.1.2 最佳供应商选择

中间商已经确定需要购进的产品，但要寻找更合适的供应商。这种购买行为的发生主要与以下情况有关。

(1) 市场货源充裕，中间商库容（场地）、资金等有限，所以只能购买其中的部分，必须优中选优。

（2）中间商打算自创品牌后，再寻找愿意合作的制造商。例如，沃尔玛等零售商就有许多的自有品牌，它们在采购中必然会考虑这个因素。

6.3.1.3 谋求更好交易条件的采购

有的中间商希望现有供应商在原交易条件上能再予优惠，因此与供应商反复协商。它们的目的不是更换供应商，而是希望得到更多利益。

6.3.1.4 直接重购

直接重购指中间商的采购部门按照过去的订货目录和交易条件，继续向原先的供应商购买产品。当商品库存低于规定水平时按照常规续购。管理水平高的企业会建立一套有效的订货管理信息系统自动完成订货，以使直接重购变得简单且程序化。

6.3.2 中间商的主要购买决策

中间商在地理分布上比产业购买者分散，但比消费者集中。产业市场的大部分特征中间商也具备。中间商的购买行为与购买决策同样受到环境因素、组织因素、人际因素和个人因素的影响。然而，相比之下，中间商的购买行为与决策有一些独特之处。

中间商的主要购买决策包括配货决策、供应商组合决策和供货条件决策。配货决策是指决定拟经营的品种结构，即中间商的产品组合。供应商组合决策是指决定拟与之从事交换活动的各有关供应商。供货条件决策是指决定具体采购时所要求的价格、交货期、相关服务及其他交易条件。

在以上所有决策中，最基本、最重要的购买决策是配货决策。因为中间商经营的产品组合会影响到从哪家供应商进货，即中间商的供应商组合，进而影响到中间商的市场营销组合和顾客组合。中间商的配货战略主要有四种：（1）独家配货，即中间商决定只经营某一家制造商的产品；（2）专深配货，即中间商决定经营许多家制造商生产的同类各种型号规格的产品；（3）广泛配货，即中间商决定经营种类繁多、范围广但尚未超出行业界限的产品；（4）杂乱配货，即中间商决定经营范围广且没有关联的多种产品。

任务6.4 非营利组织市场、政府市场与购买行为分析

6.4.1 非营利组织市场购买行为分析

非营利组织是指具有稳定的组织形式和固定的成员，发挥特定的社会功能，不以获取利润为目的的各种社会组织。可以按组织收入的来源方式和管理方式对非营利组织进行分类。从收入的来源看，根据汉斯曼提出的标准，如果组织收入的大部分来自外界的捐赠，可称为赞助型组织，如红十字会、希望工程、敬老院等；如果组织通过销售产品或服务为自己筹集绝大部分资金，则称为商业型组织，如医院。从组织管理方式看，如果组织是由自己的服务对象来管理，则称为自理型组织，如乡村俱乐部；如果组织专门成立董事会，然后聘请总经理来管理，则称为企业型组织。当然，这四种类型的非营利组织之间的界线并不是绝对严格的。比如，许多公立大学的收入来源有国家财政拨款、学生学费，也有校

友捐赠、企业和社会资助等。

一般来说，非营利性组织的采购方式大致分为以下三种。

6.4.1.1　公开招标选购

公开招标选购即非营利组织的采购部门通过传媒发布广告或发出信函，说明拟采购商品的名称、规格、数量和有关的要求，邀请供应商在规定的期限内投标。有意争取这笔业务的企业要在规定时间内填写标书，密封后送交非营利组织的采购部门。招标单位在规定日期开标，选择报价最低且其他方面符合要求的供应商作为中标单位。

公开招标一般要遵循规范的程序，其程序如下。

（1）招标。招标采购是指采购方根据已经确定的采购需求，提出招标采购项目的条件，向潜在的供应商或承包商发出投标邀请的行为。

（2）投标。投标是指投标人接到招标通知后，根据招标通知的要求填写招标文件，并将其送交采购机构的行为。

（3）开标。开标是采购机构在预定的时间和地点将投标人的投标文件正式启封揭晓的行为。

（4）评标。评标是采购机构根据招标文件的要求，对所有的标书进行审查和评比的行为。

（5）决标。决标是采购机构决定中标人的行为。

（6）授予合同。习惯上也称签订合同，是由招标人将合同授予中标人并由双方签署的行为。

采用公开招标方式时，非营利组织往往处于主动地位，供应商之间会产生激烈的竞争。供应商在投标时应注意以下问题。

（1）自己的产品或供应是否达到招标人要求，合约条件对自己是否有利。特别是一些非标准化的产品及其规格，往往成为夺标的障碍。

（2）标价是否最低。一般情况下，买方总是愿意把订单交给报价最低的供应商，除非供应商提供的产品对买方来说无可替代，才可能考虑做出让步。因此，既要有利可图又要能够夺标，报价高低是关键。

（3）能否满足买方一些特殊要求。例如，美国政府采购的一些机械设备，维护费用要由供应商负担。类似地，通常免费维修期限长的供应商，夺标的可能性要大。

6.4.1.2　议价合约选购

议价合约选购即非营利组织的采购部门同时与若干供应商就某一采购项目的价格和有关交易条件展开谈判，最后与符合要求的供应商签订合同，达成交易。这种方式适用于复杂的工程项目，因为涉及的研发费用和风险较大。

6.4.1.3　日常性采购

日常性采购即非营利组织为了维持日常办公和组织运行而进行的采购。这类采购金额较小，一般是即期付款、即期交货，如购买办公桌椅、小型办公设备、耗材等，有时直接从零售市场上采购。

营销新视野

B2B客户关系管理

无论传统模式还是网络模式，采购方与供应方之间的合作关系类型是不会发生变化的。坎农和佩罗特发现买卖合作关系可根据四种因素划分，选择的有效性、供应的重要性、供应的复杂性、供应市场的动力。根据这四种因素，他们把买卖合作关系划分为八种不同的类型。

（1）基本买卖。买卖双方关系简单，只需要例行的交易和适当的高层次合作与信息交换。

（2）简单基础。同基本买卖关系相似，但是更需要卖方去适应买方，以及较少的合作和信息交换。

（3）契约交易。买卖双方一般没什么信任、合作和互动，只是通过合同交易。

（4）客户供应。传统的客户供应形式，占主导地位的是竞争，而不是合同。

（5）合作系统。虽然操作的方式紧密结合，但买卖双方都没有通过合法的手段和合理的途径确定委托结构。

（6）协同合作。买卖双方必须有信任和承诺合作的关系。

（7）相互适应。买卖双方之间必须有特殊的明确合作关系，但是无须高度的信任和合作。

（8）顾客至上。虽然有比较紧密的合作关系，但卖方尽量满足买方的需求，而不期望交易过程中买方的适应或改变。

此外，很多的研究者推崇采购方与供应方之间的垂直协作，从而增加彼此之间的交易，使得双方共同受益。垂直协作可以加强买方与卖方之间的合作关系，但是同时也会给采购方与供应方之间的具体投资带来风险。具体投资是指定给予特定公司以及价值链上合作者的开支，如企业具体的培训项目的投资，设备或操作程序、系统的投资。具体投资能够帮助企业获得利润的增长并获得企业的市场定位。然而，具体投资也会给买卖双方带来很大的风险。从经济学的交易理论来说，由于这些投资有一部分已经成为沉没成本，它使企业的投资捆绑在一项特定的关系之中。采购者可能因高额的转换成本而无法与其他供应商进行交易；供应商在未来可能也无法签订其他的合约，因为投入了太多的资金或投入了太多的技术力量。

如今，通过电子商务技术，客户关系管理又有了一些新的特点：（1）集中企业内部原来分散的各种客户数据形成正确、完整、统一的客户信息为各部门所共享；（2）客户与企业任一个部门打交道都能得到一致的信息；（3）客户可选择电子邮件、电话、传真等多种方式与企业联系且都能得到满意的答复，因为在企业内部的信息处理是高度集成的；（4）客户与企业交往的各种信息都能在对方的客户数据库中得到体现，能最大限度地满足客户个性化的需求；（5）企业可以充分利用客户关系管理系统，准确判断客户的需求特性，以便有的放矢地开展客户服务，提升客户忠诚度。

（资料来源：原创力文档.）

6.4.2　政府市场购买行为分析

6.4.2.1　政府采购的目的

政府采购也称公共采购，是政府机关及公共部门为开展业务活动或向社会提供公共物品和公共服务，用国家财政性资金购买商品、工程和服务的行为。政府采购所形成的市场即政府市场。政府采购的具体目的有：加强国防和军事力量，维持政府的正常运转；履行政府调控经济、调节供需、稳定市场、稳定物价的职能，通过财政补贴的方式以合理的价格购买和储存商品，向国外提供商业性、政治性或人道主义的援助。

6.4.2.2　政府采购的方式

与其他非营利组织一样，政府的采购方式有公开招标选购、议价合约选购和日常性采购三种，其中公开招标选购是最主要的方式。采用公开招标方式，要严格执行程序。

由于政府支出受到公众的关注，为确保采购的公正和公开，政府采购组织会要求供应商准备大量的说明产品质量与性能的书面文件，决策过程可能涉及繁多的规章制度、复杂的决策程序、较长的决策时间。政府机构也会不断地采取改革措施简化采购过程，并把采购系统、采购程序和注意事项提供给各供应商。供应商必须了解这个系统并投入一定的时间、资金和其他资源来制作有竞争力的标书。政府采购比较重视价格，供应商应当尽量通过降低成本来降低价格。有实力的供应商通常会预测政府要求，设计恰当的产品和服务，以争取中标。

6.4.2.3　影响政府采购行为的主要原因

政府市场与生产者市场及中间商市场一样，也受到环境因素、组织因素、人际因素和个人因素的影响，但在以下方面有所不同。

(1) 受到社会公众的监督。虽然各国的政治经济制度不同，但是政府采购工作都要受到广泛的监督。在我国，主要的监督者如下。

1) 各级国家权力机关和政协组织。政府的重要预算项目必须提交国家权力机关审议通过，经费使用情况要接受监督。

2) 行政管理和预算办公室。国家发展和改革委员会和财政部是我国成立的专门的行政管理和预算办公室，审核政府的各项支出，努力提高资金的使用效率。

3) 传播媒体。网络、报刊、广播、电视等传媒密切关注政府经费的使用情况，对不合理之处予以披露，起到了有效的舆论监督作用。

4) 公民和社会团体。我国公民和各种社会团体对于自己缴纳的税款是否切实地用之于民也非常关注，通过各种途径表达自己的意见。

(2) 受到国际国内政治形势的影响。在国家安全受到威胁或出于某种原因发动对外战争时，用于购买军需品的军备开支就会增大；在和平时期，用于经济建设和社会福利的支出就会增大。

(3) 受到国际国内经济形势的影响。在经济疲软时期，政府会缩减支出；在经济高涨时期，则会增加支出。随着国家经济形势的变化，政府用于经济调控的支出也会相应增减。比如，当我国出现“卖粮难”现象时，政府按照最低保护价收购粮食，增加了政府采购支出；面对全球金融危机的影响，我国政府在 2008 年年底提出了 4 万亿元的投资计划，有效地刺激了市场需求，遏制了经济衰退。

(4) 受到自然因素的影响。各类自然灾害会使政府用于救灾的资金和物资大量增加。如 1998 年长江抗洪、2003 年抗击“非典”、2008 年南方抗击冰冻雪灾以及四川汶川大地震，政府都投入了巨大的财力用于购买相应的产品与服务。

思 考 题

(1) 影响组织购买的因素有哪些?

(2) 组织购买类型有哪些? 举例说明。

(3) 互联网时代下，组织购买的新趋势有哪些?

(4) 对比各类型组织购买的决策过程，并说明相同点和不同点。

案 例 分 析

企业的年货采购

2019 年 1 月 20 日，网库作为资深的县域产业互联网服务商，荣获 2018 年中国产业互联网百强企业。进入新的一年，网库“好单品商城”2.0 正式上线，平台整合了全国 300 多个产业基地资源和平台数十万制造厂商，致力于为中小企业的消费型采购提供专业的个性化服务。网库将继续贯彻落实“一手货源，正品采购”服务理念，努力打造企业线上采购第一品牌，建设优质优价的特色产品采购中心。随着春节越来越近，年货采购成为产业市场购买活动的热门话题。买哪家的？谁的产品更便宜？这些问题一直是企业采购人员关注的。我们可以逛一逛网库“线上商城”。那里有产自新疆的大枣，有来自烟台的野生海参，还有来自黄土高原的特色……可谓囊括四海，遍及九州。而且产品均是厂家直销，还提供发票，让你进货无忧。

从产业购买者角度看，此时正值年货采购的高峰期，无论是为员工发放春节福利，还是着手准备年会用品，抑或是客户回馈、维护关系等，都需要进行大量采购。电商的发展不仅为产业采购者带来线上交易的便利，同时也给采购者带来新的困扰。影响产业购买者决策的因素在增多，如商品质量参差不齐，售后服务无保障，同款产品价格差异大，员工需求日益变化，既要求产品质量优良，又关心产品价值和新颖性，讲求别出心裁。所有这些都使得年货采购成本增加，购买决策过程更加复杂。

而网库举行的一年一度的年货节依托全国近 200 个县城分支机构，帮助解决了中小企业的采购难题。此次年货节精选全国各地的特产优品，全部由当地厂家提供一手货源，保质保价，包邮包发票，减少了采购员的采购时间。同时，网库为回馈老会员的支持，特推出四重大礼，让采购人员在采购到超值商品的同时，享受更多的平台补贴和福利。

网库年货节的市场定位非常清晰，就是致力于帮助中小企业解决年货采购问题，而不单单是为企业提供一个产品页面和报价。本次活动从前期调研采购员关注的问题，到在全国 300 个区域选品，再到与供货企业洽谈底价、发票和运费，页面的设计和调试等等，不忽视任何一个细节。仅选品一个环节就耗时 40 多天，11 月启动选品，先后收到近 1000

家企业的申报。网库逐个梳理产品，审核企业资质，谈厂家能给的最低价，落实发货、物流、售后等问题，以此为客户提供最便捷的采购渠道。

年货节的营销策略也有不少创新，其中一大亮点就是将 B 类平台和 C 类平台的优点相结合。众所周知，由于 B2B 平台的交易特点和经营模式，很难做到 C 类平台的灵活多样，但越来越多的 B 类企业希望在 B2B 平台上有 C 类平台的体验。所以，本次年货节首次引入优惠券、返利、福袋等销售方式，并支持多种交易渠道，借以提升用户体验。购物券面值有 5 元、10 元、100 元、500 元，满足一定的消费额度就可使用。比如，5 元的购物券，只要在线上购买东西就可使用。

（资料来源：网库 2018 十大事件．（2019-01-04）．网易；网库集团荣获产业互联网百强企业，开启 2019 新征程．（2019-01-21）．搜狐网；企业年货采购一站式服务 2017 网库年货节来袭．（2016-12-14）．搜狐网．）

思考：

（1）网库年货节如何帮助企业快速采购到超值的年货福利产品？

（2）在降低企业采购成本方面，原厂家直销再加上网库补贴是如何实施的？

（3）为激励产业市场购买而采用的福袋、赠品、抽奖等手段能奏效吗？

（4）影响企业年货采购决策的主要因素有哪些？

（5）据你所知，哪些人会参与企业年货采购决策过程？企业年货采购决策过程由哪几个阶段构成？营销者需要相应采取哪些策略？

实 训 题

实训目的

通过实训，使学生了解组织市场的行业规则与存在形式，对组织市场有个比较清晰的认识，以备日后进入企业的营销采购部门学以致用。

实训内容

在有条件的情况下进入事业单位或大型中间商企业实习，观察其采购和批发等过程，再对一线经销商进行调研，发现其区别以及不同的生存之道。

实训组织和要求

将学生分组，每组 3~5 人。每个小组选举一名组长，负责组织和协调小组内成员的分工与合作。任务完成后，各小组以书面形式或课堂演讲形式提交成果，讲述所见所闻。指导老师对内容进行精选并整合，统一评讲。

项目 7 目标市场战略

学习目标

(1) 掌握企业市场细分的标准。

(2) 理解企业目标市场战略及其影响因素。

(3) 掌握企业市场定位的方式。

能力目标

(1) 能够应用市场细分的标准对特点市场进行细分。

(2) 能够结合市场需求、企业优势、竞争者定位等条件对特定企业的市场定位做出分析。

案例导入

我是江小白

“我是江小白”这句口号原本是江小白的一句品牌 slogan (口号),现在也成为都市年轻群体的集体宣言。因“我是江小白”个性鲜明,富含时代感和文艺气息,颇受青春群体的热捧和喜爱。随着时代的变化和更多年轻群体的加入,“我是江小白”所反映的青春含义也愈发丰富,逐渐被赋予了“简单纯粹”“文艺青年改变世界”“寻找真我”“消除互联网隔阂”等新的时代含义。

对年轻人来说,酒有更多的作用,“江小白”凭借其亲民的形象,成为年轻人的“朋友”,消费者可以把想说的话告诉它,也可以听它的精彩台词。消费者不仅可以喝到酒,还可以通过瓶身的语录获得更多的人生感悟。另外,消费者还可以通过“江小白”表达瓶传达自己的心声,这是传统白酒所不能做到的。

(资料来源:根据搜狐相关资料整理.)

企业只有制定正确的营销战略,才能在激烈的竞争中不断发展壮大。相比“正确地做事”“做正确的事”更具有战略意义。企业在进入市场前,需要综合分析潜在市场的市场结构、消费需求、竞争状况等因素,对纷繁复杂的市场按照不同标准做条理性划分;决定选择哪些市场作为企业服务的目标;并确定企业产品在市场上以何种形象出现,参与竞争。以上过程就是企业营销战略的核心内容 STP 战略,即市场细分 (Segmenting)、目标市场选择 (Targeting) 和市场定位 (Positioning)。

任务 7.1 市场细分

7.1.1 市场细分的内涵

市场细分的概念由美国学者温德尔·斯密 (Wendell R. Smith) 于 1956 年在《产品差

异和市场细分——可供选择的两种市场营销战略》一文中提出。他认为市场细分是一种营销战略，企业应该着眼于市场上的消费需求的差异性，而不是仅仅停留在产品的不同属性上。

从市场需求的差异程度划分，市场有两种基本类型，即同质市场和异质市场。同质市场是指市场上的消费需求基本相同，不存在明显的差异性，如食盐、钢材、农产品等市场，消费者对上述产品的需求都大致相同。在异质市场上，消费者对同一种商品的需求存在明显差异性和多样性，要求产品能满足消费者特定需求。一般而言，同质市场的产品不需要市场细分，企业大量生产、大量分销、大量促销单一的产品满足大致相同的需求，最大限度地开发潜在市场，降低成本，获得满意的销售量。但在异质市场上，由于消费者需求各异，企业无法用一种产品满足所有需求，需要分析消费者需求，将不同需求区分开来，通过对市场进行细分，有针对性地满足个性化需求。

市场细分是指营销者通过市场调研，依据消费者的需要和欲望、购买行为和购买习惯等方面的差异，把某一产品的市场整体划分为若干消费者群的市场分类过程。每一个消费者群就是一个细分市场，每一个细分市场都是由具有类似需求倾向的消费者构成的群体。

7.1.2 市场细分的作用

7.1.2.1 有利于发掘市场机会，开拓新市场

通过应用新的细分标准，对市场创造性地细分，企业可以发现没有被满足的新的市场机会。对每一个细分市场的购买潜力、满足程度、竞争情况等进行分析对比，开发出有利于本企业的市场机会，使企业及时做出研发、生产、销售决策，开拓新市场，以更好适应市场的需要。

营销实例

Lily 女装的市场细分与产品定位

服装市场的细分标准非常多，年龄、性别、收入、职业、个性等都是细分服装市场常用的标准。中国的Lily女装应用收入、年龄、职业等标准对市场进行细分后发现，现有市场上年轻女性的职业装过于中规中矩，缺乏时尚和活力色彩，于是专注于为都市年轻时尚的职业女性设计在商务场合“正合适”的商务时装。它将产品定位于时尚与商务完美融合，以清新明快、现代简约的风格设计产品，既保持职业女性的庄重，也结合了时尚元素，将两者完美结合，正如Lily的广告语：年轻OL的商务着装，可能太严肃，可能太时髦，或者像Lily这样正合适。

（资料来源：根据豆丁网相关资料整理.）

7.1.2.2 有利于选择目标市场并制定有针对性的市场营销策略

市场细分后的子市场消费需求明确，企业可以根据自己的经营思想、方针及生产技术和营销力量，确定自己的服务对象，有针对性地为目标市场服务，制定行之有效的市场营销策略。同时，在特定细分市场上，信息容易获取和反馈，一旦消费者的需求发生变化，企业可迅速改变营销策略，制定相应的对策，以适应市场需求的变化，提高企业的应变能力和竞争力。

7.1.2.3　有利于集中人力、物力等资源投入目标市场

通过细分市场，选择了适合企业资源和能力的目标市场后，企业就可以集中人力、财力、物力各项资源，在有限的目标市场上获得竞争优势。这一战略对中小企业尤为重要。与实力雄厚的大公司相比，中小企业的资源和能力有限，技术水平相对较低。通过市场细分，企业可以根据自身的经营优势选择一些大企业无暇顾及的细分市场，集中力量满足该特定市场，在整体竞争激烈的市场条件下，于某一局部市场取得较好的经济效益，求得生存和发展。

7.1.2.4　有利于企业提高经济效益和竞争能力

通过市场细分后，企业可以为目标市场生产出适销对路的产品，既能满足市场需要，又可增加企业的收入；产品适销对路可以加速商品流转，加大生产批量，降低企业的生产销售成本，提高生产工人的劳动熟练程度，提高产品质量，全面提高企业的经济效益。同时，企业聚焦于有限的目标市场上，有利于企业有效发掘本企业的竞争优势，对市场动态及时把握，逐步积累市场经验，获得竞争优势，增强企业竞争力。

7.1.3　市场细分的标准

按照市场构成主体的差异，可将市场划分为消费者市场和生产者市场。这两大市场在市场特征、消费特征和购买决策等方面存在诸多显著差异，因而，市场细分标准也区分两个市场分别讨论。

7.1.3.1　消费者市场细分标准

A　按地理因素细分

按地理因素细分是按照消费者所处的地理位置、自然环境细分市场，具体包括地理位置、城镇大小、地形、地貌、气候、交通状况、人口密集度等指标。处在不同地理环境下的消费者，对于同一类产品往往会有不同的需要与偏好。例如，我国消费者对酒的需求会因为地理位置的不同而呈现不同的需求特点，我国东北地区由于地处北方，温度较低，消费者往往偏好酒精度数较高的白酒，在天寒地冻中小酌一杯，能活血暖身，起到御寒效果；而在我国江浙等地，地理位置偏南，气候温暖湿润，这里的消费者偏爱酒精度数较低的米酒和黄酒。

地理因素是细分市场的一个静态因素，也是最简单的一个细分因素，它往往并不单独使用，常和其他细分因素配合使用。

B　按人口因素细分

按人口因素细分主要是按照年龄、性别、职业、收入、受教育程度、家庭规模、家庭生命周期、社会阶层、民族、宗教、国籍等人口统计变量，将市场划分为不同的群体。由于人口变量比其他变量更容易测量，且适用范围比较广，因而人口变量一直是细分消费者市场的重要依据。

C　按心理因素细分

按心理因素细分就是将消费者按其生活方式、个性、购买动机等因素细分成不同的群体。

（1）生活方式。生活方式是人们对工作、消费、娱乐的特定习惯和模式。它与消费者的收入、文化素养、社会地位、价值观念、职业等因素密切相关，不同的生活方式会产生不同的需求偏好。许多消费者购买商品不仅是为了满足物质方面的需要，更重要的是为了表现他们的生活方式，满足其心理需要，如显示身份、地位、追求时髦等。这种细分方法能显示出不同群体对同种商品在心理需求方面的差异性。

（2）个性。个性是指个人独特的心理特征，这种心理特征使个人与其环境保持相对一致和持久的反应。个性可以通过外向与内向、乐观与悲观、自信、自主、支配、顺从、保守、适应等性格特征表现出来。消费者在选择品牌时，在理性考虑产品实际功能的同时，也会在感性上评估品牌个性是否与自我形象一致。如果能将产品或品牌形象与特定的消费者个性建立某种相关性，个性就可以成为细分市场的心理变量。很多企业会赋予品牌特定个性，以迎合消费者的个性。例如，有些眼镜公司根据消费者个性把市场细分为传统型消费者群、新潮型消费者群、节俭型消费者群、活泼型消费者群。

（3）购买动机。购买动机反映了消费者在心理、精神和情感上的需求，是直接驱使消费者实行某种购买活动的一种内部动力。一般来讲，消费者的购买动机可分为以下几种：求美动机，从审美学角度选择产品；求实动机，追求产品经济实惠，注重实用价值；求名动机，追求产品品牌带来的象征意义；求优动机，注重优质的产品质量、性能和舒适感等；求廉动机，追求产品价格低廉；求新动机，注重产品新颖别致；求简动机，希望产品的购买和使用程序简单易行；攀比动机，满足好胜心理；嗜好心理，旨在满足特定爱好。

D 按行为因素细分

按行为因素细分是按照消费者购买行为细分市场，通常包括购买时机、购买数量、使用频率、消费利益、对品牌的忠诚度等因素。

（1）购买时机。许多产品的消费具有时间性或季节性，企业可以根据消费者产生需要、购买或使用产品的时间进行市场细分，如各大电商在“双十一”前期大力促销；在元旦、春节等节日期间，企业纷纷实施假日营销，加大促销力度，采取优惠价格，吸引更多消费者购买。

（2）使用频率。根据顾客是否使用和使用程度，可将市场划分为从未使用者、曾经使用者、潜在使用者、初次使用者、偶尔使用者和经常使用者等类型。大公司或市场领导者注重吸引潜在使用者和增加已使用者的使用频率，以扩大市场占有率，企业获得更多收益；中小企业或市场追随者则注重保持现有使用者，并设法吸引竞争者的顾客转向购买本企业的产品。

（3）受益细分。按照消费者从产品消费中获得的利益细分市场，也叫消费利益细分。不同消费者对同一商品消费过程中，期望获得的利益有可能是不同的，如对于洗发水的消费，除了清洁头发的基本功效之外，有的消费者希望能去除头皮屑，有的消费者为了头发柔顺亮丽，有的消费者渴望营养发质，使头发更健康，还有的消费者追求保护头发，避免脱发。企业可根据消费者追求的不同利益细分市场，每一细分市场满足消费者特定需求，制定相应的营销策略，将品牌特征与消费者利益联系起来，并把这种品牌利益传达给消费者。

实践证明，以消费者追求的利益为出发点的受益细分是一种行之有效的细分方式，因为消费者受益细分最直观地反映出消费者利益，最易被消费者感知和接受。

（4）品牌忠诚度。企业还可以按照消费者对品牌的忠诚度来细分消费者市场。所谓品牌忠诚，是指价格、质量等诸多因素使消费者对某一品牌的产品情有独钟并长期购买这一品牌产品的行为。品牌忠诚度的高低，可用顾客重复购买次数、购买挑选时间和对价格的敏感程度等标准进行衡量。提高品牌忠诚度对于企业提高市场占有率极其重要。

（5）消费者态度。消费者对品牌的态度大体可以分为五种，即热爱、肯定、不感兴趣、拒绝和敌意。企业可以通过调查、分析，针对不同态度的顾客采取不同的营销对策。例如，对待不感兴趣的消费者，企业应分析消费者不感兴趣的原因，通过宣传、沟通、大力促销等营销措施，努力将产品所能提供的利益与消费者相关需求和兴趣联系起来，实施刺激性营销。

7.1.3.2　生产者市场细分标准

消费者市场细分标准同样适用于生产者市场，但由于生产者市场有其自身特点，还有一些细分标准专门应用于生产者市场。除上述消费者市场细分标准外，企业还常用以下几个因素细分生产者市场。

A　用户要求

产品用户的要求是生产者市场细分最常用的标准。在生产者市场上，不同用户对同一种产品往往有不同的使用目的和使用要求，从而对产品的规格、型号、性能、功能、品质、价格等方面提出不同的要求。例如，同是钢材，有的用于造船，有的用于建筑，有的用于生产日常生活用品，各行业对钢材性能要求都不尽相同。因此，企业应按照用户对产品的要求细分市场，提供不同的产品，设计不同的市场营销组合策略，以满足用户的不同需求。

B　用户规模

用户经营规模决定其购买能力的大小。按用户经营规模划分，可分为大用户、中用户、小用户。大用户数量虽少，但其生产规模、购买数量大，注重质量、交货时间等；小客户数量多，分散面广，购买数量有限，注重信贷条件等。企业可按照用户经营规模制定相应营销策略。

C　用户地理位置

每个国家或地区大都在一定程度上受自然资源、气候条件和历史传统等因素影响，形成若干相对集中的产业区域。这就决定了生产资料市场往往比消费品市场在区域上更为集中，地理位置因此成为细分生产资料市场的重要标准。企业按用户的地理位置细分市场，选择客户较为集中的地区作为目标，有利于节省促销费用，而且可以合理规划运输路线，节约物流成本，也能更加充分地利用销售力量，降低推销成本。

7.1.4　市场细分的有效性原则

从市场营销角度看，并不是所有的市场细分都是有效的，也不是市场被划分得越细越好，判断市场细分是否有效，需要符合一些条件。

（1）可区分性，亦即差异性。被细分出的市场之间要有明显差别，子市场与子市场之间有清晰的市场边界，能够相互区分。在不同子市场上实施相同的营销策略应有不同的市场反应。

（2）可营利性。细分后的市场要有足够的市场容量和发展潜力，并具有一定的潜在获利能力，能够保证企业在该市场上发展有利可图，在满足消费者需求的同时，获得合理的利润。

（3）可衡量性。这是指细分后的子市场的市场容量大小、目标群体数量、购买能力等数据能够被预测或量化推算，企业才能在此基础上判断市场的吸引力，并制定相应的营销战略和策略开发市场。

（4）可进入性。这是指企业有相应的资源和能力进入细分的市场。市场细分不是目的，只有企业能为特定的子市场服务，市场细分才有意义。科特勒认为评价细分市场最基本的两个因素：一是细分市场的总体吸引力；二是企业的目标和资源。企业要根据自身条件和资源，选择与能力匹配的子市场作为目标市场，在市场上充分发挥竞争优势，获得市场效益。

任务 7.2　目标市场选择

7.2.1　目标市场及目标市场选择

市场细分的目的是进行目标市场选择及营销。而企业要进行目标营销，必须选择企业准备为之服务的市场，即目标市场，目标市场的选择是建立在对各细分市场的评估之上的。

目标市场是指在需求异质性市场上通过市场细分，被企业所选定的，并将以相应的产品或服务满足其现实或潜在的消费需求的一个或几个细分市场。

目标市场选择是指企业根据自身能力及一定的要求和标准，从渴望成为自己的几个目标市场中选择其中一个或几个目标市场作为可行的经营目标的决策过程。

7.2.1.1　目标市场选择的依据

A　市场的规模和发展潜力

细分市场应该具有适当的规模。适当的规模是指与企业实力相适应的规模。大企业可重视销售量很大的细分市场，忽视或避免进入小的细分市场。而一些小企业应避开大的细分市场，因为大的细分市场通常需要投入的资源太多。这里的规模不仅指现实规模，还包括未来的规模，即未来可能的规模。细分市场的未来规模能够有所发展，企业增加销售量和盈利的可能性一般也就增大了。但是，它也可能吸引来许多竞争者，从而使本企业的利润率下降。

B　市场吸引力

判断一个细分市场好坏的标准不仅是有无适当的规模和良好的发展潜力，还要看对企业而言盈利空间如何。因此，这里的吸引力指的是盈利吸引力。企业在评价细分市场吸引力时通常考虑以下指标：市场规模、市场增长率、市场的稳定性和可测性、市场竞争状况、消费者购买力、消费者对产品的满意度等。

（1）细分市场内竞争对手的数量，竞争对手越多营利性就越小。

（2）细分市场潜在竞争者及替代品的数量，二者越多营利性就越小。

（3）购买者和供应商讨价还价能力提高，直接影响企业的成本与收益。

C　企业的资源和目标

即使某个细分市场具有较大的规模，利润潜量也较大，企业也要考虑两个问题：一是本企业是否具备了在该细分市场上获胜所必需的各种资源，二是该细分市场是否符合企业的长远发展。例如，生产奢侈品的企业，如果进入一个低收入者的细分市场，就会与企业想树立的高贵产品形象的目标不符。不符合企业目标，尤其是不符合企业长远目标的细分市场是不能被作为目标市场的。

7.2.1.2　目标市场覆盖模式

目标市场的覆盖模式，即企业选择哪个或哪几个细分市场为之服务的决定，通常有五种选择模式。

（1）单一市场集中模式。企业选择一个细分市场，集中力量为之服务。如图 7-1（a）所示，企业只为一群顾客（M1）生产一种产品（P1），实现专业化经营。规模较小的企业常常采用这一模式，填补市场的某一空白部分。单一市场集中模式使企业深刻了解该细分市场的需求特点，采用针对性强的产品、价格、渠道和促销策略，有利于在单一市场上建立自身的市场地位和良好的声誉。但同时隐含较大的经营风险。

（2）产品专门化模式。企业集中生产单一产品（P1），向不同细分市场的顾客（M1、M2、M3 等）销售这种产品，如图 7-1（b）所示。例如，一家计算机企业不仅面向家庭和个人，也为政府机关、企事业单位等机构生产和销售计算机，但没有提供这些顾客需要的其他产品。这样，企业可充分发挥技术研发和市场方面的优势，实现产品专业化经营，容易在该产品领域建立良好的企业声誉，但一旦出现其他品牌的替代品、技术的重大变革，企业将面临巨大的威胁。

（3）市场专门化模式。企业用不同的产品（P1、P2、P3 等）专门服务于某一特定顾客群（M1），尽力满足他们的各种需求，如图 7-1（c）所示。例如，企业专门为农民提供农业生产所需的农具、化肥、种子等不同类型的产品。市场专门化模式面对同一群消费者，企业对消费者的消费心理和消费习惯比较熟悉，一定程度上可降低经营风险，同时，也有利于在同一消费群体中建立声望。但一旦这个消费群的需求潜力或消费者的偏好发生转移，企业将承担较大风险。

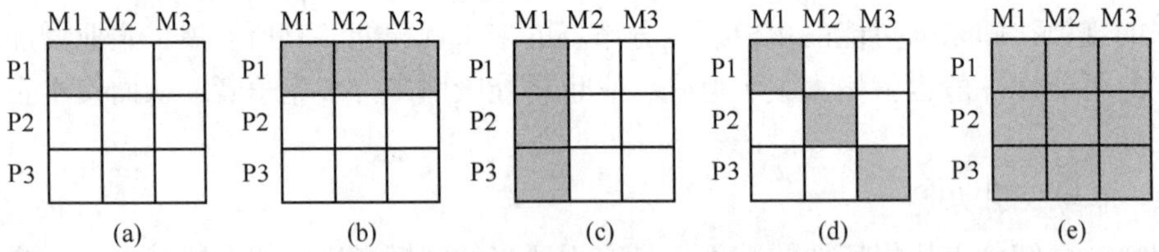

图 7-1　五种基本的目标市场覆盖模式

（a）单一市场集中；（b）产品专门化；（c）市场专门化；（d）选择性专门化；（e）完全市场覆盖

（4）选择性专门化模式。企业选择几个细分市场，并为细分市场提供相应产品，每一个市场对企业的目标和资源利用都有一定的吸引力，但各细分市场彼此之间很少或没有任何联系，如图 7-1（d）所示。这种策略能分散企业经营风险，即使其中某个细分市场失去了吸引力，企业还能在其他细分市场盈利。

（5）完全市场覆盖模式。企业力图用各种产品（P1、P2、P3 等）满足各种顾客群体（M1、M2、M3 等）的需求，即以所有的细分市场作为目标市场，如图 7-1（e）所示。一般只有实力强大的企业才能采用这种策略。例如，IBM 公司在计算机市场、可口可乐公司在软饮料市场开发众多的产品，满足各种消费需求。

7.2.2　目标市场战略

目标市场的影响战略应当保持相对稳定，但当企业外部环境或内部状况发生重点变化时，也要相应地做出变更。可供企业选择的目标市场战略有以下三种。

7.2.2.1　无差异市场营销

无差异市场营销是企业忽视各细分市场的差异性，只注重各子市场的共性，推出单一产品，运用单一的营销组合策略，力求满足尽可能多的顾客的需求。无差异市场营销的实质是“求同存异”，以市场需求共性作为营销策略制定的基础。

无差异市场营销的优势是：产品品种少，适合大批量生产，能够发挥规模经济的优势；可以降低生产、存货和运输成本；缩减广告、推销、市场调研和细分市场的费用，进而以低成本策略在市场上赢得竞争优势。其劣势显而易见，即应变能力差，一旦市场需求发生变化，难以及时调整企业的生产和市场营销战略，而且对该目标市场的依赖性强，风险较大。

无差异营销战略适宜于企业资源雄厚，通用性、适应性较强、差异性小，以及市场类似性较高且具有广泛需要的产品，如通用设备、通用的量具刃具、标准件以及不受季节、生活习惯影响的日用消费品。

7.2.2.2　差异化市场营销

差异化市场营销是指企业同时为几个子市场服务，根据子市场之间的差异性，设计不同的产品，并在不同的子市场上实行不同的营销组合策略，以满足各子市场的需求。

差异化市场营销的优势是：企业面向广阔市场，满足不同顾客的需要，可以扩大销售量，提高消费者对企业的信任感，有助于树立良好的企业形象，增强竞争力；企业适应性强，富有周旋余地，不依赖一个市场、一种产品，能够做到“东方不亮西方亮”。其劣势是：由于小批量多品种生产，要求企业具有较高的经营管理水平；由于品种、价格、销售渠道、广告、推销的多样化，使生产成本、产品改良成本、存货成本、销售费用、市场调研费用相应增加，降低了经济效益。所以在选择差异化营销战略时要慎重，应比较运用此策略所能获得的经济效益是否能够抵消或超过成本的提高。

差异化营销战略一般适宜于生产、经营差异性较大的产品的企业以及多品种生产企业。

7.2.2.3　集中化市场营销

集中化市场营销指企业集中所有力量，进入一个或少数几个性质相似的子市场作为目标市场，实行集中化经营。集中化市场营销的指导思想是企业集中优势资源，在一个较小的市场上获得较大的市场份额，而不是在较大的市场上获得较小的市场份额。集中化战略更注重对市场的深度开发，而不是在广度上的拓展。

实行集中化营销战略的企业一般是资源有限的中小企业，或是初次进入新市场的大企业。由于服务对象比较集中，对一个或几个特定子市场有较深的了解，而且在生产和市场营销方面实行专业化，可以比较容易地在这一特定市场上取得有利地位。因此。如果子市场选择得当，企业可以获得较高的投资收益率。但是，实行集中化市场营销有较大的市场风险，因为目标市场范围比较窄，一旦市场环境发生突变、竞争加剧或消费偏好改变，企业可能陷入困境。

营销实例

Van den Bergh 的集中化市场营销

Van den Bergh 是联合利华企业的一家生产人造黄油的子公司。在进入人造黄油市场之前，该公司对黄油市场的消费者需求进行了深入的分析，划分出五个子市场。

子市场 1 是由想要“真正的黄油味道”的顾客所组成，几乎在任何价格下他们都不准备放弃那种味道。这个子市场需要高品质的黄油，对价格并不敏感。

子市场 2 是由既想要黄油的味道、感觉和质地，又同时考虑价格的顾客组成。他们一般不准备牺牲味道，也不确信现有的人造黄油是否可以满足他们。这些顾客会选择能买到的最便宜的黄油，如超级市场的自有品牌产品。

子市场 3 是由准备接受现有的人造黄油作为替代品的原黄油使用者组成。他们甚至发现人造黄油比黄油提供了更多的好处，如柔滑度和涂抹容易度。桶装和更大的包装对该子市场也是一个吸引因素。他们的价格敏感度较高。

子市场 4 是一个由少数关心饮食和体重控制的消费者构成的成长中的子市场。他们特别关心卡路里和脂肪含量。

子市场 5 是由关心身体健康，尤其是胆固醇含量的顾客组成。对这个子市场有特殊吸引力的是低胆固醇和高不饱和脂肪的黄油。

Van den Bergh 公司通过市场细分，结合企业的竞争优势，最后决定只进入潜在市场需求量较大、价格便宜的子市场 3，并在该市场上取得了巨大成功。

（资料来源：裕雷厄姆·胡利，奈杰尔·虔尔西，布里吉特·尼库洛．竞争战略与竞争地位（第五版）[M]．楼尊，译．北京：中国人民大学出版社，2014.）

7.2.3　影响目标市场战略的影响因素

目标市场营销战略各有利弊，各自适用于不同的情况。选择适合本企业的目标市场营销战略，是一项复杂的、有高度规划性的工作，因此企业在选择时需考虑以下五方面的因素。

7.2.3.1　企业资源

企业资源是指企业在生产、技术、销售、管理、资金等方面力量的总和。如果企业资源雄厚，可以考虑实行差异化市场营销战略；否则，最好实行无差异市场营销战略或集中化市场营销战略。

7.2.3.2 产品同质性程度

产品的同质性用来衡量产品在性能、特点等方面的差异性大小。对于同质性产品或需求上有较大共性的产品，如家具、服装、食品等，一般适宜采用无差异营销战略；对于异质性产品，如家具、服装、食品等，则应采取差异化营销战略或集中化营销战略。

7.2.3.3 产品所处的生命周期阶段

产品所处的生命周期不同，采用的目标市场战略是不同的。一般来说，企业产品处于导入期，对产品的需求量有限，市场不成熟，消费需求差异性不明显，通常采用无差异市场营销战略，节约企业成本支出；当产品进入成熟期时，市场竞争激烈，消费者需求日益多样化，可采取差异化市场营销战略，满足不同市场需求，延长产品生命周期；当产品进入衰退期时，企业需集中力量于少数尚有利可图的目标市场，可采取集中化市场营销战略。

7.2.3.4 市场同质性

如果市场上所有顾客在同一时期偏好相似，购买的数量相似，并且对营销刺激的反应相似，则可视为同质市场，宜实行无差异市场营销战略；反之，如果市场需求的差异较大，则为异质市场，宜采用差异化市场营销战略或集中化市场营销战略。

7.2.3.5 竞争者的目标市场战略

企业目标市场战略的选择也会受到竞争者战略选择的影响。一般来说，为避免正面冲突，企业的目标市场战略应该区别于竞争者，如竞争者采用无差异市场营销战略，企业可采取差异化或集中化市场营销战略；如果竞争者采取差异化市场营销战略，企业可实行其他不同细分市场的差异化或实行集中化市场营销战略；如果企业竞争实力远远高于竞争对手，企业选择目标市场战略的灵活性更大，选择与竞争者相同的战略也是可行的。

任务 7.3 市 场 定 位

7.3.1 市场定位的内涵

定位理论最初是由美国著名营销专家艾·里斯（Al Ries）与杰克·特劳特（Jack Trout）于20世纪70年代早期提出的。里斯和特劳特认为“定位是你对未来的潜在顾客的心智所下的功夫，也就是把产品定位在你未来潜在顾客的心中”。定位理论在市场营销理论发展过程中具有里程碑意义，2001年，定位理论击败瑞夫斯的USP理论、奥格威的品牌形象理论、科特勒的营销管理理论、迈克尔·波特的竞争价值链理论，被美国营销学会评选为有史以来对美国营销影响最大的观念。

市场定位是企业根据竞争者现有产品在市场上所处的位置，针对消费者或用户对该种产品的某种特征、属性和核心利益的重视程度，强有力的塑造出本企业产品与众不同的、给人印象深刻的、鲜明的个性或形象，并把这种形象生动地传递给顾客，从而使该产品在市场上确定适当的位置。

市场定位实质上是企业用于在目标消费者的心目中塑造产品、品牌或组织的形象或个性的营销技术。市场定位的目的是使本企业和其他企业严格区分开来，并且通过市场定位使顾客明显地感觉和认知到这种差别，在目标客户心目中树立产品独特、有价值的形象。好的市场细分最终关注的是消费者利益，而强有力的市场定位能让消费者意识到，这正是他们想要选择的最能满足自己需求的产品和服务。

7.3.2 市场定位的步骤

市场定位的核心在于理解消费者选择产品或服务的标准，并设法比竞争者更好地实现。市场定位可通过三大步骤完成。

7.3.2.1 确认本企业的竞争优势

这一步骤的中心任务是围绕竞争和消费需求，需要企业回答以下三个问题：一是竞争对手产品目前的定位是什么；二是目标市场上顾客欲望的满足程度如何，还有哪些需求没有得到满足；三是针对竞争者的市场定位和潜在顾客的真正需要的利益要求，企业可以做些什么。企业需要通过广泛的市场调研，系统地收集、整理、分析上述问题的资料和研究结果，对竞争者产品定位、消费者需求和企业能力做出综合分析，找出本企业在市场中的竞争优势。

7.3.2.2 选择相对竞争优势

企业竞争优势并不一定是相对竞争优势。相对竞争优势是企业超越竞争者的潜在的和现实的能力。企业在分析自身竞争优势的基础上，对比竞争者的优势，并结合企业为满足消费者特定消费需求所具有能力，寻求企业在产品创新、技术开发、成本优势、市场营销能力、财务能力、品牌声誉、生产设计、经营管理等方面的相对竞争优势，并将这些相对竞争优势体现在产品的市场定位上。

7.3.2.3 准确表达和传播独特的竞争优势

企业实施市场定位有两个关键性环节：一是为产品塑造与众不同的、独特而有价值的形象；二是要将这种形象生动地传达给顾客，并被顾客感知和接受。本步骤是完成市场定位的第三个环节，主要任务是企业要通过一系列的广告、宣传、促销等营销活动，将其独特的竞争优势准确地传达给潜在顾客，并在顾客心目中留下深刻印象。首先，企业应使目标顾客了解、知晓、熟悉、认同、喜欢和偏爱企业的市场定位，在顾客心目中建立与该定位相一致的形象；其次，企业通过整合营销沟通策略强化产品在目标顾客心目中的形象，通过加强目标顾客与产品的感情联系，稳定和巩固企业产品市场定位的一致形象；最后，企业应注意目标顾客对其市场定位理解出现的偏差，或由于企业市场定位宣传上的失误而造成的目标顾客模糊、混乱和误会，及时纠正与市场定位不一致的形象。

7.3.3 市场定位依据

7.3.3.1 产品的属性定位

产品的属性定位，即构成产品特色的因素，诸如产品的品质、价格、成分、材料等，都可以作为定位的依据。例如，七喜汽水的定位是“非可乐”，强调它与可乐类饮料不同，不含咖啡因。产品属性定位应与消费需求紧密相连，只有消费者关注和重视的产品属性才可以作为定位的依据。

7.3.3.2 顾客利益定位

顾客利益定位，即根据产品能够带给消费者的某种特殊利益进行定位。例如，舒肤佳香皂定位于“除菌”，通过其除菌成分“迪保肤”实现定位；美国一家啤酒公司推出了一种低热量的啤酒，将其定位为喝了不会发胖的啤酒，满足那些喜欢饮用啤酒但又担心发胖的消费者需求。

7.3.3.3 产品用途定位

产品用途定位，即根据产品的某项突出用途进行定位。例如，白加黑感冒片，将药片分为黑白两种，分别起不同功效，“白天服白片，不瞌睡；晚上服黑片，睡得香”“治疗感冒，黑白分明”，产品用途一目了然，且富有特色，很容易被消费者接受和识记。

7.3.3.4 使用者定位

使用者定位，即将产品指向某一类特定的使用者，根据这些顾客的观念塑造恰当的产品特色和形象。

营销实例

小米手机的定位策略

小米手机创业初期恰逢中国智能手机市场换机潮，市场出现巨大机会，小米手机把市场目标锁定于年轻、新潮的科技玩家，中等收入但追求品牌的人群，其中高校大学生是小米的主力消费人群。

小米手机瞄准的消费人群习惯通过网络获取信息、对科技好奇心强烈、喜欢网络购物、易接受新鲜事物，同时对手机价格较为敏感，是电子产品的高频消费者。小米设计出针对这个市场的精准策略，成功吸引了这一庞大的消费群体。以小米首发产品为例，高通骁龙芯片，双核 1.5G、Adena 220 图形处理器、IGB 内存、夏普四寸大屏、800 万像素摄像头，很高的产品配置，售价仅 1999 元，一经推出立即引发市场轰动。小米手机通过走产品大众化、高品质、高性能、高性价比的定位策略，直接满足目标市场群体的消费需求，将顾客消费利益传达给消费者，一举取得第一次市场战役的胜利。

（资料来源：根据百度文库相关资料整理.）

7.3.4　市场定位的方式

7.3.4.1　避强定位

避强定位是指企业回避与目标市场上的竞争者直接对抗，将自身的位置确定于市场的“空白点”，开发并销售目前市场上还没有的某种特色产品，开拓新的市场领域。这是一种避开强大竞争对手的市场定位。其优点是：能够迅速地在市场上站稳脚跟，并能在消费者或用户心目中迅速树立起一种形象。

7.3.4.2　对抗定位

对抗定位是指企业选择接近于现有竞争者或与现有竞争者重合的市场位置，争夺同样的客户，在产品、定价、渠道及促销等各方面差别不大的定位方法。该选择虽有风险，但也有明显的激励作用。如麦当劳与肯德基、可口可乐与百事可乐、中国移动与中国联通等，都采用了这种战略。

7.3.4.3　重新定位

重新定位是指企业变动产品特色，改变目标顾客对其原有的印象，使目标顾客对其产品形象有一个重新认识的过程。市场重新定位对于企业适应市场环境、调整营销战略是必不可少的。企业产品在市场上的定位即使很恰当，在出现下列情况时也需考虑重新定位：第一，竞争者的市场定位与本企业相近，侵占了本企业品牌的部分市场，使本企业品牌的市场占有率有所下降；第二，消费者偏好发生变化，从喜爱本企业品牌转移到喜爱竞争对手的品牌。

思　考　题

（1）什么是 STP 战略？
（2）应用市场细分标准，试为自行车市场进行市场细分。
（3）论述目标市场战略及其选择的影响因素。
（4）无差异营销、差异化营销和集中化营销各有什么利弊？
（5）试选取中国手机市场的三大品牌，分析其目标市场及市场定位策略。

案　例　分　析

鄂尔多斯“用时尚打败天气”

正如所有历久弥新的经典品牌那样，中国羊绒品牌鄂尔多斯 30 多年发展历程中的每一次转折几乎都是踩着危机的蜕变。

2017 年 8 月 29 日 19 时，伴随着恢宏的交响乐曲，鄂尔多斯集团旗下 ERDOS“逐光”2017 秋冬大秀在北京农业展览馆开启。博物馆一侧赫然矗立本次秋冬系列蓝色主题的背景墙，背景墙的中央简单地印着“ERDOS”以及别致的羊形 logo 对于路过建筑的民众而言，他们不难辨认出这个在消费者概念中深耕羊绒制品 30 年的品牌，但是相比那个从电视机中传出的“鄂尔多斯，温暖全世界”的广告语、印有中文logo的羊绒品牌鄂尔多斯，眼前这个视觉表达和排场均与国际大牌无异，显得既熟悉又陌生。秀场规格按照当前国内大秀的最高水准，邀请包括袁泉、Olivia Palermo在内的明星阵容，刘雯压轴走秀，金大川、王新宇等新老超模也悉数上阵。整个秀场展现出鄂尔多斯时尚、高端、国际化的品牌形象。

30年前，一件羊绒衫是珍稀品质的代表，一提起羊绒人们总能联想到位于中国内蒙古自治区的鄂尔多斯市以及同名的羊绒集团。10年前，随着中国消费者越来越注重产品的时尚度，样式单一、单价较高的羊绒衫便开始沦为“老气”的代名词，并且厚重的羊绒服饰主要适合秋冬季节，同羽绒服品类一样容易受到天气因素影响。5年前，中国宏观经济开始进入转折期，消费和零售都进入新阶段，消费群体越来越细分，消费理念趋于多元化，服饰品牌的竞争和洗牌都在加剧，此时的鄂尔多斯集团感受到了强烈的危机感。

1. 多品牌定位

首先，鄂尔多斯开始启动品牌发展战略研究，在全国30多个城市进行了样本容量为5000多个消费者的市场调查。最后品牌发现，一方面“鄂尔多斯”已成为高品质羊绒服装的代名词，在全国各地的消费者心目中享有极高的知名度和情感认同，但另一方面“鄂尔多斯”品牌30多年来积累的顾客群体非常庞大，开始过于宽泛模糊，甚至老化，这与当今消费升级的趋势不符，品牌建设尤其欠缺对年轻消费群体的影响力。

对于体量庞大的鄂尔多斯而言，厘清概念虽然容易，但是真正触及销售终端的改变却是极其复杂的系统工程，包括多品牌的差异化重新定位，品牌形象在各种传播路径中的重塑，内部管理架构的调整等。鄂尔多斯羊绒服饰品牌家族拥有了四个针对不同细分顾客群的品牌，ERDOS、鄂尔多斯1980、1436和BLUE ERDOS。1436和ERDOS针对高端和时尚顾客群，其中1436定位为奢侈品牌，二者目标市场是经济条件好、消费能力和消费意愿双高的人群。鄂尔多斯1980定位于专业羊绒品牌，以其高品质和专业的羊绒制品著称。BLUE ERDOS则专门针对“千禧一代”年轻消费群体，以设计感、高性价比和鄂尔多斯品质背书作为核心竞争优势，以此成为集团打入年轻市场的关键切入点。

相应地，鄂尔多斯各品牌和公司组织架构也做出了很大的调整，建立了一个四个品牌区隔经营但综合管理的体系。四个品牌有独立运营的单元，如产品研发、推广、形象管理。同时后台则是综合管理的共享体系，如物流、供应链、生产、服务、信息系统。这一组织架构的变革适应了不同品牌的市场定位运作，在有限资源条件下实现效率和效能的平衡。

2. 品牌定位传播

消费者对转型后的鄂尔多斯最直接的印象转变来自各种传播渠道的沟通表达。曾在Chanel工作15年的艺术总监Gilles Dufour为ERDOS带来了更具国际化视野和艺术指向的审美体系。中国超模刘雯的加入则成为众多消费者对ERDOS印象改观的起点。正如刘雯自身的特质与经历，本土属性与国际化格局在ERDOS的广告形象呈现上达成了平衡。

此外，集团通过联名合作等方式提升鄂尔多斯品牌群的时尚度。1436与首批打入米兰时装周官方日程的中国设计师Uma Wang合作，ERDOS与新锐设计师于惋宁、欧敏捷、马凯进行联名合作，通过设计视角探索羊绒更多的可能性。ERDOS还与知名设计师BINGXU开展深入的跨界合作。新的设计和国际化视野为鄂尔多斯品牌定位实施注入新的活力。

为了更明确四个品牌的差异化定位，在塑造各品牌的推广策略上，ERDOS 加强与时尚明星 KOL 的合作，1436 则注重与艺术家的合作，鄂尔多斯 1980 强调新时代的情感关系和生活体验，BLUE ERDOS 则会更突显数字化时代下的个性表达。2017 年，鄂尔多斯集团进行了 ERDOS 和鄂尔多斯 1980 各自全新的 VI（Visual Identity，视觉识别）系统和 SI（Store Identity，终端形象识别）的设计和切换实施，也同步启动了全国品牌视觉形象提升计划，在每一个消费者与品牌可能的触点上，都彰显了品牌定位的优化，提高了消费者的终端店铺体验。

3. 线上销售渠道整合

除维护和开发实体销售渠道外，鄂尔多斯集团积极拓展线上渠道，实现线上线下互动销售。2009 年开始与电商天猫合作，经过 10 年的发展，天猫已成为鄂尔多斯在探索全渠道过程中的重要伙伴。在现有基础上，鄂尔多斯在天猫上已建立包括集团店、ERDOS 旗舰店、BLUE ERDOS 旗舰店、1980 旗舰店和淘宝在内的多品牌店铺管理模式，最终覆盖包括女装、男装、童装在内的目标顾客群。而在店铺页面整体风格上，鄂尔多斯也完成了较大程度的转变。在总量上采取缩款策略，使推广力度更为集中。并着重铺陈多样化的新品和时尚单品，突出年轻活力的元素。在内部，电商团队被称为“共享销售中心”，组织架构实现了平台扁平化管理，通过品牌渠道运营组、业务线分组、多项目小组的并驾齐驱的新架构，进行任务拆分和人员的合理配置。

目前，鄂尔多斯成立的领峰项目组，在线上和线下选择一百家试点的店铺，通过类直营的方式，总部统一组织陈列、培训、货品周转、促销支持等，打造品牌标杆后再进行复制，持续跟进和探索各种新的模式、做法，积极尝试与品牌定位目标相符的线上线下发展策略。同时，鄂尔多斯还投资数千万元升级信息化系统，尝试使线上与线下门店实现物流、库存和会员共享。统计资料显示，2018 年，鄂尔多斯品牌家族电商销售增长率达 47%，电商销售的羊绒服饰产品收入占比超过 10%。

多品牌战略已经成为中国服饰市场的一种新的流行做法。相比做好一个品牌，多品牌市场则需要公司投入更多的精力。鄂尔多斯的四个品牌针对的细分市场清晰地勾勒出其目标受众，无论是追求时尚还是基本款，无论是年轻人还是中老年顾客群，无论是追求高性价比还是奢侈品，每一种细分需求都有鄂尔多斯的布局。不仅如此，鄂尔多斯更希望跳脱羊绒行业，进入拥有更充分发挥空间的时尚服饰市场中。

鄂尔多斯现在的竞争对手已经不是羊绒品牌，而是时尚品牌。鄂尔多斯的羊绒也不再是每年秋冬拿出的一件羊绒衫，而是覆盖各种品类的全季节产品，是时尚化与保有羊绒属性标签的品牌与产品，是在经典基础上延伸出的国际化与年轻化的新生力量。在经过了市场定位和品牌重塑后的几年中，鄂尔多斯羊绒集团以超出预期的速度取得了显著成效。订货方面，ERDOS 和鄂尔多斯 1980 订货量合计来看，2016 秋冬同比增长 11%，2017 春夏同比增长 17%，2017 秋冬同比增长 19%，2018 春夏订货增长超过 40%；在零售层面，全国 2016 秋冬和 2017 春夏的新品销售均同比增长 20%以上。两季售出率创了历史新高。

（资料来源：根据时尚品牌网相关资料整理.）

思考：

（1）鄂尔多斯企业是如何细分羊绒市场的，使用了哪些细分标准？

(2) ERDOS服饰的市场定位是什么，采用了哪些营销手段完成了市场定位?

(3) 谈谈鄂尔多斯企业经营给你的启示。

实训题

实训目的

通过实训，使学生识别和寻找普通产品的特色和消费利益，为产品市场定位提供基础信息。这个训练课帮助学生增加对产品的敏感度，帮助其富有创造性地认识一个产品的消费利益。

实训内容

(1) 讨论产品特色和好处的概念。特色 (feature) 是指一项产品或服务具有的独特的部分或品质，如“我们的防晒乳的SPF是15”。好处 (benefit) 是指对顾客而言，特色所带来的价值，如“这意味着你可以在阳光下待更长的时间而不会被灼伤”。

(2) 提醒学生顾客买的是产品所能带来的好处，而不是特色，让学生思考如何将特色转化为好处。

(3) 将学生分成3~5组。他们的任务是一起工作列出一些普通产品的特色和好处。这些产品包括香蕉、安全别针、口香糖、玫瑰花、巧克力、唇膏。

(4) 学生抽签决定产品种类。让参与者列出他们产品的特色然后列出相应的好处。找出产品好处的一个方法是问：“那又怎样?”

例如：

“我们防晒乳的SPF是15。”

“那又怎么样?”

“那么你可以在阳光下待更长的时间而不会被灼伤。”

(5) 应用这种方法，让每一小组尽可能多地介绍他们产品的特色和好处。

实训组织和要求

将学生分组，每组3~5人。以小组为单位讨论和完成任务，并汇报讨论结果。其他小组成员可以给出自己的意见和建议。

项目 8 产品策略

学习目标

(1) 理解产品整体的概念。

(2) 掌握产品组合及其策略。

(3) 掌握产品生命周期各阶段营销策略。

(4) 掌握品牌及品牌策略。

(5) 掌握包装策略。

(6) 掌握新产品开发战略及开发程序。

能力目标

(1) 能够应用所学理论分析某一企业的品牌策略及其利弊。

(2) 能够为某一品牌个性传播制作简要策划方案。

案例导入

达利集团多品牌发展战略的力量

为了满足日趋多样化、差异化的消费需求，达利集团从2002年起就开始实施多品牌战略，为每一个独立品类量身打造各具特色的子品牌，如达利园、可比克、好吃点、和其正、乐虎、优先乳、蓝蒂堡。随着集团大规模品牌攻势的铺开，这些风格各异的名字已深植消费者心中，真正成为消费者"喜爱和信赖的大品牌"。可以说，达利集团是我国民营企业实行多品牌战略的成功典范。

针对不同的细分市场建立不同的品牌，最大的好处在于品牌的定位更精准，更契合目标消费人群的需求。例如，针对糕点烘焙这个细分市场，达利集团推出"达利园"品牌；针对饼干这个细分市场，则推出"好吃点"品牌；针对休闲膨化这个细分市场，推出"可比克"品牌。不同的细分市场推出不同的品牌，使企业在每个细分市场的品牌定位更准确，从而更能够满足广大消费者的需求。

历经20余载的飞速发展，达利集团已经发展成为一家拥有19家子公司，共34个食品、饮料生产基地，拥有各类先进生产设备和生产线，年产值超过百亿元的大型全国性企业。达利旗下"达利园"糕点类、"好吃点"饼干类、"可比克"薯片类三大品牌，已成为公认的我国休闲食品知名品牌，"和其正"凉茶、"达利园"花生牛奶、"乐虎"功能饮料，在各自行业处于重要地位。多产业多品牌的发展战略使达利集团成为在食品和饮料行业都具有超大规模与超强实力的企业。

(资料来源：根据品牌网相关资料整理.)

产品是一个企业生产经营的中心，也是企业满足市场需求的载体。产品策略是企业实施其他营销策略的基础和前提，每一个企业都致力于优化产品结构，开发新产品，提升产品和服务质量，伴随产品成长而制定不同营销策略，以更好地满足消费市场需求。

任务 8.1　产品整体概念与产品组合策略

8.1.1　产品整体概念

8.1.1.1　产品整体概念的内涵

市场营销学中的产品是一个广义的概念，是指人们通过购买而获得的能够满足某种需求和欲望的物质与非物质的总和，它既包括具有物质形态的产品实体、场所、组织等，又包括无形的服务、观念、思想或它们的组合。产品的整体概念是将产品作为一个多层次的综合体，是产品提供给消费者各项利益的综合体现，它突破了产品仅仅是提供“物”本身的意义，拓展了传统意义上产品概念的内涵和外延，为消费者客观评价产品提供了现实依据。

8.1.1.2　产品整体概念的内容

菲利普·科特勒等营销学者认为，可以从五个层次来更深刻和更准确地理解产品整体概念的含义，如图 8-1 所示。

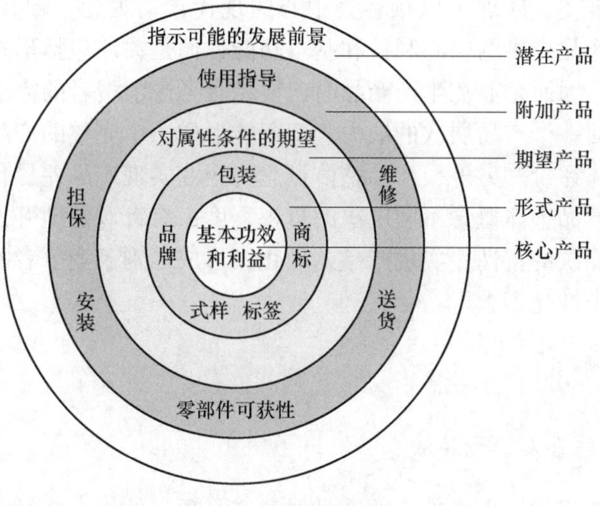

图 8-1　产品整体概念

（1）核心产品。核心产品是指消费者购买某种产品时所追求的核心利益或服务，是顾客真正要购买的实质性内容，是产品整体概念中最基本、最主要的部分。消费者购买某种产品，并不是为了占有或获得产品本身，而是为了获得能满足某种需要的效用或利益。

（2）形式产品。形式产品也叫有形产品，是指核心产品的载体，即向市场提供的实体和服务的可识别的形象表现。形式产品在市场上通常表现为产品品质、外观、特色、式样、形态、品牌、包装等。产品在设计时，力求在内在品质和外在表现上实现统一，以更完美地满足顾客需要。

（3）期望产品。期望产品是指购买者购买某种产品通常所希望和默认的一组产品属性和条件。一般情况下，顾客在购买某种产品时，往往会根据以往的消费经验和企业的营销宣传，对所欲购买的产品形成一种期望，如对于餐饮服务，消费者期望得到干净卫生的就餐条件、美味的食物和得体的服务等。期望产品是顾客认为在购买产品时应该得到的利益，对顾客而言，期望产品并不会为顾客带来额外的满意和惊喜，但是如果顾客没有得到这些利益，就会对产品非常不满意，从而做出负面评价。

（4）附加产品。附加产品是指消费者购买产品时所获得的全部附加服务和利益，包括提供信贷、免费送货、保险、安装、维修、保障、售后服务等。附加产品的概念源于对市场需要的深入认识。附加产品较多体现在对产品的附加服务上，在产品同质化倾向越来越明显的行业中，产品的附加服务变得尤为重要，消费者购买商品是希望得到与满足该项需要有关的一切利益，服务的广度和精准程度成为消费者评价和选择产品的重要因素。

（5）潜在产品。潜在产品是指产品可能的发展前景，包括现有产品的所有延伸和演进，潜在产品给企业留下了无限想象的空间，也给产品创新留下了无限可能。潜在产品要求企业不断发现顾客新需求，寻求满足顾客的新方法，将潜在产品变为现实产品，为顾客创造更多价值，更好满足顾客需求。

8.1.1.3　产品整体概念的营销意义

产品整体概念是市场营销学中的一个重要概念，是对市场经济条件下产品概念的完整、系统、科学的表述，体现了以顾客为中心的现代营销观念。顾客在评价和选择产品时，并非仅仅关心产品提供的核心利益和基本功能，而是关注包括形式产品和附加产品在内的整体产品评价，因而企业在生产产品时，要综合考虑消费者的需求，重视产品整体概念的不同层次，任何一个产品层次的缺失，都不能形成一个完整的产品，同时会严重影响消费者对产品的整体评价。另外，产品整体概念为企业实现产品差异化提供实现途径，企业可根据消费者对产品整体概念不同层次的重视程度，有针对性地开发产品特色，突出产品整体概念中某一层次的特性，实现产品差异化，形成区别于竞争者的产品优势，充分满足消费者对产品的个性化需求。

8.1.2　产品组合策略

8.1.2.1　产品组合及其相关概念

产品组合是企业提供给市场的全部产品线和产品项目的组合或结构。产品组合表明了企业所有产品的经营范围，企业为了有效地满足目标市场消费需求，需要形成合理的产品组合。

构成产品组合的两个基本要素是产品线和产品项目。产品线也叫产品大类，是密切相关的一组系列产品，这些产品在功能上具有相似性、替代性或配套性。产品项目是构成产品组合最基本的单位，是企业生产和销售的各产品类别中某一特定产品，是由品名、型号或其他属性来区别的具体产品。

例如，购物广场经营的小百货、服装、家电等就是产品组合，其中的服装或家电等大类就是产品线，每一个类中包含的不同品牌、规格、款式、价格的具体品种或产品就是产品项目。

通常用四个属性衡量产品组合的特征，分别是产品组合的长度、宽度、深度和关联度。下面以宝洁公司生产的部分消费品为例加以说明，见表 8-1。

表 8-1 宝洁公司的产品组合

	产品组合的宽度				
产品线长度	清洗剂	牙膏	条状肥皂	纸尿布	纸巾
	象牙雪	格利	象牙	帮宝适	媚人
	德来夫特	佳洁士	柯克斯	露肤	粉扑
	汰渍		洗污		旗帜
	快乐		佳美		绝顶
	奥克雪多		爵士		
	达什		保洁净		
	波尔德		海岸		
	盖恩		玉兰油		
	伊拉				

产品组合的宽度是指产品组合中所拥有的产品线总数。如表 8-1 所示，产品组合的宽度为 5，因为有 5 条产品线。

产品组合的长度是指产品组合中的产品项目总数。用产品项目总数除以产品线总数即可得到产品线的平均长度。见表 8-1，产品组合的长度为 25，因为产品项目总数为 25 个。每条产品线的平均长度为 25÷5=5。

产品组合的深度是指产品线中具有不同品牌、规格、款式、档次、价格等的产品品种数。比如，佳洁士牌牙膏有 3 种规格和 2 种配方（普通味和薄荷味），其深度为 6。因此，计算出每一品牌的不同规格、档次的产品的品种总数，然后除以品牌总数，就得到企业产品组合的平均深度。

产品组合的关联度又称黏度，是指各条产品线在最终用途、生产条件、分销渠道或其他方面相互关联的程度。如表 8-1 所示，由于宝洁公司一般都是通过同样的分销渠道出售消费品，因此可以说，该公司的产品组合具有较高的关联度。

8.1.2.2 产品组合优化和调整策略

企业的产品组合不是一成不变的，随着市场环境和企业经营状况的变化，企业需不断优化产品组合，以适应竞争、满足市场需求和企业盈利的需要。

A 扩大产品组合策略

扩大产品组合包括拓展产品组合的宽度和产品线的深度。前者是在原产品组合中增加一个或几个产品大类，扩大产品经营范围；后者是在原有产品大类中增加新的产品项目。当企业预测现有产品大类的销售额和利润额在未来一段时期有可能下降时，就应考虑在现行产品组合中增加新的产品大类，或加强其中有发展潜力的产品大类。当企业打算增加产品特色，则可选择在原有产品大类内增加新的产品项目。

企业在下列情况下，往往有扩大产品组合的趋势：生产能力过剩迫使产品大类经理开发新的产品项目；经销商和销售人员要求增加产品项目，以满足顾客新的消费需求；产品大类经理为了追求更高的销售额和利润而增加产品项目。

一般来讲，扩大产品组合，可使企业充分地利用人、财、物资源，满足更多消费需求，一定程度上分散风险，增强市场应变能力，实现企业增长目标，但这些是以企业具备一定的资源和能力为前提的。

B　缩减产品组合策略

当市场繁荣时，较长、较宽的产品组合会为企业带来较多的盈利机会。但当市场不景气或原料、能源供应紧张时，缩减产品反而可能使总利润上升。这是因为从产品组合中剔除了那些获利很小甚至亏损的产品大类或产品项目，使企业可集中力量发展获利多的产品大类和产品项目。因而，企业要随时关注产品组合的动态发展和获利能力分析，对获利能力弱、发展前景不乐观的产品线和产品项目及时缩减和清理，优化产品组合，保持其活力，提高经济效益。

C　产品延伸策略

当企业拥有一定市场地位时，为适应市场需求和企业发展，企业有可能采取产品延伸策略。产品延伸策略指全部或部分地改变公司原有产品的市场定位，以达到扩大产品经营范围的目的。具体做法有向下延伸、向上延伸和双向延伸三种形式。

（1）向下延伸是指企业原来生产高档产品，后来决定增加中低档产品。企业采取这种策略的主要原因是：1）企业发现其高档产品的销售增长缓慢，因此不得不将其产品大类向下延伸；2）企业的高档产品受到激烈的竞争，必须用侵入中低档产品市场的方式来反击竞争者；3）企业当初进入高档产品市场是为了建立其质量形象，待形象建立后，再向中低档产品市场拓展；4）企业增加中低档产品是为了填补空隙，不让竞争者有机可乘。

企业在采取向下延伸策略时，可能会遇到以下风险：1）企业原来生产高档产品，后来增加中低档产品，有可能使名牌产品的形象受到损害，所以，中低档产品最好用新的品牌，避免冲击高档产品的市场定位；2）企业原来生产高档产品，后来增加中低档产品，有可能会激怒生产低档产品的企业，导致其发起猛烈反攻；3）由于经营中低档产品所得利润较少，企业的经销商可能不愿意经营中低档产品，影响企业产品销售。

（2）向上延伸是指企业原来生产低档产品，后来决定增加高档产品。企业采取产品组合向上延伸，主要基于以下原因：1）高档产品畅销，销售增长较快，利润率高；2）企业认为高档产品市场上的竞争者较弱，容易被击败；3）企业想使自己成为产品种类齐全的企业。

采取向上延伸策略也要承担一定风险：1）可能引起生产高档产品的竞争者进入低档产品市场，进行反攻；2）未来的顾客可能不相信企业能生产高档产品，对延伸的高档产品质疑；3）企业原有的销售代理商和经销商可能没有能力和条件经营高档产品。

（3）双向延伸是指原定位于中档产品市场的企业掌握了市场优势以后，决定向产品大类的上下两个方向同时延伸：一方面增加高档产品；另一方面增加低档产品，扩大市场阵地。

产品延伸策略是一把双刃剑，在为企业带来利益的同时，也增加了企业的经营风险。企业在实行产品延伸策略时，应深入分析市场需求和竞争态势，做出科学决策。

总体来说，产品延伸可为企业经营带来以下益处。

（1）满足更丰富的消费者需求。企业通过产品延伸进入不同档次的市场，有针对性地满足更多样化的消费需求：一方面提高消费者的满意度；另一方面提升了产品在市场上的影响力和企业成长速度。

（2）适应不同价格层次的需求。产品延伸策略是企业的产品在不同档次间的延伸，这意味着同一家企业为消费者提供不同价位的产品，这既能满足不同消费能力的消费者对产品价位高低的需求，也使消费者享受到同一企业声誉所带来的额外价值。

（3）企业通过产品延伸达到扩大销售、拓展市场的目的。产品在不同档次间的延伸，扩大了产品的目标群体，带来企业产品总体销售额的增加。

正如一枚硬币的两面，产品延伸也会带来一定的风险和负面作用，具体表现如下。

（1）品牌忠诚度降低。品牌忠诚在消费行为上表现为消费者对特定品牌产品重复购买的行为。当企业进行产品延伸时，产品档次更加丰富，这有可能打破消费者在单一产品档次模式下形成的购买方式和使用习惯，对产品的依赖程度反而降低，这种风险往往同时也会降低品牌忠诚度，并使消费者重新考虑购买决定。尽管产品延伸使得某一品牌能满足消费者的各种需要，但它也促使消费者在追求新变化中增加了尝试品牌转换的意愿。

（2）产品定位模糊。产品在不同档次间延伸，会打破原有产品已经建立起的市场形象，造成消费者对产品定位认知的混乱，致使原产品定位模糊。为避免这种弊端，企业需要对延伸的产品做区别性宣传，或者使用多品牌策略，为不同产品确定不同的明确的市场定位，各产品间有特定的目标市场，满足不同市场需求，互不干扰。

（3）产品延伸引起成本增加。产品延伸会引起一系列的成本增加，如市场调研、产品包装、生产费用会有较明显地增长。同时，频繁的产品档次变动使生产的复杂程度提高，新产品的市场推广导致营销费用大幅增长。

D 产品大类现代化

在某些情况下，虽然产品组合的宽度、长度、深度都很恰当，但产品大类的生产方式或生产技术可能已经过时，这就必须对产品大类实施现代化改造。产品大类现代化策略有两种选择：逐步改造和全面改造。逐步改造策略可以节省资金耗费，但缺点是耗时较长，竞争者很快就会察觉，并有充足的时间做出反应。全面改造策略在短期内耗费资金较多，企业需要具备充足的人力、物力和财力，但优点是改造彻底，效率较高，限制了竞争者的反应。

任务 8.2 产品生命周期

产品生命周期理论是美国哈佛大学教授雷蒙德·弗农（Raymond Vernon）于 1966 年在其《产品周期中的国际投资与国际贸易》一文中首次提出的。产品生命周期是指产品从进入市场到退出市场所经历的市场生命循环过程。产品生命周期表明了产品在市场上的发展规律，企业需要了解产品生命周期的发展规律和各阶段市场特点，随着产品生命周期的发展及时调整市场营销方案，重视新产品开发和产品储备，把握新老产品的更新迭代时机，及时用新产品代替衰退的老产品。

产品生命周期特指产品的市场寿命或经济寿命，而不是产品的物理生命或使用寿命。

典型的产品生命周期一般可分为四个阶段，即导入期、成长期、成熟期和衰退期。产品在市场上的销售情况及其获利能力，会随着时间的推移而变化。这种变化的规律就同人和其他生物的生命一样，有一个诞生、成长到成熟并最终衰亡的过程。图8-2表明在一般情况下，产品销售量和利润在不同生命周期阶段随着时间推移的变化轨迹，直观地体现了产品生命周期不同阶段产品销售量和利润的变化规律。

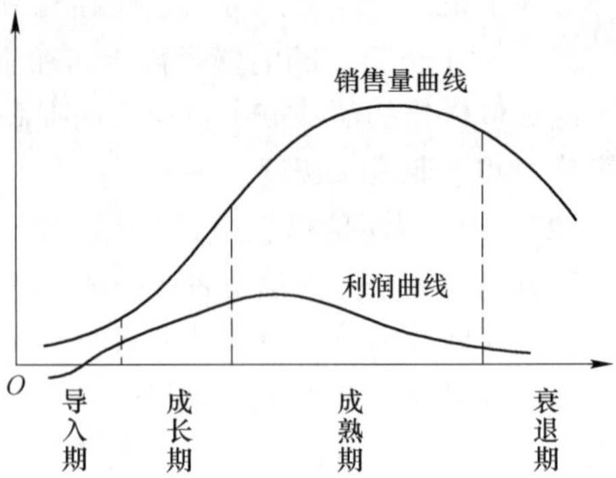

图8-2 典型产品生命周期曲线

8.2.1 导入期及其营销策略

8.2.1.1 导入期的特征

导入期也称为介绍期，产品从投放到市场，导入期就开始了。由于产品刚刚进入市场，消费者对产品不太了解，购买的人数较少，主要是追求新奇、乐于冒险的创新使用者购买，因而导入期的产品销售量小，且增长缓慢。企业为了尽快拓展市场，需要做大量的广告和促销推广活动，因此这一阶段的营销费用较高，加之新产品市场技术还不很成熟，产量少也无法实现规模经济，企业生产成本较高。在产品销售量有限，成本较高的情况下，导入期的企业通常无法获利，常常亏损或微利。但这一阶段产品处于起步阶段，竞争者较少，竞争不激烈。

8.2.1.2 导入期营销策略

在产品导入期，价格和促销是企业营销策略中两个最重要的要素。一方面，在导入期内，消费者对产品很陌生，企业需要通过各种促销手段将产品推向市场，使消费者认知新产品，并吸引消费者购买使用；另一方面，导入期的生产成本和销售成本相对较高，新产品的价格制定显得尤为重要。促销水平的高低决定企业产品进入市场的快慢程度，价格的高低决定企业的市场渗透能力和盈利水平。因此，在导入期，企业营销的重点主要集中在促销和价格方面。一般有四种可供选择的营销策略，见表8-2。

表8-2 导入期营销策略

价格水平	促销水平	
	高	低
高	快速撇脂策略	缓慢撇脂策略
低	快速渗透策略	缓慢渗透策略

(1) 快速撇脂策略。这种策略特征是高价格、高促销费用。采取高价格的同时，配合大量的宣传推销活动，把新产品推入市场。其目的在于先声夺人，迅速扩大销售量，取得较高的市场占有率，并希望在竞争者还没有大量出现之前就能收回成本，获得利润。采取这种策略需要具备一定的市场条件：必须有很大的潜在市场需求量；大多数潜在消费者

还不了解这种新产品；产品的潜在替代品较少，消费者愿意出高价购买；企业面临众多潜在的竞争者，希望能快速树立良好的品牌形象，建立品牌偏好。

（2）缓慢撇脂策略。这种策略特征是高价格、低促销费用。高价格的目的在于能够及时收回投资，获取利润，低促销的方法可以减少销售成本。该策略主要适用于以下市场条件：产品市场规模比较小，市场上大多数的消费者已熟悉该新产品，购买者愿意出高价；商品的生产和经营有相当的难度和要求，普通企业无法参与竞争，潜在竞争威胁不大。

（3）快速渗透策略。以低价格、高促销费用的方式迅速打入市场，取得尽可能高的市场占有率。在市场容量很大，消费者对这种产品不熟悉，但对价格非常敏感，潜在竞争激烈，企业随着生产规模的扩大可以降低单位生产成本的情况下适合采用这种策略。

（4）缓慢渗透策略。以低价格、低促销费用推出新产品。这种策略适用于市场潜量很大，消费者熟悉这种产品但对价格敏感，并且存在潜在竞争者的市场环境。

8.2.2　成长期及其营销策略

8.2.2.1　成长期的特征

随着市场的发展，产品销售量快速增长，便进入了成长期。在图 8-2 中，成长期表现为一条较陡直的曲线。在这一阶段，产品已被更多人知晓和熟悉，消费者开始踊跃尝试新产品，产品销售量大幅增长，且增长速度很快。生产技术和工艺逐步成熟，产品性能改进，大批量生产带来规模效应，企业生产成本大幅降低，企业利润随之上升。与此同时，竞争者看到市场有利可图，纷纷进入市场参与竞争，使同类产品供给量增加，同行业竞争逐渐剧烈。同时期销售量的迅速增长，产品价格开始下降。企业仍需加大宣传和促销，进一步开拓市场，提高市场占有率。

8.2.2.2　成长期营销策略

在产品成长期，消费者对该产品已经熟悉，消费习惯逐渐形成，销售量迅速增长。随着销售量和企业利润的快速增长，产品市场竞争开始加剧。成长期是一个承前启后的重要阶段，既承接前一个市场不成熟的导入期，又衔接未来竞争最激烈的成熟期。处于产品成长期的企业在营销策略实施上贵在一个“快”字上，即要抢占市场先机，尽快完善产品性能，开拓市场渠道。企业为维持市场的继续成长，需要保持或增加促销费用，尽可能提高市场占有率。企业在成长期可采取以下四种营销策略。

（1）改善产品品质和性能。产品成长期，产品工艺和技术已稳定，企业需要在完善生产技术，提高产品品质，增加新功能和新特色，改变产品款式等方面有所改进。优质的品质和丰富的品种可以提高产品的竞争能力，吸引更多的消费者，并在众多竞争产品中逐渐形成良好的产品形象，赢得消费者偏好。

（2）建立完善的销售渠道网络。企业在成长期需注重产品销售渠道的建设，努力拓展原有销售渠道，并开发新渠道，扩大销售范围。完备的销售渠道体系为应对成熟期的激烈竞争奠定良好的基础。

（3）改变营销沟通的重点。在导入期，企业营销的重点是与消费者进行告知性信息沟通。进入成长期，企业需把促销的重心从介绍产品转到建立产品形象和促使消费者形成品牌偏好上来，与消费者逐渐建立情感联系和信任关系，品牌建设在产品成长期成为企业营销重点之一。

（4）在适当的时机，采取降价策略，以激发那些对价格比较敏感的消费者的购买欲望，促使其形成购买行动，提高产品向市场渗透的速度。

8.2.3　成熟期及其营销策略

8.2.3.1　成熟期的特征

经过成长期以后，市场需求渐渐趋于饱和，潜在的消费者越来越少，销售量增长缓慢直至转而下降。按照销售量增长速度的变化，成熟期可分为两个子阶段。第一个子阶段是缓慢增长阶段。由于市场趋于饱和，销售量缓慢增长，随着大多数潜在消费者已经使用过该产品，销售量达到高峰后持平，竞争空前激烈。第二个子阶段是销售量下降阶段。销售量的绝对水平开始下降，消费者需求转向购买其他产品或替代品。成熟期的竞争最为激烈，同类产品企业不得不在产品质量、花色、规格、包装、服务、促销等方面加大投入，企业利润也呈先升后降的趋势。此阶段，企业需要及时调整和改变营销战略和策略，在竞争中获得持久的竞争优势。

8.2.3.2　成熟期营销策略

产品经过成长后，销售量增长逐渐趋缓，最终开始下降，这表明产品已走向成熟期。成熟期的产品丰富程度达到最大，产品利润也达到最高点，市场竞争最为激烈。在这一阶段，企业需采取主动出击的策略应对竞争，在保持原有市场的基础上，积极开拓新的市场，通过营销战略和策略的改变，延长成熟期，或促使产品生命周期出现新的高峰。成熟期企业可采取以下三种营销策略。

（1）市场改良策略，即企业通过开发新的市场，保持和扩大产品的市场份额，这种策略不是要调整产品本身，而是通过市场细分，挖掘需求尚未被满足的子市场，根据其需求组织生产，为产品寻找新的市场；或者通过宣传推广，促使消费者更频繁地使用或每一次使用更多的量；或者通过促销方式赢得新的消费者的使用，以此促使产品销售量得以扩大。

（2）产品改良策略，即企业通过产品特征的改良，来满足消费者的不同需求，吸引有不同需求的消费者，从而达到提高销售量的目的。例如，品质改良，增加产品的耐用性、功能性效果；特性改良，增加产品的新特性，如规格、大小、重量、材料等；式样改良，增加产品美感上的需求。

（3）营销组合改良策略，即通过对产品、定价、渠道、促销四个市场营销组合因素加以综合调整，刺激销售量的上升。例如，在提高产品质量、改变产品性能、增加产品规格品种的同时，通过特价、购买折扣、补贴运费、延期付款等方法来降价让利；广设分销网点，拓展分销渠道；调整广告媒体组合，变换广告时间和频率，增加人员推销，强化公共关系等；采用多种促销方式如大型展销、附赠礼品等，多管齐下，进行市场渗透，扩大企业及产品的影响，争取更多的顾客。

8.2.4　衰退期及其营销策略

8.2.4.1　衰退期的特征

随着科学技术的发展，新产品或新的替代品出现，这将使消费者的消费习惯和消费偏好发生改变，消费者转向其他产品，从而导致原来产品的销售量和利润额迅速下降，企业的产品利润很低，甚至为零。于是，产品进入衰退期，当企业无利可图时，大量竞争者退出市场，产品随之被市场淘汰，该产品的生命周期结束。

8.2.4.2　衰退期营销策略

当产品销售量和利润水平迅速下降时，产品就进入生命周期的衰退期。此时，企业应认真分析市场状况和企业经营条件，决定采用哪种策略退出市场以及何时退出市场。衰退期可供选择的营销策略有以下几种。

(1) 维持策略。继续沿用过去的策略，仍按照原来的子市场，使用相同的分销渠道、定价及促销方式，直到这种产品完全退出市场。

(2) 集中策略。把企业能力和资源集中在最有利的子市场和分销渠道上，从中获取利润。这样有利于缩短产品退出市场的时间，同时又能为企业创造更多的利润。

(3) 收缩策略。大幅度降低促销力度，尽量降低促销费用，以增加目前的利润。这样可能导致产品在市场上衰退加速，但也能从忠实于这种产品的顾客中得到利润。

(4) 放弃策略。对于衰退比较迅速的产品，应该当机立断，放弃经营。可以采取完全放弃的形式，如把产品完全转移出去或立即停止生产；也可采取逐步放弃的方式，使其所占用的资源逐步转向其他产品。

任务 8.3　新产品开发策略

随着科学技术的日新月异，产品更新换代加速，新产品层出不穷，消费者比以往更加乐于接受和使用新产品。新产品储备和新产品开发战略成为企业参与竞争的有力武器，是企业创新能力的体现，也是实现企业持续发展的重要保障。

8.3.1　新产品的概念和类型

所谓新产品，是指与旧产品相比，具有新功能、新结构和新用途，能在某方面满足顾客新需求的产品。大体包括以下三类。

8.3.1.1　全新产品

全新产品是指应用新原理、新技术、新材料和新结构等研制成功的前所未有的新产品。这类产品的问世往往源于科学技术在某个方面的重大突破，而它们的普及将极大地改善人们的生活。

8.3.1.2　换代产品

这种新产品是指在原有产品的基础上，全部采用或部分采用新技术、新材料、新结构制造出来的产品。与原有产品相比，换代产品往往在产品外观、性能或者功能等方面有较大改进，可以为顾客带来新的利益。

8.3.1.3　改进产品

改进产品是指在原有产品基础上适当加以改进，使得产品在质量、性能、结构、造型等方面有所改善。

8.3.2　新产品开发的程序

新产品开发是一个复杂而漫长的过程，企业需综合研发创新和市场研究能力，实现新产品从概念到实体，从研发到市场的飞跃。从新产品创意到新产品上市可分为八个阶段。

8.3.2.1　寻求创意

新产品开发从寻求创意开始，创意是对新产品开发的初步设想。虽不是每一个创意都可以转化为新产品，但这一阶段追求尽可能多的创意，为新产品开发提供更多的机会。创意产生的来源主要包括两个方面。一方面是企业内部来源，包括企业管理人员、一线的销售人员和服务人员、技术人员等；另一方面是企业外部来源，如顾客、科研机构、竞争者、供应商、经销商、市场调研机构、咨询公司、广告商、行业协会、大学、公共媒体等。

8.3.2.2　创意筛选

取得足够创意之后，需要对这些创意加以评估和筛选，研究其可行性，并挑选出切实可行、符合消费者需求的创意。创意筛选的目的就是淘汰那些不可行或可行性较低的创意，使公司有限的资源集中于成功机会较大的创意上，避免在后续的研发上形成浪费。甄别创意时，一般要考虑两个因素：一是该创意是否与企业的战略目标相适应，表现为利润目标、销售目标、销售增长目标、形象目标等几个方面是否能达到企业预期；二是企业有无足够的能力开发这种创意，具体表现为资金能力、技术能力、人力资源、销售能力等是否达到完成创意要求的水平。

8.3.2.3　形成与测试产品概念

A　形成产品概念

经过筛选后保留下来的产品创意需要进一步发展成为产品概念。产品概念是企业从消费者的角度对这种创意所做的详尽的描述，即将新产品构思具体化，描述出产品的性能、具体用途、形状、优点、外形、价格、名称、提供给消费者的利益等，让消费者能一目了然地识别出新产品的特征。一般用文字、图片、三维模型、计算机虚拟技术等方式描述产品概念。任何一种产品构思都可转化为几种不同的产品概念。

营销实例

产品概念的形成过程

以净化空气的产品为例说明新产品概念的形成过程。第一，为谁提供空气净化产品，即目标消费者是谁；第二，空气净化产品提供的主要利益是什么，如促进室内外空气流通，制造新鲜空气、杀菌、增加氧气、减少二氧化碳、降低PM2.5指数；第三，一般空气污浊的地方都可以使用空气净化产品，这些产品在哪里使用，如家庭、商场、娱乐场所、医院等大型公共场所，还是专门用于火车、汽车、轮船、飞机等各种交通工具内部的空气净化，根据对这些问题的回答，可以得到以下几个产品概念。

产品概念1：一种家庭空气净化器，为家庭室内带来清新的空气。

产品概念2：一种专门为保持火车、汽车、轮船、飞机内空气新鲜的空气净化器。

产品概念3：一种供大型公共场所使用的中央空气净化器。

产品概念4：专供医院使用的空气净化器，主要功能在于消毒杀菌。

（资料来源：根据中国陶瓷网相关资料整理.）

B　产品概念测试

初始的产品概念往往只是对产品特征和消费者观念的一种主观结合，要得到一个好的产品概念，需要了解目标消费者对这些产品概念的态度，在消费者中进行产品概念测试，以帮助企业修改和充实产品概念的内容。如果产品概念有好几个，更需通过测试从中选出最佳的一个。产品概念测试是一种专门用来选择和发展产品概念的有效研究手段。将企业初步设定好的一个产品概念或几个可以替代的产品概念，展示于一群目标消费者面前，利用专业的研究方法和手段，获取其对不同产品概念的反应。

通过产品概念测试，企业能从多个产品概念中选出最有希望成功的新产品概念，减少新产品开发失败的可能性。同时，企业对新产品的市场前景有一个初步认识，为新产品市场预测奠定基础，企业也能找出对这一新产品感兴趣的消费者，针对目标消费者的需求进行改进，为下一步新产品开发工作指明方向。

8.3.2.4　制订市场营销战略计划

对已经形成的新产品概念制订营销战略计划是新产品开发过程的一个重要阶段。该营销战略计划是粗略的，不需要很详尽，为新产品市场规划蓝图，以判断市场前景和潜力为后续的商业分析提供基础和依据。营销战略计划包括三个部分：第一部分是描述目标市场的规模、结构和消费者行为，新产品在目标市场上的定位，预计的市场占有率及前几年的销售额和利润目标等；第二部分是对新产品的价格策略、分销策略和第一年的营销预算进行规划；第三部分则描述预期的长期销售量和利润目标以及不同时期的营销组合。

8.3.2.5　商业分析

商业分析的主要内容是对新产品进行财务方面的分析，即估计销售量、销售成本和利润或收益率，判断它是否满足企业开发新产品的目标。

为了估计销售量，企业应观察类似产品的销售历史，并对市场状况进行调查。通常需要估计的销售量主要包括未来销售量、首次购买销售量、重置销售量等指标。应估计最大和最小销售量以估量出风险大小。在估计好销售量之后，管理部门可为产品估计期望成本利润，包括市场营销、市场研究与开发、制造、会计以及财务成本。企业可以用这些销售和成本数据来分析新产品的财务吸引力，判断新产品带来的财务收益。

8.3.2.6　产品开发

产品概念通过了商业分析，才可以进入产品开发阶段。企业要将文字、图形或模型描述的产品概念转变为实体产品，企业的研发部门、设计部门、工程技术部门、生产部门将对新产品实体进行设计、试制、测试和鉴定，最终完成产品开发。这一阶段，不仅仅包括产品实体的研发，还包括产品品牌、包装、售后服务等内容的设计与开发。

8.3.2.7 市场试销

新产品市场试销的目的是对新产品正式上市前所做的最后一次测试，评价的标准是消费者的货币选票。市场试销将新产品投放到有代表性的小范围目标市场进行测试，企业能客观了解该新产品的市场前景。市场试销是对新产品的全面检验，可为新产品是否全面上市提供全面、系统的决策依据，也为新产品的改进和市场营销策略的完善提供启示。

8.3.2.8 批量上市

新产品试销取得良好市场反应后，企业需要对新产品批量上市做出决策。

（1）何时推出新产品。新产品投放时机影响老产品的获利能力和企业对市场机会的把握，企业需慎重决定在什么时间将新产品投放市场最适宜。同时，企业要密切关注竞争者动态，争取能在竞争者推出新产品之前，率先推出新产品，抢占市场先机，获得消费者对新产品的关注度。新产品上市时机也要考虑消费需求的变化趋势，对于季节性明显的新产品，应在销售季节来临之前将这种新产品投放市场。

（2）何地推出新产品。企业要决定在什么地方（某一地区、某些地区、全国市场或国际市场）推出新产品最适宜。一般是先在优势区域的市场推出，以便快速占领市场，取得立足点，随后再扩大到其他地区。因此，企业特别是中小企业需制订一个市场投放计划，找出最有吸引力的市场优先投放。选择投放市场时要考察以下市场特征：1）市场潜量；2）企业在该地区的声誉；3）投放成本；4）该地区调查资料的质量高低；5）对其他地区的影响力以及竞争渗透能力；6）市场竞争情况。

（3）向谁推出新产品。企业首先要把新产品推向最理想的顾客群，利用最理想的顾客群带动一般顾客，以最快的速度、最少的费用扩大新产品的市场占有率。对新上市的消费品来讲，最理想的顾客群一般应具备以下特征：1）他们是早期采用者；2）他们是大量使用者；3）他们是观念倡导者或意见领袖，并能为该产品做正面宣传。企业可以根据这些标准为不同的顾客群打分，从而找出最理想的顾客群。

（4）如何推出新产品。企业需制定产品投放市场详尽的营销战略和策略，包括新产品推广的地区、市场开拓的目标、进度、预算和具体的营销组合策略等，有步骤、有计划地实施新产品推广，确保新产品顺利上市。

任务 8.4 品牌策略与包装策略

8.4.1 品牌与品牌策略

8.4.1.1 品牌及其内涵

对于现代企业而言，品牌日益成为企业生存和成功的核心要素之一。优秀的品牌意味着消费者对产品优质的质量、完善的售后服务、良好的产品形象、卓越的价值观念、杰出的管理经验等一系列要素的综合认知和评价。品牌不仅仅是企业获得竞争优势的有力武器，是企业重要的无形资产，也是企业与消费者之间建立情感联系和信任关系的纽带。从某种意义上说，企业之间的竞争归根结底是品牌力之间的竞争。因此，品牌策略已成为企业重要的市场营销策略。

A　品牌的概念

美国市场营销协会认为，品牌是一种名称、术语、标记、符号、设计，或是它们的组合，其目的是借以辨认某个销售者或某群销售者的产品或服务，并使之与竞争者的产品或服务区别开来。

从形式上来看，品牌一般包括两个部分：品牌名称和品牌标志。品牌名称是品牌中可以读出的部分，如词语、字母、数字或词组等的组合。品牌标志是品牌中不可以发声但可以视觉识别的部分，包括符号、图案、色彩和字体等。

B　品牌的整体含义

美国著名营销学家菲利普·科特勒认为品牌内涵至少包括以下六个方面的内容。

(1) 属性。品牌首先使人们想到产品的某种属性。例如，汽车业的奔驰品牌意味着昂贵、工艺精湛、动力强劲、外观设计大气、安全性能高、加速度快等属性。公司可以采用一种或几种属性为汽车做广告。多年来奔驰汽车的广告一直强调它是“世界上工艺最佳的汽车”。

(2) 利益。消费者购买的并不是产品属性，而是产品利益，产品属性需要转换成功能性或情感性利益。例如，耐久的属性体现了功能性的利益——“多年内无须再买一辆新车”；昂贵的属性体现了情感性利益——“这辆车让我感觉到自己很重要，并受人尊重”；制作精良的属性既体现了功能性利益，又体现了情感性利益——“一旦出事故，我很安全”。

(3) 价值。品牌也体现生产者价值。因此，奔驰汽车代表着高效、安全及声望等。品牌的营销人员必须分辨出对这些价值感兴趣的消费者群体。

(4) 文化。品牌也可能代表着一种产品蕴含的某种文化特质。奔驰汽车代表着组织严密、高效率和高质量的德国文化。

(5) 个性。品牌的个性是品牌拟人化特征，是品牌与消费者沟通的心理基础。消费者对品牌个性的感知建立在消费者的自我概念和与企业品牌形象认知的基础上。消费者认知奔驰汽车的个性可描述为稳重、高贵、高科技。

(6) 用户。品牌暗示着购买或使用产品的消费者类型，包括年龄、身份、地位等。一个成功的品牌往往与特定的、明确的消费群体相联系。如果我们看到一位 20 多岁的秘书开着一辆奔驰车时会感到很吃惊，我们更愿意看到开车的是一位 50 多岁的高级经理，因为奔驰汽车的目标群体即为具有一定阅历、稳重的成功人士。

一个品牌名称或品牌标志应是这六个方面的统一体，承载着不仅仅是消费者对品牌利益和属性的体验，更是对品牌在用户、文化、个性等方面独特性的认可。

C　品牌的功能

(1) 品牌是企业开展市场营销活动的基础。品牌以醒目、简约、便于记忆的方式表明企业提供的产品或服务，区别于其他竞争者而被消费者识记。品牌名称、品牌标志是企业开展营销活动的基础和现实载体。

（2）品牌有利于消费者建立偏好，形成品牌忠诚。一个成功的品牌背后是消费者与品牌之间的信任关系和情感联系，品牌所蕴含的品牌文化和品牌个性有助于消费者建立对品牌的认同感，从而形成品牌偏好，通过长期的品牌互动，最终形成消费者的品牌忠诚和品牌资产。

（3）品牌能够产生溢价。优秀的品牌建立了与消费者的独特心理联系。消费者对品牌的认可、喜爱和依恋降低了对品牌价格的敏感度，企业可以获得基于品牌价值的溢价，这是品牌建设最直接的经济效应的体现。

（4）品牌是企业的无形资产，有利于建立企业独特的竞争优势。品牌是有价值的，经过长期的日积月累的发展，品牌集聚了声望、美誉度、消费者忠诚度，其价值被反映为消费者对品牌的认知、情感和行为，并由此给企业带来收入、市场份额和利润。品牌形成的无形资产是企业长期品牌建设的结果，具有独有性和不可模仿性，形成企业独特的竞争优势。

D　品牌与商标的区别

商标与品牌是两个不同领域的概念，极易被混淆。虽然商标和品牌都是商品的标记，但商标是一个法律名词，而品牌是一个经济名词。商标（trademark）是指按法定程序向商标注册机构提出申请，经审查，予以核准，并授予商标专用权的品牌或品牌中的一部分。商标受法律保护，任何人未经商标注册人许可，皆不得仿效或使用。

从归属上来说，商标掌握在注册人手中，而品牌植根于消费者心里。商标注册人可以转让、许可自己的商标被他人使用，可以通过法律手段保护自己的商标不被别人侵权使用。但品牌则是消费者心中的内在认知，它不仅仅是一个标志和名称，更蕴含着生动而丰富的精神文化层面的内容，体现着消费者的价值观念、个性、消费意义等。品牌巨大的价值及市场感召力是来源于消费者对品牌的信任、偏好和忠诚，如果一个品牌失去信誉，失去消费者的信任，品牌将无价值可言。

8.4.1.2　品牌策略

品牌在建立企业竞争优势中的作用日益强劲，企业在进行品牌决策时，可供选择的品牌策略包括以下内容。

A　品牌有无策略

企业面对的第一个品牌决策为是否需要有自己的品牌。虽然品牌可以为企业带来诸多好处，如有助于消费者识别产品；优秀的品牌会降低消费者对产品价格的敏感度，形成消费者忠诚；有利于企业细分市场，树立良好的形象，并帮助新产品顺利进入市场；是企业的一项无形资产，可以为产品带来溢价。但建立和维护品牌需要企业大量投入，带来企业成本费用的大幅增长，并不是所有的企业都会选择品牌化经营。

现实中，一些企业的产品没有品牌名称和品牌标志，实行无品牌化经营。所谓无品牌产品是指企业生产和销售无品牌、包装简易且价格便宜的产品。企业推出无品牌产品的主要目的是节省品牌建设、包装、广告等费用，降低价格，扩大销售。以下产品类别往往倾向于使用无品牌策略。

（1）未经加工的原料产品，如棉花、大豆、大米等农产品。

(2) 不会因生产商不同而形成不同特色的商品，如钢材、水泥等，这些产品按照行业产品统一标准生产，产品几乎不存在差异。

(3) 临时性或一次性生产和销售的产品，如一次性饭盒等。

(4) 生产简单、价格低廉的小商品，如纽扣等，这些商品本身单价很低，无品牌化经营是经济实用的品牌策略。

B　品牌归属策略

品牌使用者策略即品牌的归属权策略，企业有三种可供选择的策略，第一，企业品牌或生产者品牌，生产企业使用自己的品牌，品牌归生产企业所有；第二，中间商品牌，即中间商企业从原料、产品设计、生产到经销全程控制，由中间商企业指定供应商生产，贴有中间商企业品牌，在自己的卖场进行销售，也叫中间商自有品牌：第三，混合品牌，即生产者品牌和中间商品牌混合使用。

C　品牌统分策略

如果企业决定其大部分或全部产品都使用自己的品牌，那么还要进一步决定其产品是分别使用不同的品牌，还是统一使用一个或几个品牌，这一决策称为品牌统分策略，企业可有以下几种选择。

(1) 个别品牌。个别品牌是指企业各种不同的产品分别使用不同的品牌。其优点主要是：1) 企业的整体声誉不会受其中某种商品的声誉的影响，如果某企业的某种品牌失败或在市场上出现负面影响，不至于连累企业的其他品牌；2) 当企业产品向不同档次延伸时，由于不同产品使用的是不同品牌，不会使消费者产生品牌定位模糊的感觉，如企业原来一直生产高档产品，后来推出低档的产品，如果新产品使用独立的新的品牌，并不会影响原有品牌的定位和形象。这种策略的缺点是，品牌建设费用较高，需要为不同产品分别进行品牌宣传和品牌建设，增加企业营销成本。

(2) 统一品牌。统一品牌是指企业所有的产品都使用一个品牌名称。企业采取统一品牌策略的优点是：1) 品牌统一可以帮助企业建立统一的企业形象，准确地传递企业理念，利于消费者识别企业产品；2) 新产品进入市场时，可以借助统一品牌的形象，降低新产品进入市场的费用，有利于新产品的市场扩张，也有利于消费者迅速认识新产品并对新产品产生信任。统一品牌策略的缺点是，如果统一品牌中某一产品出现问题，会殃及同一品牌下的其他产品，对品牌声誉和品牌价值产生负面影响。

(3) 分类品牌。分类品牌是指企业的各类产品分别命名，一类产品使用一个牌子。如果一个公司销售明显不同的各种产品，那么仅仅使用一个品牌是不够的。采用分类品牌策略的优点是：能有效防范企业统一品牌经营模式因其覆盖的产品过多而可能导致的品牌定位模糊，弱化其竞争能力的缺点；还能有效地克服个别品牌策略因品牌过多而可能出现的宣传传播成本高，难以管理，难以形成合力的不足。日本松下电器公司正是使用这一品牌策略，如松下在视听产品上使用的品牌是 Panasonic，在家电产品上使用的品牌是 National，在高保真产品上使用的品牌则是 Technics。

(4) 企业名称加个别品牌。这种策略是指企业对其不同的产品分别使用不同的品牌，而各种产品的品牌前面还冠以企业名称。例如，美国通用汽车公司（GM）生产的各种类型的汽车，其品牌都是公司名称（GM）加上各种不同的品牌名称，如凯迪拉克、别克等。用这种策略来表明这些汽车都是通用汽车公司生产的，但它们又各有特点。在各种不同新产品的品牌名称前冠以企业名称，可以使新产品能够分享企业的信誉，而各种不同的新产品分别使用不同的品牌名称，又可以突显新产品各具的特色。

D　品牌延伸策略

品牌延伸策略是指企业将已经成功塑造的品牌用于新进入市场的其他产品或服务，达到以更少的营销成本占领更大市场份额的目的。品牌延伸从形式上可以分为两种：一种是在原有产品类别内部延伸，即产品线延伸，将品牌用于同一产品线下新推出的产品项目；另一种是产品种类延伸，即将品牌应用于不同种类的新产品。

实践证明，品牌延伸有利于降低新产品的市场导入费用，可以使新产品借助成功品牌的市场信誉顺利进入市场。但值得注意的是，若利用成功的品牌开发并投放市场的新产品不尽如人意、消费者不认可，则会影响原品牌的市场声誉，造成品牌稀释。

营销实例

故宫：宫廷火锅，了解一下

继故宫彩妆跨界营销之后，故宫又推出新玩儿法——开火锅店。

2019年春节，故宫火锅正式营业。餐厅装潢借鉴乾隆时期名作《紫光阁赐宴图》，展现皇家礼乐、宴会、家具器皿、游戏等宫廷文化，还原宫廷御食的场景和风貌。故宫火锅汤底完美复原了慈禧太后最爱的“菊花锅”，并在此基础上进行创新与研发，打造出别样的“宫廷火锅味道”。火锅酱料十分讲究，青红黄白黑五种颜色的蘸料代表“江山社稷五色土”，别出心裁的设计不但体现宫廷风，还满足了来自四海八方、拥有不同口味偏好的“吃货”的愿望。

故宫火锅店自开业以来一直爆满，食客络绎不绝。不少网友称赞餐厅的设计风格与创意，还调侃道：“不如拍个纪录片，叫做《我在故宫吃火锅》”。身处神圣的紫禁城，享受中国特色美食火锅，故宫特有的气质被充分代入火锅场景，使消费者获得特别的餐饮体验感。故宫的多次跨界尝试，不但刷新了大众对其的认知，更展示了这位“老顽童”对故宫这一品牌价值创造的各种可能性。通过个性与潮流的结合，故宫加深了与年轻群体的沟通，也从另一面为他们提供了解传统文化、深入历史的新契机。

（资料来源：根据参考网相关资料整理.）

E　多品牌策略

多品牌策略是指在同一产品类别中引进多个品牌的策略。这一策略针对同一产品下需求存在差异性的不同目标市场，致力于满足每一品牌都有明确的、突出的、唯一的市场定位，各个品牌形象之间既有差别又有联系。美国宝洁（P&G）公司是多品牌战略的实践者，在中国，宝洁公司的洗发水有多个不同品牌，每个品牌拥有明确的市场定位，服务于特定消费群体，如飘柔定位于“使头发柔顺到底”，潘婷定位于“营养发质”，海飞丝定位于“去头屑”，沙宣定位于“专业美发”，而伊卡璐则以香味著称。运用多品牌战略，宝洁公司的洗发水满足不同消费者对洗发产品的多样化需求，并将这些需求与特定的品牌一一对应，形成品牌联想，产品在中国市场获得了较大的市场份额。

F　品牌更新策略

从企业的角度讲，不存在一劳永逸的品牌。一般而言，品牌策略需要在一定时间内保持相对稳定性，但随着经济环境、社会文化、消费需求的变迁，企业品牌的内涵和形式无法与市场新环境相吻合时，企业需要及时调整和重新确定品牌，借助新品牌赢得新的竞争优势。品牌更新通常发生在以下情境中。

（1）当消费者的消费偏好和消费观念发生明显变化时，对企业品牌的需求减少，企业需要调整品牌策略，塑造新的品牌形象。

（2）企业原有品牌不成功，需要重新建立品牌进入市场。

（3）竞争格局发生变化，企业因竞争形势修正自己的目标市场。

（4）企业决定进入新的细分市场。

因此，企业需要根据经营环境、竞争状况和营销战略的变化，适时实行品牌更新策略，对品牌进行修正和重新定位，以适应市场发展变化。

8.4.2　包装与包装策略

包装是产品进入流通的必要环节。现代包装的功效已不仅仅是对商品的保护，设计精美的包装还能为消费者创造价值。在营销界，包装享有“沉默的推销员”的美誉。

8.4.2.1　包装与包装设计

A　包装的分类

包装是指设计并生产容器或包装物的一系列活动。它包括两层含义：一是指盛放或包裹产品的容器或包扎物；二是指设计、生产容器或包扎物并将产品包裹起来的一系列活动。

按包装所处的层次不同，包装可分为首要包装、次要包装和装运包装。首要包装，即产品的直接包装，如牙膏皮、香烟盒等；次要包装，即保护首要包装的包装物，如牙膏盒、香烟的条包装；装运包装，即为便于储运、装卸和防止破损而进行的包装。

按包装在流通过程中的作用不同，包装可分为运输包装和销售包装。运输包装又称外包装或大包装，是指为了适应储存、搬运过程的需要所进行的包装。主要有纸箱、袋装、防潮、防震装置等包装方式。销售包装又称内包装或小包装，指为了顾客便于携带、使用、陈列的产品包装。这类包装一般美观大方，它不仅能保护产品，而且能美化和宣传产品，吸引顾客，方便顾客。

B　包装的作用

（1）保护产品。保护实体产品在运输、储存过程中不会发生损坏、散落、变质等受损现象，尤其是对易碎、易腐、易燃、易挥发、有害物质等产品，保护产品的功效显得尤为重要，这也是包装最基本的功能。

（2）促进销售。产品包装具有识别、美化和便利的功能。精美的包装能引起消费者的注目，激发购买欲望。在商品销售中，包装是传递信息、争取顾客的重要工具。独特的包装能将产品与竞争者产品在视觉上直接区分开来，形成产品特色的一部分。例如，著名珠宝品牌蒂凡尼首饰为人所熟知的淡蓝色外包装；包装材料的色彩和包装图案，具有介绍商品的广告作用。科学合理的包装还可起到方便顾客携带、保管，便于销售的作用。

（3）创造价值。包装属于产品整体概念的一部分，精致优良的包装不仅能给人以美感，也能提升产品整体价值，为消费者创造更多的感知价值。从企业角度来讲，优质的包装可降低产品在运输、存储、销售环节的损耗，也可提升产品售卖价格，为企业创造更多利润。

C 包装设计的原则

(1) 适用原则。包装的主要目的是保护商品。因此，首先要根据产品的不同性质和特点，合理地选用包装材料和包装技术，确保产品不损坏、不变质、不变形等，尽量使用符合环保标准的包装材料；要合理设计包装，便于运输等。

(2) 美观原则。销售包装具有美化商品的作用，因此在设计上要求外形新颖大方，符合审美标准，具有较强的艺术性。

(3) 经济原则。在与营销策略保持一致的前提下，应尽量降低包装成本，坚决反对包装浪费和过度包装。

(4) 环保原则。包装材料的选用要符合环保要求，使用有利于回收和循环再利用的包装材料是体现企业社会责任的一个方面，越来越多的消费者开始注意包装材料对环境的影响，将环保包装作为选择产品的一个依据。

8.4.2.2 包装策略

科学的包装策略能够吸引消费者，并促进消费者购买行为发生。企业进行包装策略选择时，应充分考虑消费者的购买心理和购买习惯，实现促进销售的目的。

(1) 类似包装，即在图案、色彩等方面，企业所有产品的包装均采用统一的形式。采用这种方法可以降低包装的成本，有利于树立统一的企业形象和产品形象，便于消费者识别产品；在企业推出新产品时，可以利用企业的声誉，使消费者首先从包装上辨认出产品，迅速打开市场。

(2) 组合包装，即把若干有关联的产品，包装在同一容器中。例如，化妆品的组合包装、节日礼品盒包装等都属于这种包装方法。组合包装不仅能促进消费者的购买，也有利于企业推销产品，特别是推销新产品时，可将其与老产品组合出售，创造条件使消费者试用和接受。

(3) 附赠品包装。这种包装的主要方法是在包装物中附赠一些物品，从而引起消费者的购买兴趣和购买意愿。例如，儿童食品中常常使用附赠品包装，赠送儿童感兴趣的玩具等，吸引其购买，效果较好。

(4) 再使用包装。包装物在产品使用完后还可另作他用。再使用包装使购买者得到一种额外的满足，从而激发其购买产品的欲望。例如，设计精美的饼干盒，在饼干吃完后可以用于储物。包装物在继续使用过程中，实际还起了提醒性的广告作用，增加了消费者重复购买的可能。

(5) 等级包装，即根据消费者的不同需要，对同一种产品采用不同级别的包装。例如，书籍购买中，常有精装版和平装版之分。此外，对不同等级的产品，也可采用不同包装。对于高档产品，精致包装可展示产品的象征意义；对于中低档产品，包装简略些，以减少产品成本。

(6) 改变包装。当由于某种原因使产品销量下降，产品声誉下降时，企业可以在改进产品质量的同时，改变包装的形式，从而以新的产品形象出现在市场，改善产品在消费者心目中的不良地位。

营销实例

可口可乐的“城市美食罐”

每座城市的特色美食，不仅仅是当地人味觉的偏好，更体现出当地人文风俗独有的味道。可口可乐公司在产品包装上别出心裁，以城市的特有“味道”为切入点，推出了30款“城市美食罐”。新的罐身延续之前“城市罐”的摩登设计风格，融合了各城市的代表性元素与当地特色美食元素，如将著名景点断桥残雪和爽口的桂花糖藕元素嵌入人物的服饰中，巧妙地表现出了杭州的清甜味道。同时，可口可乐牵手美团点评，消费者用手机扫描罐身主体人物形象后，即可获取大众点评推荐的当地美食店铺，以及数额不等的美食券和“+1 元换购可口可乐”的优惠券。

产品包装成为可口可乐展现品牌创意、进行社会化传播的媒介，也成为品牌与消费者情感沟通的桥梁，“昵称罐”“城市罐”等无一不与消费者进行着近距离的互动交流。作为与“吃”紧密相关的饮料产品，“城市美食罐”的包装设计，不仅使产品与餐饮美食紧密关联，更让消费者自发参与到互动中，融入了消费者的城市美食情怀与城市归属感，集趣味性和情感性于一身，可谓包装营销的典范。

（资料来源：可口可乐再推“城市美食罐”. 夏璐. 销售与市场. 2019.）

思　考　题

（1）怎样划分产品生命周期的不同阶段？试论述产品生命周期各阶段特征及市场营销策略。

（2）品牌策略包括哪些内容？

（3）百事公司的一位前 CEO 曾说：“在我看来，一个人能够对一个品牌做出最好评价就是说这个品牌是他的最爱。”请列举你最喜欢的两个品牌，并描述其品牌个性，说明它们是你最爱的理由。

案 例 分 析

红星二锅头的品牌延伸

纵观国内高端白酒市场，众多品牌分庭抗礼。销售“高贵”的五粮液、讲“品质”的茅台、说“历史”的国窖 1573……作为低端白酒市场的第一品牌——红星二锅头，面对竞争如此激烈的高档酒市场，该如何将价值 200 元的新品“红星珍品二锅头”成功地推向市场？又该如何改变二锅头在人们心目中根深蒂固的“便宜货”形象呢？红星酒业急需启动新品红星珍品二锅头市场，向高档产品进行延伸。

1. 红星二锅头的市场定位

红星企业成立于 1949 年，是作为新中国的献礼而指定建设的项目之一。为了能让建国初期生活水平都普遍不高的中国大众能喝上纯正的二锅头酒，国家规定红星二锅头酒的价格不得过高。所以，自红星问世 50 多年以来，所生产的十余种产品都属于低价位酒。由于红星二锅头甘洌醇厚，价位低廉，受到消费者始终不变的青睐，“红星二锅头”也成了“大众的好酒”的代名词。50年来，红星品牌下的各种低价位产品始终保持着高销量，一直稳坐北京地区低端白酒市场的第一把交椅。

红星品牌的辉煌延续至今，由于多年的品牌积淀，红星二锅头已在北京人的日常生活中必不可少：朋友聚会喝二锅头，亲人相聚喝二锅头，自斟自饮喝二锅头，借酒消愁是二锅头，真情流露时还是二锅头……二锅头醇厚甘洌的口味正符合北京人热情豪爽的性格，北京人对二锅头怀有特殊的亲切感和自豪感，它已经不只是作为酒存在了，而是作为北京文化的一部分。但对红星二锅头消费状况的问卷也同时显示了另外一个奇怪的现象：当问到“你会在何种场合中选择红星二锅头?”时，有95%的消费者选择了“哥们儿聚会”，而在“商业宴请或正式场合”中有90%以上的消费者都持否定态度。究其原因，是因为消费者普遍认为二锅头是低档酒，过于大众通俗，不适合在正式的宴请和重要的场合中饮用。

而价值200元的红星珍品二锅头的出现正好为红星品牌的有效提升带来了新的契机。

作为低端白酒市场的第一品牌，红星二锅头虽然在区域市场较为稳固，且消费者品牌认知较为明确，但面对竞争激烈的白酒市场，红星要摆脱低档酒的消费者印象，获得长足的企业竞争力还有很长的路要走，红星为了满足企业发展的需要，同时也为了提升红星品牌的价值，推出了价格为200元以上的高端新品“红星珍品二锅头”，这是一个较为冒险的行为，也是一个大胆的决策，因为推广这个产品首先需要改变二锅头在人们心目中根深蒂固的“便宜货”形象，而且又不能对红星这个品牌造成严重的影响。

2. 寻找红星品牌新的价值

要想成功推广红星珍品二锅头，一个重要的前提便是让人们在消费这个产品的时候忘却红星二锅头低档的、便宜的品牌印象，而去感受一个超越价格因素的价值，促使消费者认识并消费这个价值，而不仅仅是产品。

众所周知，人们习惯于将对这个城市的感情寄托在具有典型性的事物上，形成独特的地域性自豪感。诸如兵马俑是西安的骄傲，葡萄干是新疆的代表。北京作为有千年历史文化的古城，文化在各个方面都有体现：建筑文化的代表是长城、历史文化的代表是故宫、饮食文化的代表首推北京烤鸭。而能够代表北京文化的酒却还没有，这个市场至今还是个空缺，在这种隐性心理的刺激下，这里存在着巨大的需求。红星是传承京文化的载体，是在历史长河不断变迁之中唯一秉承正宗京味的精神归依，红星二锅头在北京人心目中有非常好的认知度和好感度，在事实上已经具备了“北京特色酒”的基础。打破消费者“红星品牌就应该是低价位、低档次”的传统认知，建立起“红星二锅头就是能代表北京文化的酒品牌”的新认知，要想完成这样一个战略性的目标，需要在“二锅头、红星、京味儿”这三者之间建立起一个必然的联系，而“京味儿”无疑是最恰当的表现红星品牌核心价值的词。

在众多品牌林立的高端白酒市场上，红星以“京味儿”的品牌形象，区别于诸如五粮液用“系出名门”来演绎“高贵”，国窖1573用“听到的，看到的，品味到的历史”来讲述久远而独树一帜。事实上，为红星的定位正如里斯和特劳特所说：“建立定位，不是去创造某种新奇或与众不同的事项，而是去操纵已经存在于心中的东西，去重新结合已经存在的联结关系。”

“京味儿”的定位清晰准确地提出后，创意就已完成了一半了。但这还不足以让消费者去理解、去共鸣，要想让红星品牌真正与消费者进行深入沟通，并增加消费者的品牌体验，必须有一句核心传播概念去形象描述，以此加深品牌印象。

于是一句“品不够的京味儿，离不开的红星”的广告中心语在反复推敲后诞生了。这就是浓缩了京味儿文化的红星品牌最完美的表述，是字字千金、改一不可的金句。

3. 品牌定位传播

品牌定位及品牌标语的完成，为红星品牌的价值提升建立了一个基础，要想让这样一个核心概念生动起来，必须要加以形象表现，而要表现这个核心概念需要多方面的手段，其中电视广告又是最直接的。

在北京吃喝玩乐往往有这样一个说法，“游（登）长城、逛故宫、吃烤鸭、喝红星二锅头”，这是最代表北京的东西，称为“京城四乐”，在此基础上于是便有了以下的电视广告。

巍峨雄伟的长城上，游客一家老小在长城之巅挥动着衣袖，孩子兴奋地唱着歌。登长城！“玩在京城”的字幕在山峰中浮现。

浑厚庄严的故宫前，几个老外一身戏装打扮，有板有眼地唱念做打，字不正腔不圆但也乐在其中。逛故宫！“乐在京城”的字幕在红砖古墙上突显出来。

古色古香的烤鸭店里，大师傅切下一片片肥腴的烤鸭片，几个铁哥们相聚一堂。吃烤鸭！“吃在京城”的字幕也随之出现。

当服务人员将红星珍品二锅头斟上时，浓郁的酒香转移了大家吃烤鸭的欲望，纷纷嗅着酒香转过了头。品不够的京味儿，离不开的红星！“喝在京城”的字幕适时地映入眼帘。

深厚的文化底蕴，别具一格，独出心裁的切入点，使广告词中的文化传播更加深入人心。因此，以直率的视觉冲击力表现出来，并实现广告产品与消费者意愿的吻合，显得尤为重要。古老的故宫、长城最能代表北京悠久的历史；字正腔圆的京戏是经过几百年积淀而形成的京文化典范，特别选外国人来唱京戏，更能说明京文化的现代性及不断拓展的国际化趋势；在北京饮食文化中，美味的烤鸭和醇香甘洌的红星珍品二锅头已成为人们共同的认知。一个集合京文化精髓的创意成功地为红星珍品二锅头赋予了“京味儿”的文化内涵。

通过挖掘红星品牌的优势特点，确定了红星的品牌核心价值，而又通过生动化、形象化、生活化的方式把它表现出来，借助电视、报纸、广播等传播工具使红星的品牌延伸和品牌价值得到了巨大的提升，使红星二锅头这样一个本就在北京很有人缘的品牌越发显得魅力十足，通过为红星二锅头赋予更深层次的品牌价值，红星顺利地将产品线进行了延伸。

（资料来源：百度文库.）

思考：

(1) 明知贸然进行品牌延伸存在诸多风险，红星二锅头为何还会推出价格高昂、定位高档的“红星珍品二锅头”呢？

(2) 红星珍品二锅头是如何实施品牌延伸的？

(3) 请谈谈红星二锅头品牌延伸带给你的启示。

实 训 题

实训目的

通过实训，使学生掌握品牌策略在企业中的具体应用。

实训内容

选择某一行业的一家知名企业，分析该企业的品牌策略，并结合产品组合发展，评价该品牌策略的利弊。

实训组织和要求

将学生分组，每组3~5人。每个小组选举一名组长，负责组织和协调小组内成员的分工与合作，小组成员在分工的基础上共同完成小组任务。指导老师应及时检查学生对各项任务的完成情况。任务完成后，各小组提交报告，并以PPT形式做小组汇报。

项目9 定价策略

学习目标

(1) 理解产品定价的目标。

(2) 掌握产品定价的基本方法。

(3) 熟悉产品定价的策略和技巧。

(4) 掌握定价调整和竞争中的价格变动策略。

能力目标

(1) 能够运用定价策略引导、管理企业的定价活动。

(2) 能够在分析影响营销价格因素的基础上进行营销定价，适时调整营销价格。

案例导入

“成也价格，困也价格”的小米公司

小米1发布的时候，雷军喊出1999元的价格确实给了当时还不算成熟的智能手机市场当头棒喝。从那时候起，“价格屠夫”的称号就和小米捆绑到了一起。

价格作为小米的武器，曾经可以视为一把长剑，现在呢，大概是一把匕首了。习惯了小米“低价”特点的消费者使得小米在开拓新产品以及高价市场方向的这条路上，寸步难行。

小米对其新产品小米路由的定价策略与以往小米主打的低价不同，小米路由的定价甚至比一般的无线路由价格还高，试图从小米路由开始，走上高价市场。然而，事情并不如小米预期的那么顺利。小米路由开始发行时，并没有重现小米产品以往的抢购热潮。淘宝上的渠道商甚至开始以原价加赠品，或者降价出售699元的小米路由了。

小米产品的目标就是对价格敏感的群体，通过红米、小米电源的价格下潜，小米走得非常顺畅。然而，对于适应了低价小米的消费者而言，小米路由在两极分化严重的路由器市场中走出了“价格高端化”路线，与消费者的内心接受程度相差太大，所以这一步小米踏空了。

从一开始小米就拿着价格作为武器大杀四方，获得了巨大的成功。但是到了现在，价格也成了困住小米向上发展的牢笼。可见，价格策略对于一个公司来说至关重要，采用何种定价策略，又该在何时进行定价策略的转变，都会直接影响企业的利益。

(资料来源：快科技网，价格是小米武器也是小米的牢笼．节选.)

价格是营销组合因素中十分敏感又难以控制的因素，它直接关系着市场对产品的接受程度，影响着市场需求和企业利润的多少，涉及生产者、经营者、消费者等各方面的利益。如果说理想的产品、促销和分销为企业播下了成功的种子，那么有效的定价就是即将收获的硕果。营销组合其他因素所创造的顾客价值，需要通过定价给企业带来回报。在激烈竞争和快速变化的定价环境下，追求价值的顾客给企业定价带来的压力日益增大，经济的波动和互联网比价的流行进步加大了定价的难度。

任务 9.1　影响定价的因素

9.1.1　定价目标

价格是顾客为获得、拥有和使用某种产品或服务的利益而支付的货币总额，是决定企业市场份额和盈利水平的最重要的因素之一。价格是营销组合中唯一与收益直接相关的要素，也是最灵活的营销要素。明智的管理者将定价视为创造和获取顾客价值的重要工具。很小比例的价格上升也可能带来盈利的大幅度增加。作为企业整体价值主张的一分子，价格在创造顾客价值、建立与维系顾客关系中发挥着关键作用。然而，任何企业都不能孤立地制定价格，而必须按照企业的 STP 战略的要求来定价。同时，企业管理人员还要制定一些具体的经营目标，如利润额、销售额、市场份额等，这些都对企业定价具有重要影响。企业定价目标主要有维持生存、当期利润最大化、市场占有率最大化、产品质量最优化等。

9.1.2　产品成本

在一般的情况下，产品成本是制定价格的下限，而市场需求是制定价格的上限。企业制定价格时应该能够弥补产品生产、销售时所产生的成本，同时又能获取一定的利润。

产品成本是指企业在产品生产过程和流通过程中所消耗的物资和支付劳动报酬的总和。一个公司的成本主要有两种形式：固定成本和变动成本。总成本是一定水平的生产所需的固定成本和变动成本的总和。企业制定一个价格，这个价格至少包括该一定水平生产所需的全部生产成本。企业如想改变价格的话，至少要考虑在一定生产水平下的总成本。

从长远看，任何产品的销售价格都必须高于成本费用，只有这样，才能以销售收入来补偿生产成本和经营费用，否则就无法经营。因此，企业制定价格时必须估算成本。

企业的成本可以从短期和长期考虑。短期指的是相对较短的时期，在此期间，企业不能自由调整生产要素的投入和组合，不能选择各种可能的生产规模。而长期指的是相对较长的一个时间周期，在这个时期里，企业可以自由调整生产要素的投入和组合，选择最有利的生产规模。企业在制定相关战略时，必须考虑时间周期的因素，对已有产品或新产品在生产、销售等经营过程中涉及的各种直接成本和间接成本进行合理的分配和规划，以实现企业利润最大化。

9.1.3　市场需求

市场需求对企业定价有着重要影响，而需求又受价格和收入变动的影响。因价格或收入等因素而引起的需求的相应变动率，叫作需求弹性。需求的价格弹性反映了需求量对价格的敏感程度，以需求量变动的百分比与价格变动的百分比之比值来计算。企业所制定的价格高低会影响企业产品的销售，从而会影响企业市场营销目标的实现。在以下情况下，产品可能缺乏需求价格弹性：

（1）市场上没有替代品或者没有竞争者；

（2）购买者对较高价格并不在意；

（3）购买者改变购买习惯较慢，也不积极寻找更便宜的替代品；

（4）购买者认为产品质量有所提高，或者认为存在通货膨胀等，价格较高是应该的。

如果某种产品不具备上述条件，那么这种产品就有一定的需求价格弹性。在这种情况下，企业高层管理者需考虑适当降价，以刺激需求，促进销售，增加销售收入。

另外，需求弹性还包括需求收入弹性和需求交叉价格弹性，企业在为产品定价的时候还要考虑消费者货币收入情况和各产品项目之间的相互影响。

9.1.4 市场竞争状况

在最高价格和最低价格之间，企业能把产品价格定得多高，取决于竞争者同种产品的价格水平。企业必须采取适当方式了解竞争者所提供的产品质量和价格，通过比质比价，更准确地制定本企业产品的价格。如果二者质量基本一致，则价格也应一样，否则本企业产品可能卖不出去；如果本企业产品质量较高，则产品价格也可以定得较高；如果本企业产品质量较低，那么产品价格就应定得低一些。

还应看到，竞争者也可能随机应变，针对本企业的产品价格而调整其价格；也可能不调整价格，而调整营销组合中的其他变量，与企业争夺顾客。当然，对竞争者价格的变动，企业也要及时掌握有关信息，并做出明智的反应。

不同的市场竞争结构决定了企业定价方法的差别。在完全竞争的市场上，产品高度同质，价格由供求关系决定；在垄断竞争市场上，不同企业的产品存在要素差异化，企业可根据自己的产品特色及定位确定价格；在寡头垄断市场上，少数企业垄断市场左右市场价格，不提倡采用价格竞争手段；在完全垄断市场上，由于行业中只有一家企业，其他企业没有进入机会，因此该企业定价为垄断价格。

9.1.5 国家政策

对产品定价的影响表现在许多的方面，如国家的价格政策、金融政策、税收政策、产业政策等都会直接影响企业产品的定价。例如，对于农产品及家电下乡等国家一般会有一个指导价；针对一些关系国计民生的重要商品，如电力、石油、军需品等，以及一些存在明显的市场“失灵”的公共产品和准公共产品，如国防、邮电、交通、自来水等的价格管制性政策：通过价格政策特别是收费政策，影响企业的市场准入条件、生产成本、利润空间，以达到鼓励和限制的作用，从而实现引导产业结构调整目的的调节性政策；通过发布成本调研报告、价格指数分析报告、重要商品和服务价格信息和价格走势报告，引导生产和消费活动等的指导性政策；为经济活动提供更宽松有序的环境，促进市场准入的扩大和对经济的放活，减轻企业负担，增强投资和消费的信心，从而繁荣市场，达到宏观调控目标的服务型政策等。

任务 9.2 定 价 方 法

影响企业定价的因素有很多。在一定时期内，企业定价时主要考虑成本、需求与竞争三大因素。这三者对企业定价的影响主要为：产品成本是定价的下限，竞争者的价格高低影响定价的定向点，市场需求是定价的上限。

定价方法就是企业在一定定价目标的指导下，在产品成本、市场需求、市场竞争等因素的影响下，对产品价格进行具体制定的方法。企业制定价格时理应全面考虑这些因素。但是，在实际定价工作中往往只侧重某一个方面的因素。大体上，企业定价方法有三种导向，即成本导向定价法、需求导向定价法和竞争导向定价法。

9.2.1　成本导向定价法

成本导向定价法是以成本为中心定价的方法。这类方法操作简单，在实际工作中得到较为广泛的应用。其主要理论依据是，在定价时，首先考虑收回企业在生产经营中投入的全部成本，然后再考虑获得一定的利润。成本导向定价法是一种主要以成本为依据的定价方法，包括成本加成定价法、盈亏平衡定价法和目标收益定价法三种具体方法。其特点是简便、易用。

9.2.1.1　*成本加成定价法*

成本加成定价法，这是一种最简单的定价方法，就是指在单位成本的基础上加上一定百分比的加成来制定产品销售价格。加成的含义就是一定比例的利润。所以，成本加成定价法的计算公式如下。

$$P = C(1 + R)$$

式中，P 为单位产品价格；C 为单位产品成本；R 为成本加成率。

【例 9-1】　某种产品的单位产品成本为 100 元，成本加成率为 35%，则

$$单位产品价格 = 100 \times (1 + 35\%) = 135(元)$$

这种定价方法的优点是简便易行。价格盯住成本，企业可简化定价工作，也不必经常依据需求情况而做调整。采用这种方法可以保证各行业取得正常利润，从而可保障生产经营的正常进行。如果同行都采取这种方法，价格竞争就会大大削弱。

这种定价方法的不足是，它是从卖方的利益出发进行定价的，其基本原则是就本求利和水涨船高，没有考虑市场需求和竞争因素的影响，因而这是卖方市场的产物。另外成本加成率也是一个估计数，缺乏科学性。

在制定价格的过程中，任何忽略现行价格弹性的定价方法都难以确保企业实现利润最大化，无论是长期利润还是短期利润均如此。需求弹性总是处在不断变化中，因此，最适加成也应随之调整。

最适加成与价格弹性成反比。如果某品牌的价格弹性高，最适加成就应相对低一些；如果某品牌的价格弹性低，最适加成则应相对高一些。当价格弹性保持不变时，加成也应保持相对稳定，以制定出最适价格。

9.2.1.2　*盈亏平衡定价法*

盈亏平衡定价法又称保本定价法或量本利定价法，是通过分析产量（或销售量）、成本和利润的关系以及盈亏变化的规律来定价的方法。运用这种方法时，需将产品的总成本划分为固定成本与变动成本，并假定生产的产品均能销售出去，即产量等于销量。这种定价方法简单实用，是企业决策中常用的方法。

设 Q 为产品产量，F 为总固定成本，v 为单位变动成本，C 为总成本，P 为产品价格，S 为销售收入，π 为盈利，则

$$S = P^* Q$$

$$C = F + v^* Q$$

$$\pi = S - C$$

则盈亏平衡时的产品价格为

$$P^* = F/Q + v$$

目标盈利为 $\pi(\pi \neq 0)$ 时的盈利价格为

$$P_{盈} = F + \pi/Q + v$$

【例9-2】 某企业A产品的生产能力为每年1000台，全年固定成本总额为50万元，单位变动成本为1000元，每台售价为2000元，目前企业已有订货700台。现有顾客提出订购300台，但每台出价只有1200元，问顾客的订货是否能够接受？

如果按照现行的价格水平，该顾客的出价显然不能接受；如果采用变动成本定价法的思路，这批订货就完全可以接受。

这是因为如果不接受这批订货，则企业盈利为

盈利＝销售收入－成本

＝销售收入－(变动成本＋固定成本)

＝700×2000－(700×1000＋500000)

＝200000(元)

如果接受订货的话，则盈利为

盈利＝700×2000＋300×1200－(1000×1000＋500000)

＝260000(元)

接受比不接受订货多盈利6万元，故可以接受。

9.2.1.3 目标收益定价法

目标收益定价法又称为目标利润定价法或投资利益收益率定价法。所谓目标收益定价法，是指根据估计的总销售收入（销售额）和估计的产量（销售量）来制定价格的一种方法。计算公式如下。

单位产品价格＝(总成本＋目标利润)/预计销售量

【例9-3】 某企业年生产能力为100万件某产品，估计未来市场可接受80万件，其总成本为1000万元，企业的目标收益率即成本利润率为20%，问单价应为多少？

目标利润＝总成本×利润率

＝1000×20%

＝200（万元）

单位产品价格＝（总成本+目标利润)/预计销售量

＝（1000+200)/80

＝15（元）

因此，该产品的定价为15元。

目标收益定价法的优点是，可以保证企业既定目标利润的实现；其缺点是，这种方法

只是从卖方的利益出发，没有考虑竞争因素和市场需求情况。这种定价方法是先定销量再定价格，这在理论上说不通。所以目标收益定价法，一般适用于需求弹性较小，在市场中有一定影响力、市场占有率较高或具有垄断性质的企业。

9.2.2　需求导向定价法

成本导向定价法主要考虑的是成本，没有涉及市场需求和竞争。需求导向定价法是一种以市场需求强度及消费者感受为主要依据的定价方法，包括认知价值定价法和反向定价法。

9.2.2.1　认知价值定价法

认知价值定价法就是企业根据购买者对产品的认知价值来制定价格的一种方法。这是消费者对商品价值的主观评价，亦即企业提供的商品在消费者心目中值多少钱。企业在为其目标市场开发新产品时，在质量、价格、服务等各方面都需要体现特定的市场定位观念。因此，首先要决定所提供的价值及价格；然后，企业要估计在此价格下所能销售的数量，再根据这一销售量决定所需要的产量、投资及单位成本等，管理人员还要计算在此价格和成本下能否获得满意的利润。如能获得满意的利润，则继续开发这一新产品；否则，就放弃这一产品开发。

认知价值定价的关键在于准确地计算产品所提供的全部市场认知价值。企业如果过高地估计认知价值，便会定出偏高的价格；如果过低地估计认知价值，则会定出偏低的价格。为准确把握市场认知价值，必须进行仔细的营销研究。

延伸阅读

认知价值定价法的运用

假设有A、B、C三家企业均生产同一种开关，现抽一组产业用户作样本，要求它们分别就三家企业的产品予以评比，有三种方法可供使用。

(1) 直接价格评比法。直接价格评比法要求产业用户为三家企业的产品确定能代表其价值的价格。例如，它们可能将A、B、C三家企业的产品分别定价为2.55元、2元和1.52元。

(2) 直接感受价值评比法。直接感受价值评比法要求产业用户根据它们对三家企业所生产开关的价值的认知，将100分在三者之间进行分配，假设分配结果为42、33、25。如果这种开关的平均市场价格为2元，则可得到三个反映其感受价值的价格：2.55元、2元和1.52元。

(3) 诊断法。诊断法要求产业用户就三种产品的属性（假定有产品耐用性、产品可靠性、交货可靠性、服务质量四种属性）分别予以评分。对每一种属性，将100分分配给三家企业，同时根据四种属性重要程度的不同，将100分分配给四种属性，假设结果见表9-1。把每个企业的评分乘以重要性权数，我们发现，A企业提供的产品的感受价值（42）高于平均数；B企业提供的产品的感受价值（33）相当于平均数；C企业提供的产品的感受价值（25）低于平均数。A企业能为其开关制定一个较高的价格，因为它被认为能提供较多的价值。如果企业想根据其产品的感受价值定价，则可以将价格定为2.55元左右，因为平均质量的开关价格为$2\times42/33=2.55$元。

表9-1 诊断法定价

重要性权数	属性	A企业	B企业	C企业
25	产品耐用性	40	40	20
30	产品可靠性	33	33	33
30	交货可靠性	50	25	25
15	服务质量	45	35	20
100	感受价值	42	33	25

假如三家企业都按其感受价值定价，则每家企业都可得到一定的市场份额，因为它们提供的价值与价格之比均相等。

如果某一家企业的定价低于其感受价值，它将得到一个高于平均数的市场份额，因为当购买者与该企业打交道时，其支付的货币可换回更多的价值。这可以用图9-1来说明。

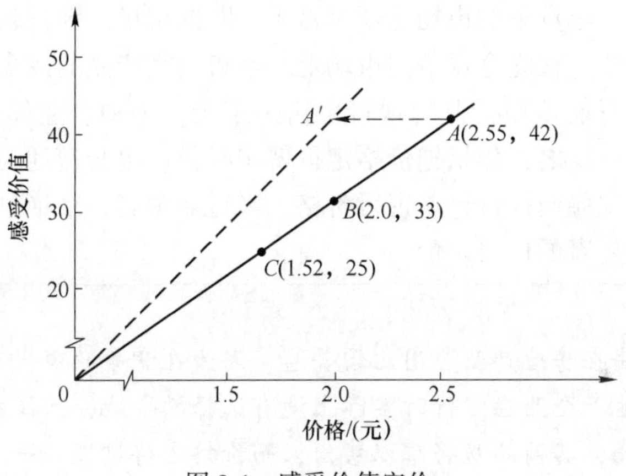

图9-1 感受价值定价

由图9-1可知，A、B、C三家企业最初位于相同的感受价值/价格线上，其各自的市场份额将取决于围绕这三个定点的理想点（未标出）的相对密集度。现在，假设A企业将其价格由A（2.55，42）降至A′（2.0，42），其感受价值/价格将是一条较高的线段（以虚线表示），它将冲击B和C两家企业的市场份额，尤其是B企业，因为按照与B企业相同的价格A企业提供的感受价值更多。B企业将被迫降价或提高其感受价值。提高感受价值的主要措施包括增加服务项目、提高服务质量和产品质量、进行更有效的沟通传播等。如果这样做的成本低于因降价而引起的收入损失，则B企业很可能会增加投资来提高其感受价值。

（资料来源：根据百度文库相关资料整理.）

9.2.2.2 反向定价法

反向定价法也称倒推法或倒算法，是指企业根据消费者能够接受的最终销售价格，计算自己已从事经营的成本和利润后，倒推出产品的批发价和零售价。这种定价方法不以实际成本为主要依据，而是以市场需求为定价出发点，力求使价格为消费者所接受。分销渠道中的批发商和零售商多采取这种定价方法。因其定价程序与一般成本定价法相反，故称反向定价法，这一方法仍然建立在最终消费者对商品认知价值的基础上。

9.2.3　竞争导向定价法

竞争导向定价法是企业为了应付市场竞争的需要而采取的特殊的定价方法。以市场上的竞争者的产品价格为依据，结合本企业与竞争者的产品特色，并根据竞争者的变动进行调整。其包括两种方法：随行就市定价法和投标定价法。

9.2.3.1　随行就市定价法

所谓随行就市定价法，是指企业按照行业的平均现行价格水平来定价，也称为流行水准定价法。在下述情况下往往采取这种定价方法：该行业难以估算成本；企业打算与同行和平共处；如果企业另行定价，很难了解购买者和竞争者对本企业价格的反应。

不论市场结构是完全竞争的市场，还是寡头垄断的市场，随行就市定价法都是同质产品市场的惯用定价方法。在完全竞争的市场上，销售同类产品的诸多企业在定价时实际上没有多少选择余地，只能按照行业的现行价格来定价。个别企业如果把价格定得高于时价，产品就卖不出去；反之，如果把价格定得低于时价，也会遭到削价竞销。在寡头垄断市场上，各寡头企业也倾向执行行业现行价格；当行业中有一个绝对领先者时，其他中小企业往往跟随行业领先者的价格定价。

营销新视野

随行就市定价法在房地产业应用比较普遍。因为在竞争的现代市场条件下，销售同样商品房的各个房地产企业在定价时实际上没有选择的余地，只能按现行市场价格来定价。若价格定得太高，其商品房将难以售出，而价格定得过低：一方面企业自己的目标利润难以实现；另一方面会促使其他房地产企业降价，从而引发价格战。因此，这种定价方法比较受一些中、小型房地产企业的欢迎。

（资料来源：数据百度文库相关资料整理 .）

9.2.3.2　投标定价法

投标定价法是企业在参与投标、竞争一个大型采购项目时所采用的定价方法。这也是一种依据竞争情况来定价的方法，是招标人通过引导卖方竞争的方法来寻找最佳合作者的一种有效途径。它主要用于建筑包工、产品设计和政府采购等方面。其基本原理是，采购方在报刊上登广告或发出函件，说明拟采购商品的品种、规格、数量等具体要求，邀请供应商在规定的期限内投标，并在规定期限内开标，选择报价最低、最有利的供应商成交，签订采购合同。某供货企业如果想做这笔生意，就要在规定的期限内填写标单，在其上注明可供应商品的名称、品种、规格、价格、数量、交货日期等，密封送给招标人，这就是投标，其中的价格是供货企业根据对竞争者的报价的估计制定的区间。供货企业的目的在于赢得合同，所以它的报价应低于竞争者的报价。

然而，企业不能将其报价定得低于某种水平。确切地讲，它不会将报价定得低于边际成本，以免使其经营状况恶化；如果企业报价远远高出边际成本，虽然潜在利润增加，却减少了取得合同的机会。

任务9.3 定 价 策 略

价格竞争是一种十分重要的营销手段。企业采用不同的定价方法，得出基础的价格后，还根据不同渠道、产品条件及消费者的具体情况，实行灵活多样的定价策略，以更好地实现企业的定价目标和总体目标。前述定价方法是依据成本、需求和竞争等因素决定产品基础价格的方法。在市场营销实践中，企业还需考虑或利用灵活多变的定价策略，调整产品的基础价格。

9.3.1 新产品定价策略

凡是消费者认为是新的、能从中获得新的满足的、可以接受的产品都属于新产品。新产品定价难度较大，因为没有可供参考的销售资料，无法确切了解顾客对产品价值的判断。如果定得过高，不被顾客认可，新产品难以推广；如果定得过低，则难以收回前期投资，影响企业收益。常见的新产品定价方法有以下三种。

9.3.1.1 撇脂定价策略

撇脂定价又称取脂定价，即将新产品的价格定得很高，希望在新产品的导入期尽快收回投资，并且取得相当多的利润。随着时间的推移，再逐步降低价格使新产品进入弹性更大的市场。一般而言，对于全新产品、受专利保护的产品、价格弹性小的产品、流行产品、未来市场形势难以测定的产品等，可以采用撇脂定价策略。

撇脂定价策略的适用条件为：(1) 市场上存在一批购买力很强并且对价格不敏感的消费者；(2) 暂时没有竞争对手推出类似的产品，企业的产品具有明显的独特优势；(3) 当有竞争对手加入时，企业有能力转换定价方法，通过提高性价比来增强竞争力；(4) 企业的品牌在市场上有较大的影响力。

撇脂定价策略的优点是：(1) 利用高价产生的厚利，使企业在新产品上市之初就能迅速收回投资，降低投资风险；(2) 在新产品上市之初，顾客对其尚无理性的认识，企业利用这一心理制定较高的价格，可以提高产品身价，给人留下高价、优质、名牌的印象；(3) 先制定较高的价格，在新产品进入成熟期后可以拥有较大的调价余地，不仅可以通过逐步降价保持企业的竞争力，而且可以吸引潜在需求者，甚至可以争取到低收入阶层和对价格比较敏感的顾客。

撇脂定价策略的缺点是：(1) 高价产品的需求规模毕竟有限，过高的价格不利于开拓市场、增加销量，也不利于占领和稳定市场，容易导致新产品市场开发失败；(2) 高价高利会导致竞争者大量涌入，仿制品、替代品迅速出现，从而迫使价格急剧下降。此时若无其他有效策略相配合，则企业苦心营造的高价优质形象可能会受到损害，从而失去一部分市场；(3) 价格远高于价值，在某种程度上损害了消费者利益，容易招致公众的反对和消费者的抵制，甚至会被当作暴利商品而受到查处，此外可能诱发公共关系问题。

从根本上看，撇脂定价是一种追求短期利润最大化的定价策略，若处置不当，则会影响企业的长期发展。因此，在实践中，特别是在消费者日益成熟、购买行为日趋理性的今天，采用这一定价策略必须谨慎。

9.3.1.2 渗透定价策略

与撇脂定价相反，渗透定价是在新产品上市初期把价定得较低，吸引大量顾客购买，以达到渗透市场、提高市场占有率的目的。这种定价策略以高市场占有率为最主要目标，营销利润反而退为次要目标。比如，在20世纪80年代，日本精工手表就采用渗透定价策略，以低价在国际市场上与瑞士手表角逐，最终夺取了瑞士手表的大部分市场份额。

渗透定价策略适用的条件为：（1）市场对价格敏感，低价格能促进需求的增加；（2）生产和销售成本随销售量的增加而减少；（3）低价能排除竞争，否则价格优势只能是暂时的。

渗透定价策略的优点是：（1）新产品能迅速占领市场；（2）微利阻止了竞争者进入，可增强企业的市场竞争力。

渗透定价策略的缺点是：（1）利润微薄；（2）可能有损企业优质产品的形象

9.3.1.3 满意定价策略

当顾客对价格十分敏感时，不能采用撇脂定价策略；当竞争者对市场份额十分敏感时，不能采用渗透定价策略，此时企业应采用满意价格策略，即制定一个不高也不低的适中价格，使企业既能获得一般利润，又能赢得顾客好感。从原则上讲，适中价格也可能是市场上的最高价格或最低价格，因为适中价格也是由参考产品的认知价值决定的，当大多数潜在购买者认为产品的价值与价格相当时，即使价格很高也属于适中价格。

满意定价策略的优点是：价格较稳定，在正常情况下能实现预期目标。

满意定价策略的缺点是：价格保守，不适于需求复杂多变、竞争激烈的环境。

9.3.2 产品组合定价策略

产品组合是指一个企业生产经营的全部产品大类和产品项目的组合。当产品只是某一产品组合的一部分时，企业必须对定价方法进行调整。这时候，企业要研究出一系列价格，使整个产品组合的利润实现最大化。因为各种产品之间存在需求和成本的内在关联性，而且会带来不同程度的竞争，所以定价十分困难。

9.3.2.1 产品大类定价

产品大类是指一组相互关联的产品，产品大类中每个产品都有不同的特色。通常企业开发出来的是产品大类，而不是单一产品，当企业生产的系列产品存在需求和成本的内在关联性时，为了充分发挥这种内在关联性的积极效应，需要采用产品大类定价策略。在定价时，首先，确定产品大类中价格最低的某种产品，由它在产品大类中充当价格领袖，以吸引消费者购买产品大类中的其他产品；其次，确定产品大类中价格最高的某种产品，由它在产品大类中充当品牌质量和收回投资的角色；最后，产品大类中的其他产品分别依据其在产品大类中角色的不同而制定不同的价格。在许多行业，营销者都为产品大类中的某一种产品事先确定好价格点。例如，男装店可能经营三种价格档次的男装，分别为1600元、2600元和3600元，顾客会在三个价格点上接触到低、中、高三种质量水平的服装，即使这三种价格同时提高，男士们仍然会按照自己偏爱的价格点来购买服装。营销者的任务就是通过确立认知质量差别来使价格差别合理化。

9.3.2.2 选择特色定价

选择特色定价是指企业在提供主要产品时，还提供各种可选择产品或具有特色的产品，比较典型的如餐馆、酒吧等。餐馆的主要提供物为饭菜，顾客还可要烟、酒、饮料等。有的餐馆将食品的价格定得较低，而将烟酒类商品的价格定得较高，主要靠后者盈利；有的餐馆则将食品的价格定得较高，将酒类商品的价格定得较低，以吸引那些爱酒人士。

9.3.2.3 附属产品定价

附属产品又称受制约产品，是指必须与主要产品一同使用的产品。例如，剃须刀的附属品是刀片，机械产品的附属品是配件。大多数企业采用这种策略时，将主要产品定价较低，而附属产品定价较高。以高价的附属品获取高利，补偿主要产品因低价造成的损失。例如，打印机的附属品是硒鼓，惠普给打印机的定价低，而给硒鼓的定价高，既增强了打印机在同行业中的竞争力，又保证了原有的利润水平。然而，将附属品的价格定得太高也存在一定风险，容易引起不法分子生产低廉的仿制品，反过来与正规商品竞争。

9.3.2.4 两段定价

服务性企业常常采用两段定价策略，对其服务收取固定费用，另加一笔可变的使用费。例如，电话用户每个月的话费为月租加上按通话时间计算的通话费。企业一般对固定费用定价较低，以便吸引顾客使用该服务项目，而对使用费定价较高，以保证企业充足的利润。例如，旅游景点的旅游者除了支付门票费，还要为其娱乐项目支付额外的费用。

9.3.2.5 副产品定价

在生产加工石油、钢铁等产品的过程中，常常会产生大量的副产品。有些副产品本身对顾客就有价值（如炼铁过程中产生的水渣是水泥工业的主要原料），因此企业切不可将它们白白浪费掉，而应对它们合理定价，销往特定市场。这可为企业带来大量收入，同时也有利于企业为其主要产品制定低价，提高主要产品的竞争力。

9.3.2.6 产品捆绑定价

企业常常将一些产品捆绑在一起进行销售，捆绑价低于单件产品的价格总和。例如，化妆品公司将润肤露、洗发水、啫喱水、防晒霜等捆绑在一起进行销售，虽然有的消费者并不需要其中的某项，但看到价格比单件购买便宜很多，便买下了。因而，在一定程度上，这种价格可推动消费者购买。然而，在捆绑定价时要注意使用这一策略的灵活性，因为有些理智的消费者往往只是按需购买，他们只需要捆绑组合中的某一种或几种商品，这时企业要能满足他们的要求。

9.3.3　折扣、折让定价策略

折扣与折让是企业在基本价格的基础上，根据不同的情况采用各种不同方式给购买者一定比例的价格减让的价格策略。例如，企业为了鼓励顾客及早付清货款、大量购买、在淡季购买，可以酌情降低其基本价格。价格折扣和折让包括现金折扣、数量折扣、功能折扣、季节折扣、以旧换新折让和促销折让等。

9.3.3.1　现金折扣

这是企业给那些当场或提前付清货款的顾客的一种减价。例如，“2/10，1/20，净30”，意思是顾客在30天内必须付清货款，如果10天内付清货款，则可得到2%的折扣，如果在20天内付清货款，则可得到1%的折扣。

9.3.3.2　数量折扣

这是卖方因买方大量购买某种产品而给予的一种折扣，以鼓励顾客购买更多的产品。因为大量购买能使企业降低生产、销售、储运、记账等环节的成本费用，可以分为累计数量折扣和非累计数量折扣。例如，顾客购买某种商品1000单位以下，则每单位10元；购买1000单位以上，则每单位9元。

9.3.3.3　功能折扣

功能折扣也称为贸易折扣，是生产者给某些批发商或零售商的一种折扣，期望它们能够积极主动地执行某种市场营销功能（如推销、储存、服务）。

9.3.3.4　季节折扣

这种价格折扣是企业给那些购买非当季产品或服务的顾客的一种减价，使企业的生产和销售一年四季保持相对稳定。例如，取暖器制造商在春夏季给零售商以季节折扣，以鼓励零售商提前订货；旅行社、航空公司、酒店等在营业淡季给旅客以季节折扣。

9.3.3.5　折让

这是一定意义上的减价。可以分为以旧换新折让和促销折让。例如，一台洗衣机标价为3000元，顾客以旧机器折价500元购买，只需支付2500元，这就是以旧换新折让，这在耐用消费品的交易中最为普遍，国家也有政策支持。再如，经销商同意参加生产者的促销活动，则生产者卖给经销商的物品可以打折，这就是促销折让。

9.3.4　心理定价策略

商品价格的高低及表示方法对购买者有很强的心理作用，心理定价策略就是企业在制定价格时，利用消费者的心理因素，采取不同的定价技巧，有意识地将产品价格定得高些或低些，起到扩大销售、增加利润的目的。

9.3.4.1 尾数定价

尾数定价又称奇数定价、非整数定价，是指企业利用消费者求廉、求实的心理，故意将商品的价格带有尾数，以促使顾客购买商品，这种定价方法多用于中低档商品。心理学家的研究表明，价格尾数的微小差别，能够明显影响消费者的购买行为。例如，一双皮鞋定价 299 元，给消费者的感觉是不到 300 元。

9.3.4.2 整数定价

整数定价是指针对消费者的求名、求方便心理，将商品价格有意定为以“0”结尾的整数。在日常生活中，对于难以辨别好坏的商品，消费者往往喜欢以价论质，而将商品的价格定为整数，使商品显得高档，正好迎合了消费者的这种心理。例如，将一套西服定价为 5000 元，而不是 4998 元，尽管实际价格仅相差 2 元，给人的感觉却是这套西服上了一个档次。因此，对那些高档名牌商品或消费者不太了解的商品，采用整数定价可以提高商品形象。另外，将价格定为整数还省去了找零的麻烦，提高了结算速度。

9.3.4.3 声望定价

声望定价策略是指根据消费者的求名心理，企业有意将名牌产品的价格制定得比市场中同类商品的价格高。由于名牌商品不但可减轻消费者对商品质量的顾虑，还能满足某些消费者的特殊欲望，如地位、身份、财富、名望和自我形象等，因而消费者往往愿意花高价来购买它们。

声望定价往往采用整数定价方式，这更容易显示商品的高档。当然，声望定价策略切不可滥用，一般适用于名优商品，如果企业本身信誉不好，商品的质量也不过硬，采用这一策略反而容易失去市场。另外，为了使声望价格得以维持，有时需要适当控制市场拥有量。

9.3.4.4 招徕定价

招徕定价是一种有意将少数商品降价以招徕吸引顾客的定价方式。企业在一定时期将某些商品的价格定得低于市价，一般都能引起消费者的注意，吸引他们前来购物，这是适合消费者“求廉”心理的。顾客在选购这些特价商品时，往往还会光顾店内其他价格正常或偏高的商品，这实际上是以少数商品价格的损失来扩大其他商品的销售，以增加企业的总体利润。

采用这种策略要注意以下几点。一是商品的降价幅度要大，一般应接近成本或者低于成本。只有这样，才能引起消费者的注意和兴趣，才能激起消费者的购买动机。二是降价品的数量要适当，太多企业亏损太大，太少容易引起消费者的反感。三是用于招徕的降价品，应该与低劣、过时商品明显地区别开来。招徕定价的降价品，必须是品种新、质量优的适销产品，而不能是处理品。否则，不仅达不到招徕顾客的目的，反而可能使企业声誉受到影响。

延伸阅读

尾数定价技巧

价格有尾数让消费者觉得其价格是经过企业仔细算出来的，给人以货真价实的感觉。有时候尾数的选择完全是出于满足消费者的某种风俗和偏好，如西方国家的消费者对“13”忌讳，日本的消费者对“4”忌讳。美国、加拿大等国的消费者普遍认为单数比双数少，奇数比偶数显得便宜。我国的消费者则喜欢尾数为“6”和“8”。当然，企业要想真正打开销路、占有市场，还需要以优质的产品作为后盾，过分看重数字的心理功能，或流于一种纯粹的数字游戏，只能哗众取宠于一时，从长远来看却于事无补。

（资料来源：沈波．企业经营知识与实务［M］．南京：东南大学出版社，2017.）

9.3.5　差别定价策略

企业常常会修改它们的价格来适应在顾客、产品、地理位置等方面的差异。所谓差别定价是指企业按照两种或两种以上不反映成本费用的比例差异的价格销售某种产品或服务。

9.3.5.1　差别定价的主要形式

A　顾客差别定价

这是企业按照不同的价格把同一种产品或服务卖给不同的顾客。例如，公园、旅游景点、博物馆对学生、军人和年长者收取一个较低的门票费用：铁路公司对学生、军人售票的价格往往也低于一般乘客；自来水公司根据需要把用水分为生产用水、生活用水，并收取不同费用。

B　产品形式差别定价

这是企业对不同型号或形式的产品分别制定不同的价格，但是，不同型号或形式产品的价格之间的差额和成本费用之间的差额不成比例。例如，依云公司（Evian）的 1.5L 瓶装矿泉水为 14 元，同样的水装在 50mL 瓶内，但加了一个喷雾器售价 36 元；一条裙子 80 元，成本 50 元，如果在裙子上绣上一组花，成本 10 元，价格却可定到 150 元。

C　产品部位差别定价

这是企业对于处在不同位置的产品或服务分别制定不同的价格，即使这些产品或服务的成本费用没有任何差异。例如，火车卧铺从上铺、中铺到下铺逐渐增高价格：飞机有经济舱和头等舱之分；剧院中虽然不同座位的成本费用都一样，但是不同座位的票价有所不同，这是因为人们对剧院的不同座位的偏好有所不同。

D　销售时间差别定价

销售时间差别定价，即企业对于不同季节、不同时期甚至不同时点的产品或服务分别制定不同的价格。例如，航空公司在淡季价格便宜，旺季价格立即上涨：休闲场所一天中上午和中午的价格非常便宜，但是到了高峰期价格又会上涨；电费的分段收费；游船为了保证满座，在开航前 2 天购票可以降价。

9.3.5.2　差别定价的适用条件

企业采取差别定价策略必须具备一定条件。第一，市场必须是可以细分的，而且各个市场部分表现出不同的需求。第二，以较低价格购买某种产品的顾客不可能以较高价格把这种产品倒卖给他人。第三，在高价的细分市场中，竞争者无法以低于公司的价格出售。第四，细分的控制市场的费用不应超过差别定价而得到的额外收入。第五，这种定价方法不会引起顾客反感。第六，不能违法。

9.3.6 地区定价策略

地区定价策略是与地理位置有关的修订价格的策略，主要是在价格上灵活反映和处理运输、装卸、仓储、保险等多种费用。一般来说，一个企业的产品不仅卖给当地顾客，也卖给外地顾客。而卖给外地顾客，即把产品从产地运到顾客所在地，需要考虑运费。地区定价策略是指企业要决定，对于卖给不同地区（包括当地和外地不同地区）的某种产品，是分别制定不同的价格，还是制定相同的价格。也就是说，企业要决定是否制定地区差价。地区定价策略有以下几种形式。

9.3.6.1 FOB 原产地定价

FOB 原产地定价就是顾客（买方）按照出厂价购买某种产品，企业（卖方）只负责将这种产品运到产地某种运输工具（如卡车、火车、船舶、飞机等）上交货。交货后，从产地到目的地的一切风险和费用一概由顾客承担。如果按 FOB 价购买，那么每一个顾客都要负担从产地到目的地的运费，这是很合理的。但这样定价对企业有不利之处，即远地的顾客有可能不愿购买这个企业的产品，而购买其附近企业的产品。

9.3.6.2 统一交货定价

这种形式和 FOB 原产地定价正好相反。统一交货定价就是企业对于卖给不同地区顾客的某种产品，都按照相同的出厂价加相同的运费（按平均运费计算）定价。也就是说，对全国不同地区的顾客，不论远近，都实行一个价。因此，这种定价又叫邮资定价。

9.3.6.3 分区定价

这种形式介于 FOB 原产地定价和统一交货定价之间。所谓分区定价，就是企业把全国（或某些地区）分为若干价格区，对于卖给不同价格区顾客的某种产品，分别制定不同的地区价格。距离企业远的价格区，价格定得较高；距离企业近的价格区，价格定得较低。在各个价格区范围内实行统一价格。

9.3.6.4 基点定价

基点定价是指企业选定某些城市作为基点，按一定的出厂价加上从基点城市到顾客所在地的运费来定价，而不管货物实际上是从哪个城市起运的。有些公司为了提高灵活性，选定多个基点城市，按照离顾客最近的基点城市计算运费。

9.3.6.5 运费免收定价

有些企业因为急于和某些地区做生意，负担全部或部分实际运费。这些卖主认为，如果生意扩大，其平均成本就会降低，因此足以抵偿这些费用开支。采取运费免收定价，可以使企业加深市场渗透，并且更容易在竞争日益激烈的市场上站稳脚跟。

任务 9.4　价格变动与企业对策

企业处在一个不断变化的环境之中，为了生存和发展，有时需主动降价或提价，有时又需对竞争者的价格变动做出适当的反应。

价格之所以是市场营销组合中最灵活的因素之一，是因为它能够根据市场需求的变化而进行迅速调整。企业初始价格确定之后，并不等于一成不变，为了适应消费者偏好、适应竞争、适应季节性等因素，需要对不合适的价格进行调整。价格调整有两种形式：提价和降价。提价是在原有价格的基础上追加售价，这是在需求量非常大或成本上升时运用的。降价是降低商品的原有销售价格，它是企业经常采用的方式。

9.4.1　企业降价与提价

9.4.1.1　企业降价

一般而言，企业在下列情况下需要考虑将产品降价。

生产能力过大，库存过多，需要增加销售量；企业的成本费用比竞争者低，试图通过降低价格来控制市场或提高市场占有率；在强大的竞争压力下，企业的市场占有率下降，不得不降价竞销；在经济不景气或衰退时期，企业不得不降低价格。

降价是把双刃剑，既有有利的一面，也存在一定风险。如消费者会认为产品质量低，或者便宜没好货。低价能买到市场占有率，但是买不到顾客的忠诚，如果市场上出现更具竞争力的品牌，顾客往往会转向价格更低的产品。

9.4.1.2　企业提价

虽然提价会引起消费者、经销商和企业推销人员的不满，但是成功的提价可以使企业的利润大幅增加。引起企业提价的主要原因有：通货膨胀，物价上涨，导致产品原材料价格上涨；人力资本价格上涨；企业产品供不应求；企业利润过低，单方面要求增加利益；原有价格定得过低；同业企业形成价格联盟，集体提价。

9.4.2　不同群体对价格变动的反应

9.4.2.1　顾客的反应

顾客对于企业的某种产品降价可能会理解如下：（1）这种产品过时了，将被新型产品替代；（2）这种产品有某些缺点，销售不畅；（3）企业财务困难，难以继续经营下去；（4）价格还要进一步下跌；（5）这种产品的质量下降了。

企业提价通常会影响销售，但是购买者对企业的某种产品提价也可能会理解如下：（1）这种产品很畅销，不赶快买就买不到了；（2）这种产品很有价值；（3）卖主想尽量取得更多利润。

一般来说，购买者对于价值高低不同的产品的价格反应有所不同。对于那些价值高、经常购买的产品的价格变动较敏感；而对于那些价值低、不经常购买的小商品，即使单位价格较高，购买者也不大在意。此外，购买者虽然关心产品价格变动，但是通常更关心获得、使用和维修产品的总费用。因此，如果企业能使顾客相信某种产品的取得、使用和维修的总费用较低，就可以把这种产品的价格定得比竞争者高，以取得更多的利润。

9.4.2.2 竞争者的反应

竞争者对企业的产品价格的反应，是企业调整价格时要考虑的重要因素，特别是当某一行业企业较少，又提供同质可替代产品，而购买者又有相当的辨别能力且了解市场情况时，分析竞争者的反应就特别重要。

调价前，企业应掌握竞争者的心理，必须了解竞争者目前的财务状况，近年来的生产、销售、顾客忠诚度和企业目标等情况。例如，竞争者的目标是提高市场占有率，它就可能追随本企业的价格变动而调整价格。

以企业降价为例，竞争者可能认为：该企业想与自己争夺市场；该企业想引起全行业降价，以刺激需求；该企业经营不善，想改进销售状况；该企业可能有新产品上市。

企业进行调价，离不开对企业在行业中所处地位的判断。如果企业在行业中处于优势地位，则企业调价就是整个行业价格变动的先导。如果企业在行业中处于劣势地位，则企业主动调价要非常谨慎，因为很可能导致行业中的优势企业对其进行报复，企业在竞争中就将面临彻底失败的危险。

9.4.2.3 企业面对竞争者价格变动的反应

企业经常会面临竞争者价格变动的挑战。如何对竞争者的价格变动做出及时、正确的反应，是企业定价策略的一项重要内容。

A 不同市场环境下的企业反应

在同质产品市场上，如果竞争者降价，企业必须随之降价，否则顾客就会购买竞争者的产品，而不购买该企业的产品；如果某个企业提价，且提价对整个行业有利，其他企业也会随之提价，但是如果某个企业不随之提价，那么最先发动提价的企业和其他企业将不得不取消提价。

在异质产品市场上，企业对竞争者价格变动的反应有更多的选择余地。因为在这种市场上，顾客选择卖主时不仅考虑产品价格因素，而且考虑产品的质量、服务、性能、外观、可靠性等多方面的因素。因而在这种产品市场上，顾客对于较小的价格差异并不在意。

面对竞争者的价格变动，企业必须认真调查研究如下问题：（1）竞争者为什么改变价格；（2）竞争者打算暂时改变价格还是永久改变价格；（3）如果对竞争者改变价格置之不理，将对企业的市场份额和利润有何影响；（4）其他企业是否会做出反应；（5）竞争者和其他企业对于本企业的每一个可能的反应又会有什么反应。

B 市场主导者的反应

市场主导者往往遭到一些小企业的进攻。这些小企业的产品可与市场主导者的产品相媲美，它们往往通过进攻性的降价来争夺市场主导者的市场阵地。在这种情况下，市场主导者有以下几种策略可供选择。

（1）维持价格不变。市场主导者认为，如果降价就会减少利润收入，而维持价格不变，尽管对市场份额有一定影响，但以后还能夺回市场阵地。当然，在维持价格不变的同时，还要改进产品质量、提高服务水平、加强促销沟通等，运用非价格手段来反击竞争者。企业的营销实践证明，采取这种策略比降价和低利经营更合算。

(2) 降价。市场主导者之所以采取这种策略，主要是因为：降价可以使销售量和产量增加，从而使成本费用下降；市场对价格很敏感，不降价就会使市场份额下降；市场份额下降之后很难恢复。但是，企业降价以后，仍应保持产品质量和服务水平。

(3) 提价。企业在提价的同时，还要致力于提高产品质量，或推出新品牌，与竞争对手争夺市场。

思 考 题

(1) 企业在定价时应该考虑哪些因素，怎样对这些因素进行分析？

(2) 在什么样的条件下需求可能缺乏弹性？

(3) 价格折扣主要有哪几种类型，其含义分别是什么？

(4) 企业在选择不同的折扣策略时所考虑的主要因素是什么？

(5) 企业地区定价测量的表现形式主要有哪些？

(6) 怎样分析竞争者对企业价格变动的反应？

(7) 某企业的年固定成本为 20 万元，每件商品的单位成本为 40 元，如果订货量分别为 5000 件、8000 件、10000 件时，其盈亏平衡价格是多少？

(8) 某企业的年固定成本为 100 万元，计划销售量为 10 万件，单位变动成本为 5 元，该产品的投资收益率若定位为 10%，该产品的销售价格应是多少？

案 例 分 析

坚持定高价的苹果公司

苹果手机 iPhone 在开始销售前很多天，数千的购买者就已经在即将铺货的苹果手机店外面排队等候，他们急于体验新手机的触摸屏幕和多媒体功能。像苹果公司的标志性产品 iPod 媒体播放器一样，iPhone 手机造型流畅的手机壳和白色耳机能让人们一眼认出来，它已成为喜爱高科技产品的消费者必备的身份标志。然而，尽管举行了一次大型促销活动，进行了广泛报道，得到了很多好评，并拥有数量正在增长的顾客群体，iPhone 手机却在推出两个月后成为批评的焦点，这与刚刚推出时的火爆形成了鲜明的对照。

从传统上来看，苹果公司总是为新产品制定较高的价格。这样的定价目的之一就是加强品牌的高端定位并赢得特别声望。另一目的是在产品生命周期的早期阶段收回开发成本并创造利润。这种定价策略对该公司的苹果手机和 iPod 产品很有效果，可使苹果公司逐年提高自己的收入和利润。

iPhone 手机的最初定价为 599 美元，该价格不包括其独家合作伙伴 AT&T 提供服务所产生的成本。两个月后，苹果公司突然打破了自己一贯的模式，将 iPhone 手机价格下调了 200 美元。尽管电子产品随着时间的推移经常会降价，但这种在产品刚推出不久价格就如此大幅度下降的情形并不多见。这一次，苹果公司将注意力放在了年底节假日上，它相信制定一个可承受性更强的价格，有利于吸引大量购买手机送人的顾客。同时，该公司也注意到它将有机会实现手机推出头 18 个月在全球销售 1000 万部的目标。

苹果公司的定价策略遭到顾客的强烈的抗议，他们觉得自己购买这样一种新型手机多花了钱，因为他们没料到该手机这么快就成为一种主流产品。鉴于苹果公司已成为众矢之的，当时的 CEO 乔布斯很快就承认顾客有理而做出了让步。在网站上的一个帖子中，他写道："我们的老顾客信任我们，在这样的时候，我们必须以自己的行动来表明我们不会辜负他们的期望。"为了避免失去老顾客，苹果公司向每一位在减价前购买苹果手机的顾客提供 100 美元的优惠。尽管这一做法又遭到一些批评，但在几周后批评的声音趋于平静。

很快，苹果公司就推出了一系列新型号 iPhone 手机，这些手机具有更多的新特点，功能更强大，而且价格比之前推出的产品更低。iPhone 手机在全球的销售取得了巨大成功，而且这种势头仍在持续。

但是近两年 iPhone 销量下滑，包括外界一些评论和不和谐的声音。苹果公司终于正面回应了 2018 年三款新 iPhone 销量惨淡的缘由。首席执行官蒂姆·库克承认 iPhone 在中国市场上的销售陷入了困境，同时还称，这是因为美元走强、移动运营商补贴减少，以及老设备用户可以优惠换电池延长了旧设备的使用时间等一些因素影响，但对于外界普遍指责的新 iPhone 定价过高的评论只字未提。

那么，为什么面对外界如此鲜明的指责，苹果会置若罔闻呢？其实对于官方而言，苹果也早已认识到了 iPhone 在中国定价确实过高。为了弥补这一错误，官方在官网推出了罕见的以旧换新活动，打出"最低仅需 4399 元就能买到 iPhone XR"的口号以变相降价的方式来吸引消费者，但很可惜毫无效果。

2019 年 9 月，新款 iPhone 11 推出后，对比安卓手机，在全面屏解决方案、摄像头、快速充电方面均没有优势，同时没有 3.5 毫米耳机接口，没有扩展槽，没有无线反向充电功能，所以无法像使用华为 P30 Pro、三星 Galaxy Note10 等手机那样给朋友的手机充电。虽然苹果下调了产品线中最便宜手机的价格，但消费者仍需支付高价。苹果公司的定价策略究竟走向如何，我们拭目以待。

（资料来源：李林．市场营销学［M］.3 版．北京：北京大学出版社，2018.）

思考：

(1) 在刚推出 iPhone 手机时，苹果公司的主要定价目标是什么，在产品推出两个月后削减价格，苹果公司这样做要达到的目标又是什么？

(2) 苹果这么多年来一直采取的主要定价策略是什么？请说明它成功的原因。

(3) 苹果公司在最近两年的经营过程中，遇到不少问题，如果它放弃一贯的定价策略，你赞成这种做法吗，为什么？

实 训 题

实训目的

通过对现实生活中企业定价行为的讨论和分析，了解影响定价的因素，强化对定价策略的认知。

实训内容

结合定价策略的相关知识，选择一个行业的企业进行研究，了解其定价策略及差异，以及企业为何选择当前这种定价方式。经过进一步的讨论和思考，对企业当前的定价策略模式做出评价，并分析企业在定价上是否还有可改进的地方。

实训组织和要求

(1) 将学生分组，每组3~5人。采用组长负责制，全体组员协作完成实训任务。

(2) 在确定企业后，对企业定价策略方面的内容展开资料收集。

(3) 在所收集的资料基础上，展开讨论和分析，了解企业定价差异及原因并做出进一步的评价。

(4) 各组根据所选企业进行课堂展示，并回答其他组的问题。

(5) 任课老师对实训课程的结果进行总结，并提出相应的意见和建议。

项目10 分销策略

学习目标

(1) 理解分销渠道的概念、结构及类型。

(2) 了解中间商的功能和类型。

(3) 掌握影响选择中间商的因素及选择中间商的考虑范围。

(4) 掌握电商时代的渠道系统的内涵和运用。

能力目标

(1) 能够运用渠道策略理念帮助企业建设或维护自身渠道，具有渠道相关问题的诊断解决能力。

(2) 能够与时俱进地了解新零售及全渠道，并结合实际分析运用新的渠道系统。

案例导入

盒马鲜生：新零售的实践

盒马鲜生是阿里巴巴对线下超市完全重构的新零售业态。盒马是超市，是餐饮店，也是菜市场，但这样的描述似乎又都不准确。消费者可到店购买，也可以在盒马App下单。而盒马最大的特点之一就是快速配送：门店附近3公里范围内，30分钟送货上门。

盒马鲜生多开在居民聚集区，下单购物需要下载盒马App，只支持支付宝付款和现金，不接受任何其他支付方式。

实际上，在强推支付宝支付背后，是盒马未来将对用户消费行为大数据挖掘的野心。阿里巴巴为盒马鲜生的消费者提供会员服务，用户可以使用淘宝或支付宝账户注册，以便消费者从最近的商店查看和购买商品。盒马未来可以跟踪消费者的购买行为，借助大数据做出个性化的建议。

实现盈利：2017年7月，盒马鲜生创始人兼CEO侯毅在接受新闻采访时表示，盒马营业时间超过半年的门店已经基本实现盈利。侯毅原是京东物流负责人。

盒马首家店上海金桥店目前每天平均营业额可达100万元左右，已经实现单店盈利。

华泰证券2016年12月的研报显示，盒马上海金桥店2016年全年营业额约2.5亿元，坪效［每坪面积（1坪≈3.3平方米）可以产出的营业额］约5.6万元，远高于同业平均水平（1.5万元）。

盒马实现用户月购买次数达到4.5次，频效是传统超市的3~5倍。

此外，盒马用户的黏性和线上转化率相当惊人。据侯毅透露，线上订单占比超过50%，营业半年以上的成熟店铺更是可以达到70%，而且线上商品转化率高达35%，远高于传统电商。目前，成熟门店如上海金桥店的线上订单与线下订单比例约为7∶3。

服务对象：盒马未来主要将服务三类人群。第一，晚上大部分时间在家的家庭用户。第二，基于办公室场景推出针对性便餐或轻餐。第三，周末会带着孩子去超市走走的用户。

渠道体系：与传统零售的最大区别是，盒马运用大数据、移动互联网、智能物联网、自动化等技术及先进设备，实现人、货、场三者之间的最优化匹配，从供应链、仓储到配送，盒马都有自己的完整物流体系。

不过，这一模式也给盒马的前期投入带来巨大成本。公开报道显示，侯毅曾透露，盒马鲜生的单店开店成本在几千万元不等。

能做到 30 分钟配送速度，在于算法驱动的核心能力。据店员介绍，店内挂着金属链条的网格麻绳是盒马全链路数字化系统的一部分。盒马的供应链、销售、物流履约链路是完全数字化的。从商品地到店、上架、拣货、打包、配送任务等，作业人员都是通过智能设备去识别和作业，简易高效，而且出错率极低。整个系统分为前台和后台，用户下单 10 分钟之内分拣打包，20 分钟实现 3 公里以内的配送，实现店仓一体。

价格优势：盒马在价格上也具有一定优势。盒马鲜生超市和线上 App 上的价格显示，上海本地菜中常见的青菜、鸡毛菜、生菜、韭菜仅需 1. 5 元/包，空心菜、菜心、红米苋、香芹、莜麦菜、茼蒿菜仅 2. 5 元/包，价格低于传统菜场 10%以上。这些菜品的重量都不低于 480 克。

这是由于没有中间环节，每天从崇明、奉贤等地的蔬菜基地直采直供，经过全程冷链运输并精细包装后，直接进入盒马鲜生超市冷柜售卖，商品卖不完当晚销毁，“我们不收取供应商一分钱的进场费，将全链条上节省下来的费用，直接补贴到消费者的身上，确保了盒马在微利情况下实现该模式可持续运作”。

未来计划：盒马目前总部拥有员工 900 余人，其中一半是软件技术开发人员。

阿里巴巴表示，创立盒马，不是单单为了要在线下开店（毕竟中国并不缺海鲜卖场），而是希望通过线上驱动淘系消费数据能力，线下布局盒马与银泰商业，以及和百联、三江购物等开展更丰富的合作形式。模式跑通后，其数据能力和技术能力会对合作伙伴开放共享。

（资料来源：百度文库 .）

在现代市场经济条件下，生产者与消费者之间在时间、地点、数量、品种、信息、产品估价和所有权等方面存在差异和矛盾。企业生产出来的产品，只有通过一定的市场营销渠道，才能在适当的时间、地点，以适当的价格供应给广大消费者或用户，从而克服生产者和消费者之间的差异和矛盾，满足市场需要，实现企业的市场营销目标。

任务 10. 1　分销渠道概述

10. 1. 1　分销渠道的含义、作用与职能

10. 1. 1. 1　分销渠道的含义

在市场营销理论中，有两个与渠道相关的术语经常不加区分地交替使用，这就是分销渠道和市场营销渠道。

分销渠道是指某种产品和服务在从生产者向消费者转移的过程中，取得这种产品和服务的所有权或帮助所有权转移的所有企业和个人。因此，分销渠道的起点是生产者，终点

是消费者：分销渠道中，产品向消费者转移的过程中，以产品所有权的转移为前提；分销渠道包括经销商（因为它们取得所有权）和代理商（因为它们帮助转移所有权）。此外，还包括处于渠道起点和终点的生产者和最终消费者或用户，但是不包括供应商和辅助商（统称辅助机构，它们既不取得商品所有权，也不参与买或卖的谈判）。

市场营销渠道是指配合或参与生产、分销和消费某一生产者的产品和服务的所有企业和个人。也就是说，市场营销渠道包括某种产品供产销过程中的所有有关企业和个人，如供应商、生产者、经销商、代理商、辅助商以及最终消费者或用户等。

10.1.1.2　分销渠道的作用

（1）分销渠道是现代企业进入市场之路。现代企业生产的产品只有通过销售渠道，进入消费领域，才能实现其价值形态。如果没有分销渠道，现代企业的产品就不能进入市场。

（2）分销渠道是现代企业的重要资源。现代企业的生产经营活动必须依赖人、财、物、时间、市场、管理、信息等资源，在这些资源中，市场是重要的资源，而在这一资源中，分销渠道是重要的组成部分。

（3）分销渠道是现代企业节省市场营销费用，加快产品流通的重要措施。很多企业无法实现自产自销，在很大程度上依赖分销渠道，可以加速商品流动，节省费用，加快资金周转。

（4）分销渠道可以为消费者提供便利，节省时间和精力，在整个社会化生产过程中，起着调节产、供、销平衡的作用。

10.1.1.3　分销渠道的职能

分销渠道对产品从生产者转移到消费者所必须完成的工作加以组织，目的在于消除产品（或服务）与使用者之间的分离。分销渠道的主要职能可概括为两大类。

A　传统功能

（1）集中产品。收购和采购大量的产品，集中起来。

（2）平衡供求。通过分销渠道，可以按市场需要，从产品的品种、数量、质量和时间上调节市场供应。

B　现代功能

（1）促进商品销售。分销机构通过广告、展示、商标、现场演示等促销手段，刺激消费者产生购买欲望，并利用自己良好的信誉来说服顾客购买。

（2）信息渠道。它们收集和传播营销环境中有关潜在与现行顾客、竞争者和其他参与者力量的营销调研信息。

（3）接洽和谈判。寻找可能的购买者并与之进行沟通，尽力达成有关产品的价格和其他条件的最终协议，以实现所有权或持有权的转移。

（4）配合。使所供应的商品符合购买者需要，包括分类、分等、装配、包装等活动。

（5）物流。它们提供产品从一个组织或个人转移到其他人所进行的运输、储存。

（6）筹集资金。为补偿渠道工作的成本费用而获得与支出资金。

（7）承担风险。在执行任务的过程中承担有关风险。

10. 1. 2　分销渠道的层次与宽度

10. 1. 2. 1　分销渠道的层次

分销渠道可根据渠道层次的数量来分类。在产品从生产者转移到消费者的过程中，任何一个对产品拥有所有权或负有推销责任的机构，都属于一个渠道层次。生产者和消费者都参与了将产品及其所有权转移到消费地点的工作，因此，被列入每一渠道中。市场营销学就以中间层次机构的数量确定渠道的长度。

零层渠道通常称为直接分销渠道。直接分销渠道是指产品在从生产者流向最终消费者的过程中不经过任何中间商转手的分销渠道。直接分销渠道主要用于分销产业用品。因为，一方面，许多产业要按照客户的特殊需要制造，有高度技术性，生产者要派遣专家去指导用户安装、操作、维护设备；另一方面，用户数量较少，某些行业工厂往往集中在某一地区，这些产业用品单价高，用户购买量大，某些消费品有时也通过直接分销渠道分销。但是，由于广大消费者居住分散，购买数量零星，因而在更多情况下，许多生产者不能将其产品直接销售给广大消费者。

一层渠道含有一个中间商。在消费者市场，这个中间商通常是零售商；在产业市场，则可能是代理商或佣金商。

二层渠道含有两个中间商。在消费者市场，通常是批发商和零售商：在产业市场，则通常是代理商和批发商。

三层渠道含有三个中间商。肉食类产品及包装类产品的制造商通常采用这种渠道分销产品。在这类行业中，通常有一个专业批发商处于批发商和零售商之间，该专业批发商从批发商进货，再卖给无法从批发商进货的零售商。

更多层次的分销渠道较少见。从生产者角度来看，随着渠道层次的增多，控制渠道所需解决的问题也会增多。如图 10-1 所示是常见的消费者分销渠道和工业用品分销渠道。

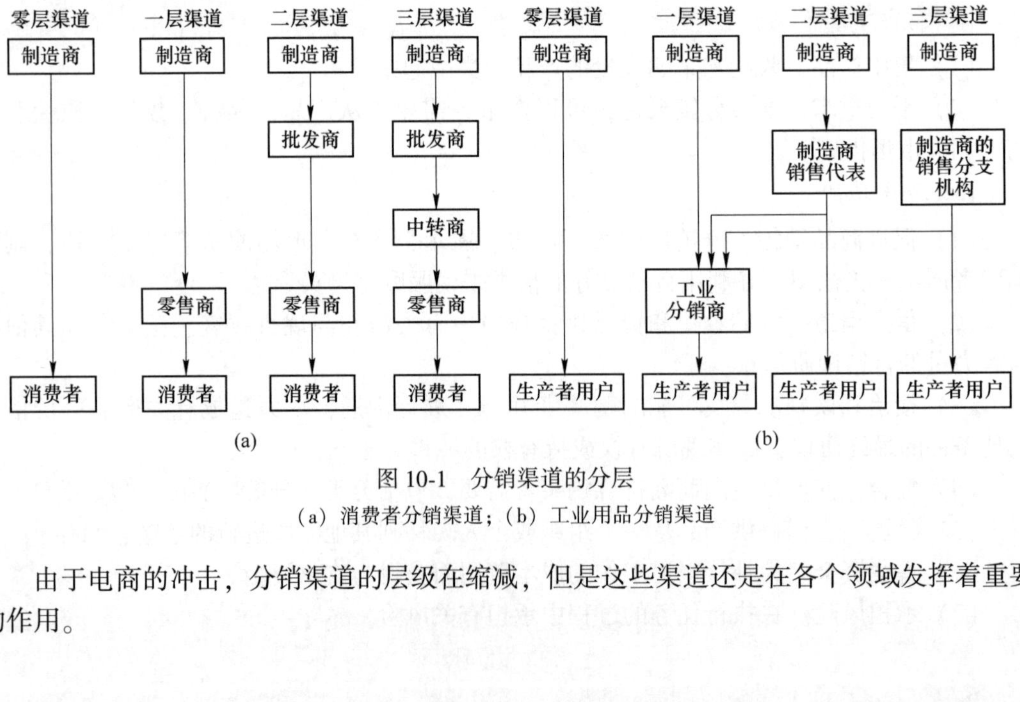

图 10-1　分销渠道的分层

（a）消费者分销渠道；（b）工业用品分销渠道

由于电商的冲击，分销渠道的层级在缩减，但是这些渠道还是在各个领域发挥着重要的作用。

10.1.2.2 分销渠道的宽度

分销渠道的宽度是指渠道的每个层次拥有同种类型中间商数量的多少。它与企业的分销策略密切相关。而企业的分销策略通常可分为三种，即密集分销、选择分销和独家分销。

密集分销（intensive distribution）是指生产者尽可能地通过许多负责任的、适当的批发商、零售商推销其产品。消费品中的便利品和产业用品中的供应品通常采用密集分销，使广大消费者和用户能随时随地买到这些日用品。一般用于方便项目，如香烟、汽油、肥皂、零食小吃和口香糖等。

选择分销（selective distribution）是指生产者在某一地区仅仅通过少数几个精心挑选的、最合适的中间商推销其产品。选择分销适用于所有产品，但相对而言，消费品中的选购品和特殊品最适合采取选择分销。

营销实例

耐克（Nike）公司在六种不同类型的商店中销售其生产的运动鞋和运动衣。

（1）体育用品专卖店。例如，高尔夫职业选手用品商店，在那儿耐克公司已经宣布了其准备生产一种新型运动鞋的计划。

（2）大众体育用品商店，那里有许多不同样式的耐克产品。

（3）百货商店，那里集中销售最新样式的耐克产品。

（4）耐克体验店，在那里可以根据体验店提供的样式和消费者自己的意愿 DIY。

（5）耐克产品零售商店，在那里有耐克公司生产的全部产品。

（6）大型综合商场，仅销售折扣款式。

（7）工厂的门市零售店，所销售的大部分是二手货和存货。

（资料来源：根据百度文库相关资料整理.）

独家分销（exclusive distribution）是指生产者在某一地区仅选择一家中间商推销其产品。通常双方协商签订独家经销合同，规定经销商不得经营竞争者的产品，以便控制经销商的经营业务，调动其经营积极性，更好地占领市场。例如，新汽车、某些电器用品及高档服装等。

10.1.3 分销渠道的类型

构成分销渠道的不同环节的企业和个人称为渠道成员。按渠道成员结合的紧密程度，分销渠道还可以分为传统渠道系统和整合渠道系统两大系统，如图 10-2 所示。

10.1.3.1 传统渠道系统

传统渠道系统是指由各自独立的生产者、批发商、零售商和消费者组成的分销渠道。传统渠道成员之间的系统结构是松散的。由于这种渠道的每一个成员均是独立的，它们往往各自为政，各行其是，几乎没有一个成员能完全控制其他成员。随着市场环境的变迁，传统渠道面临严峻挑战。

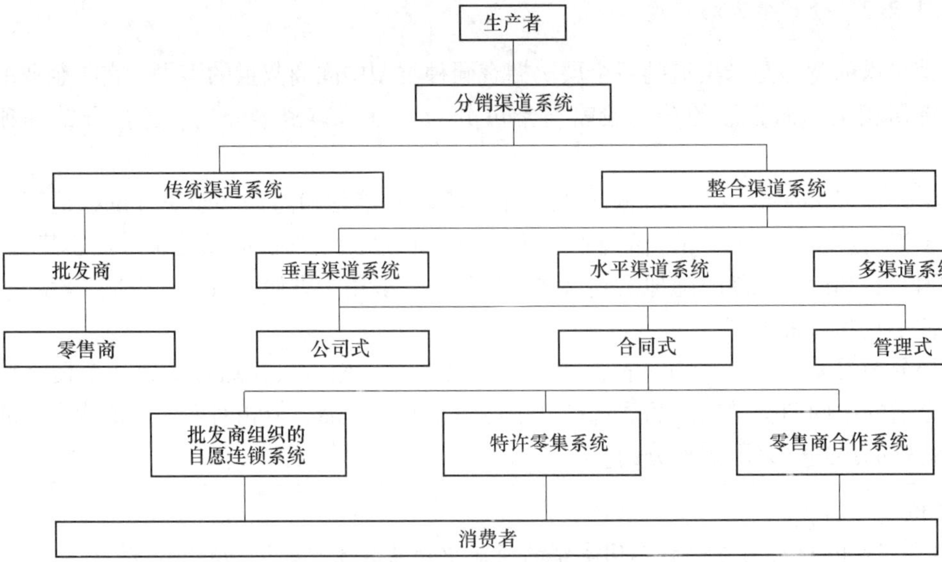

图 10-2　分销渠道的系统结构

10.1.3.2　整合渠道系统

整合渠道系统是指渠道成员通过一体化整合形成的分销渠道系统。主要包括以下三种形式。

（1）垂直渠道系统。由生产者、批发商和零售商纵向整合组成，其成员或属于同一家公司，或为专卖特许权授予成员，或被有足够控制能力的企业左右。该系统有三种主要形式。1）公司式，即由一家公司拥有和管理若干工厂、批发机构和零售机构，控制渠道的若干层次，甚至整个分销渠道，综合经营生产、批发和零售业务。公司式垂直渠道系统又分为两类：一类是由大工业公司拥有和管理的，采取一体化经营方式；另一类是由大型零售公司拥有和管理的，采取工商一体化方式。2）管理式，即通过渠道中某个有实力的成员来协调整个产销通路的渠道系统。如名牌产品生产者以其品牌、规模和管理经验优势出面协调批发商、零售商经营业务和政策，共同采取一致的行动。3）契约式，即不同层次的独立的生产者和中间商，以合法契约为基础建立的联合渠道系统。如批发商组织的自愿连锁系统、零售商合作系统、特许零售系统等。

（2）水平渠道系统。即两个或两个以上同一层次的企业为了抓住新的市场机会，在财务、产能及营销资源等各方面集成整合起来，以便取得独自行动所难以达成的目标。这种联合或合作，既可以是暂时的，也可以是长久的，还可以成立一家新的联合公司。例如，沃尔玛和麦当劳就构成了水平营销系统，在沃尔玛超市内开设麦当劳餐厅，麦当劳从沃尔玛熙熙攘攘、川流不息的客流量中获益，而沃尔玛也留住了在购物过程中感到饥饿需要就餐的顾客，饿了就可以很便利地在麦当劳店内用餐，避免了这些人因去别处就餐而损失客流。

（3）多渠道系统。即对同一或不同的细分市场，采用多条渠道的分销体系。大致有两种形式：一种是生产者通过两条以上的竞争性分销渠道销售同一商标的产品；另一种是生产者通过多条分销渠道销售不同商标的差异性产品。此外，还有一些公司通过同一产品在销售过程中的服务内容与方式的差异，形成多条渠道以满足不同顾客的需求。多渠道系统为生产者提供了三方面利益：扩大产品的市场覆盖面，降低渠道成本和更好地适应顾客要求。但该系统也容易造成渠道之间的冲突，给渠道控制和管理工作带来更大难度。

10.1.3.3　电商时代的渠道系统——O2O 模式

线上平台的快速发展不断冲击着传统的分销渠道系统，也带来了新的分销渠道模式。O2O（Online to Offline）模式是指线上促销和线上购买带动线下经营和线下消费。O2O 通过促销、打折、提供信息、服务预订等方式，把线下商店的消息推送给互联网用户，从而将他们转换为自己的线下客户，这特别适合必须到店消费的产品和服务，比如餐饮、健身、电影和演出、美容美发、摄影及百货等。

O2O 业务模式主要有以下四种。

（1）Online to Offline 模式，线上交易到线下消费体验产品或服务。

（2）Offline to Online 模式，线下营销到线上完成商品交易。随着智能手机的日渐普及、二维码的兴起，很多企业通过在线下做促销，在线上实现交易。

（3）Offline to Online to Offline 模式，线下促销到线上商品交易，再到线下消费体验产品或服务。运营商使得在任何时间段都可能针对手机客户开展促销，而且很多营销活动在线下触发，在线上完成交易，然后客户在线下消费体验。例如，“预存话费 100 元送价值 60 元的金龙鱼油”，在情人节“办情侣套餐送电影票”，在校园开学季“校园新生开卡送自行车”，等等。这种业务模式是在线下触发，然后在线上完成交易，运营商把营销的产品或服务通过线上发给手机客户，手机客户再到线下完成消费体验。

（4）Online to Offline to Online 模式，线上交易或促销到线下消费体验产品或服务再到线上交易或促销。例如，某消费者玩一款网游，该游戏的道具有麦当劳某套餐，然后他在游戏中买了这款麦当劳套餐，该游戏提示他到线下的麦当劳实体店吃完该套餐，然后回到线上继续这款网游。该消费者去实体店消费后再进入网游时，线上那个麦当劳道具已经被使用，而且他在网游中的角色的实力大增。

在方兴未艾的新经济时代，消费者在哪里，哪里就有连接企业和消费者的渠道。企业应致力于畅通消费者购物的各环节，缩短消费者从想要到拥有或使用的历程，打造线上和线下有机结合的全渠道。

任务 10.2　中　间　商

中间商是指制造商和最终顾客（消费者或用户）之间参与交易业务，促使买卖行为发生和实现的经济组合和个人。包括中间商和制造商一起共同努力实现产品分销的目标，同时也需要根据内外部环境制定合适的营销策略，实现其营销目标。按照其在流通过程中的地位和作用，可以将中间商分为批发商和零售商。

10.2.1 批发商

批发商是指向制造商或经销单位购进商品，供给其他单位（如零售商）进行专卖或供给制造商进行加工制造产品的中间商。批发商出售的商品一般是供给零售商转卖或再生产用；批发商是在工商企业之间进行交易活动，批发交易结束后，商品仍留在流通领域；批发商销售的产品数量一般比较大，销售的频率相对较低；批发商设点较少。按照不同的标准，批发商又可分为以下三种类型。

（1）按照服务范围分，可分为完全服务批发商和有限服务批发商。完全服务批发商执行批发商业的全部功能，提供诸如存货、推销、顾客信贷、送货以及协助管理等服务。它包括批发中间商和工业批发商。前者是向零售商销售，并提供全面服务；后者是向生产者提供生产性消费的商品或服务。有限服务批发商是指批发商为了减少费用，降低批发价格，只对其顾客提供有限的几项服务，如现货自运批发商、直运批发商、卡车批发商、货架批发商、邮购批发商等。

（2）依照经营业务内容分，可分为专业批发商、综合批发商和批发市场。专业批发商即专门经营某一类或某一种商品的批发商。综合批发商即经营多类商品的批发商。批发市场也称批发交易市场，它是由多种批发组织组成的联合体，或以某类商品为中心集结多家批发商，共同开展批发业务。

（3）依照经营商品种类分，可分为农副产品批发商和工业品批发商等。农副产品批发商的主要任务是从农村基层收购商品，供应外地批发商或生产商、零售商。工业品批发商经营的商品包括生产资料和日用工业品，实行专业化经营。按经营商品的类别，批发商还可分为百货、文化、纺织、针棉织品、劳保用品、五金、交电、化工原料等专业批发商。

10.2.2 零售商

零售商是指把商品直接销售给最终消费者，以供消费者个人或家庭消费的中间商。零售商处在商品流通的最终环节，直接为广大消费者服务。零售商的交易对象是最终消费者，交易结束后，商品脱离流通领域，进入消费领域；零售商销售商品的数量比较小，但销售频率高；零售商数量多，分布广。

10.2.2.1 零售商的类型

零售商的类型复杂，业态模式不断更新。整体上可分为两种类型：商店零售商（或称有店铺零售商）、无店铺零售商。

A 商店零售商

（1）专业商店。专业商店是指经营的产品线较狭窄，但花色品种比较齐全的商店。根据产品线的狭窄程度还可以细分为单一产品线商店（如服装商店）、有限产品线商店（如儿童服装店）、超级专用品店（如男士衬衣店、女士内衣店）等。

（2）百货商店。这是一种大型零售商店，分门别类地销售品种繁多的商品。其特点是经营范围广，商品类别多，花色品种齐全，能满足消费者多方面的购买需要。

（3）超级市场。超级市场也叫自选市场，其特点是由顾客自选，自我服务，定量包装，预先标价，顾客出门时一次交款，因而可以节约售货时间，节约商店人力和费用，避免或减少顾客与售货员的矛盾。

（4）便利店。便利店是设在居民区附近的小型商店，营业时间长，销售品种有限，主要经营周转率高的便利品。消费者选择便利店主要是图方便，不在意价格略高一点。

（5）超级商店、联合商店和特级商场。超级商店比传统的超级市场更大，主要销售各种食品和日用品，通常提供洗衣、干洗、修鞋、廉价午餐等服务。联合商店的面积比超级市场和超级商店更大，呈现出一种多元化的趋势，主要向医药领域发展。特级商场比上述两种商店还大，综合了超级市场、折扣商店和仓储零售商店的经营特色，其品种超出了日常用品的范围，包括家具、家用器具、服装和其他许多产品。特级商场在销售中将原装产品予以陈列，尽量减少商店人员的搬运，同时向愿意自行搬运大型家用器具和家具的顾客提供折扣。

（6）折扣商店。折扣商店即平价超市，具有以下特点：经常以低价销售商品；突出销售全国性品牌，产品虽然价格低廉但并不意味着质量差；多采用自助式销售方式，基础设施简单；店址位于租金低的地区，但能吸引距离较远的顾客。

（7）仓储商店。仓储商店是种以大批量、低成本、低售价和微利多销的方式经营的连锁式零售企业，其特点是：以工薪阶层和机关团体为主要对象，旨在满足一般居民的日常性消费需要，同时满足机关、企业的办公性和福利性消费需要；价格低廉，这是因为直接从厂家进货，减少了中间环节，降低了经营成本；精选正牌畅销产品；实行会员制；经营成本低，从店面位置、建筑形式、货架、包装等方面人手降低成本，不做一般性商业广告，仓店合一。

（8）产品陈列推销店。这种商店将产品目录推销和折扣原则用于品种繁多、加成高、周转快的品牌产品。这些产品包括：珠宝首饰、动力工具、提包、照相器材等。通过发放彩色印刷目录，对产品的定价和折扣进行宣传。顾客可电话订货，由店方送货上门，顾客支付运费；顾客也可亲自到店内选购。

B　无店铺零售商

无店铺零售商是指不经过实体店铺销售商品和服务的零售商家，其主要的销售形式如下。

（1）电视购物。将电视作为向消费者进行商品宣传展示的渠道，以电视观众为主要销售对象。商品具有自身的特点，与市场上同类商品的差异较大。

（2）网上销售。通过互联网进行买卖交易，以有上网能力、追求快捷的消费者为主要销售对象，与市场上同类商品相比，商品的同质性强。

（3）邮购销售。由邮购公司将商品目录、广告函件、传单等邮寄给潜在的顾客，顾客如有需要，可把订单填好寄回，并通过邮寄或银行转账等方式支付货款，邮购公司接到订单后即将商品邮寄给顾客。在我国，这种方式在书籍的销售中使用得较多。

（4）访问销售。这是营销人员通过挨家挨户进行访问或举办家庭聚会，当场示范说明商品特性，来展开销售活动的一种方式。

（5）自动售货。利用自动售货机售货，顾客使用硬币或电脑记录卡可立即获得货品或劳务服务，如自动洗衣、电动游戏、行李存放、自动计时停车等。

（6）直播带货。直播带货是指通过一些互联网平台，使用直播技术进行商品线上展示、咨询答疑、导购销售的新型服务方式，具体形式可由店铺自己开设直播间，或由职业主播集合进行推介。

10.2.2.2　零售业的发展趋势

在制定竞争战略时，零售商必须考虑以下的主要发展趋势。

（1）跨界零售模式不断涌现。银行在超市设立分支机构；加油站开设了食品商店，其赚取的利润比给汽车加油赚的利润还要多；在书店中开设咖啡屋。甚至，一些传统的零售方式又重新出现了，在一些商业区有人开始有小贩用手推车来销售货物。

（2）新的零售形式的生命周期正在缩短。它们迅速被模仿和很快失去新意。

（3）电子时代极大地增加了非商店零售的机会。消费者可通过邮局，甚至电视、电话、计算机接收销售报价，并通过免费电话或计算机立即得到回答。

（4）当前在不同类型商店之间的竞争愈演愈烈。折扣商店、产品目录、陈列销售店和百货公司都在为同一批顾客而竞争。连锁超市与小型独立自营商店的竞争成为焦点。由于连锁店大量购物的能力、更优惠的交易条款优于独立商人，连锁店增加的面积允许为顾客增设咖啡屋和卫生间。在许多地方，超级市场使邻近的独立商人歇业。

（5）技术作为竞争工具正变得日益重要。零售商正在使用计算机提高预测水平，控制仓储成本，用电子技术向供货商订货，在商店之间用电子邮件传递信息，甚至在店内用电子技术向顾客售货。它们采用电子收款系统、电子转账、电子数据交换、店内闭路电视和改进的商品的处理系统、创新的扫描系统购买追踪等。

10.2.2.3　新零售

分享一组有意思的数据，2017 年社会消费品零售总额为 36.6 万亿元，其中线下占比 85%，线上占比仅 15%，所以说尽管电商如火如荼地进行，但实际上线下才是赚钱的大头。于是传统电商开始思考如何结合线下挽回流失的销量，而线下实体零售店也在积极拥抱互联网，希望借助外力让自己不要被太快淘汰。

新零售时代的来临让人们开始寻找破解“互联网+”时代行业发展痛点的方式和方法。

“新零售=线上+线下+物流配送”，新零售强调的是传统零售与互联网技术的结合，线上线下取长补短、互相融合，利用大数据、人工智能技术使零售更加高效。

如今，新零售业愈发体现出“人”“物”“场”的数据化结合。线上线下场景及渠道的融合与传统零售业电商平台的发展之间正在形成一种良性互动，不仅意味着消费供需两端的升级，也正成为经济转型升级的强大动力。

随着新零售的崛起，一场新零售市场的争夺战正以腾讯、京东对垒阿里巴巴全面爆发。新零售市场开始以“腾讯系”“阿里系”两大阵营站队，传统商超们也积极投入巨头怀抱。其中，沃尔玛、永辉、家乐福等加入腾讯阵营，大润发、三江、新华都、银泰等加入阿里阵营。

S2B 是阿里巴巴的曾鸣在 2017 年 5 月最先提出来的、面向未来的一种新型商业模式。自从提出以来，已有房产家装领域、服装领域、新餐饮、医疗健康等领域的新兴公司实践 S2B 模式。S2B 的全称是 Supply chain plat form To Business，S 是指一个大的供应链平台，

B 是指平台对应万级、十万级甚至更几十万级的企业端（其中包括大、中、小各种规模的企业）。两者的关系并不是简单地加盟，而是“赋能”。其过程是 B 端通过与用户的沟通了解客户的需求和痛点，然后通过 S 端所提供的对整个供应链的整合能力，来满足用户的定制化需求。由于 B 端能够以客户需求为目的获得 S 端的支持，所以 S2B 与标准化的加盟和简单的买卖关系有所不同。

由于技术不成熟而带来不佳的用户体验对新零售企业而言是不可接受的。因为消费者接受新零售的“新”，是来自于新零售的科技感能满足消费者求便利的心理，所以，用户体验无论是在过去还是在未来，都是新零售企业必须要重视的环节。

营销新视野

新零售是革命还是救命?

如果说新零售是革了传统零售的命，那么最明显的例子就是深圳的一家老品牌商超——人人乐。公开资料显示，2014—2017 年净利润均为负数，由于公司作为传统零售业，近些年来受电商迅猛发展的冲击，营业收入持续下降，2017 年甚至亏损了 5 亿多元。

但如果说新零售是传统零售的救命稻草，人人乐超市又是其中的一个案例。在新零售的推动下，人人乐开始与互联网企业合作。人人乐与京东、腾讯旗下的互联网微众银行、多点（Dmall）等保持着不同程度的合作。据人人乐 2018 年度业绩报告预告，预计 2018 年度归属于上市公司股东的净利润为 1000 万~4000 万元，将实现扭亏为盈。

另外，除了人人乐新零售改造初有成效，联华超市表示业绩扭亏为盈主要归因于集团持续转型提升，从而取得成效带来的同店业绩提升。相关媒体也曾报道，红旗连锁净利增长主要是因为公司今年继续加强大数据的运用及分析、持续对门店商品结构进行调整、提升门店管理效率等。

如此看来，新零售对零售模式行业的价值在 2018 年还是呈现正态生长的。也就是说，成也新零售，败也新零售，那些率先上战场却成为“先烈”的，这些准备上场但还不确认方向的，扑朔迷离的市场总会迎来新的格局。

一切才刚刚开始，仍存在很多变数，新产业的初期会有无数种可能。若要评价 2018 年新零售对零售行业的价值在革命与救命的比重中，可能还是后者的占比较大一些。新零售实际上帮助了传统零售在互联网、物联网等方面的升级。而未来，新零售是否能继续为零售行业创造价值，还得拭目以待。

（资料来源：亿欧网.）

新零售的轻与重、繁与杂在反映不同商家对于新零售不同心态的同时，也影响着新零售的走向和格局。但有一点需要注意，如今存量用户已经被几个环线分割，各阶层人群的消费能力、可支配时间并不相同。

以中产阶级为例，这部分人大都是“80、90 后”，他们对新事物始终保持新鲜感，追求高性价比，并愿意为高品质的服务付费。但是以新零售为代表的消费升级并不代表普通大众的消费需求，所以不同的消费人群有不同的消费理念。

因此，对于任何一种商业模式来讲，无论模式如何多样，到最后还是要落脚在满足人们最终的消费诉求上，满足用户基本的消费诉求依然是破解所有发展难题的关键。

当下的新零售产业似乎站在了一个十字路口，向左是潜在的流量红利，向右是看得见的消费升级，“摇摆”成了一种时代的新符号。不过，毋庸置疑的一点是，随着时间的积累，赛道将越来越宽广，赛跑选手也将越来越多样化，但只要抓住了最优价值的，并非没有以一敌十的机会。而何谓价值，无非是符合消费者口味的产品或服务。

因此，真正实现新零售的技术革命，还不是前端的虚拟试衣、虚拟导购、VR/AI 等技术，更核心的是智能制造和物联网技术。当有一天“一键定制”的智能制造和 3D 打印普及和大众化，物联网数据与个人数据更加匹配，那将会进入一个令人耳目一新的世界。

任务 10.3　分销渠道策略

分销渠道设计是指为了实现企业的分销目标，对各种备选的渠道结构进行评估和选择，从而开发新型分销渠道或改进现有分销渠道的过程、有效的分销渠道设计，应以确定企业所要到达的市场为起点。

10.3.1　影响分销渠道设计的因素

分销渠道策略会影响企业营销组合的其他策略，而且渠道一经确定，企业与其他企业的关系在相当长的一段时间里就基本固定下来了。不仅如此，相关企业之间会存在利益冲突，并在渠道竞争中形成摩擦。而且，中间商的加入将使企业对市场的控制能力发生重大改变。因此，企业在选择分销渠道的过程中应充分考虑各种影响因素，做出合理决策。影响企业分销渠道设计的因素主要有以下几个方面。

10.3.1.1　顾客特性

顾客的购买习惯、市场分布的集中程度、需求容量的大小都制约着渠道的选择。如果目标市场分布得比较集中，则可选择较短的渠道，直接到达目标客户群。如果目标市场容量大、潜在购买者多，则可选择较长的渠道，通过中间商增加销售量和扩大销售范围。

10.3.1.2　产品特性

产品不同，适宜的分销渠道也有差别。易腐烂的产品为了避免因中转和物流运输而拖延时间及重复处理变腐烂，通常需要直接营销。那些与其价值相比体积较天的商品（如建筑材料、软性材料等），通常需要通过生产者到最终用户搬运距离最短、搬运次数最少的渠道来分销。非标准化产品（如顾客定制的机器）通常由企业推销员直接销售，这主要是因为不易找到具有该类专业知识的中间商。产品的技术复杂，需要安装、维修的产品经常由企业自己或授权独家经销商来销售和保养。单位价值高的商品，则应由企业销售人员而不是通过中间商销售。

10.3.1.3　中间商特性

设计渠道时，还必须考虑执行不同任务的中间商的优缺点。例如，由生产者代表与顾客接触，这样花在每一位顾客身上的成本比较低，因为总成本由若干个顾客共同分担。但生产者代表为顾客所付出的努力不如中间商的推销员。一般来讲，中间商在执行运输、广告、储存及接纳顾客等职能方面，以及在信用条件、退货特权、人员训练和送货频率方面有不同的特点和要求。

10.3.1.4 竞争特性

竞争者所使用的渠道对生产者的渠道设计影响也比较大，特别是产品功能、定价和目标市场相同或相近的同类产品，需要认真研究。例如，食品生产者就希望其品牌和竞争品牌摆在一起销售。但有的生产者则避免使用竞争者所使用的分销渠道。

渠道的选择必然受到竞争者使用的渠道的制约。有时激烈的竞争是不可避免的，企业只能与对手争夺现有的渠道。为了避开竞争，有时可以改变销售方式，采用不同级数的销售渠道和不同类型的分销系统。

10.3.1.5 企业自身条件

企业的规模和实力很大程度上决定了它的市场规模及分销渠道的选择。企业生产能力强、资金雄厚，则选择渠道的余地相对较大；企业的产品组合宽度越大，直接销售能力就越强；产品组合深度越深，采用独家经销方式或选择少量的中间商受益就越大；产品组合的关联度越大，采用的分销渠道就越相似。企业的销售力量强，可选择较短的渠道。此外，企业的市场营销战略直接影响分销渠道决策，比如，企业要更好地控制分销渠道，往往会采用窄而短的渠道，并以控股、联营、协议等方式达到目的。

10.3.1.6 营销环境特性

经济的景气状况和宏观管理方面的政策法规会影响渠道的选择。经济不景气时，渠道选择的成本约束力量更强一些，须用最经济的方法售出产品，也就是采用短渠道。有关法律特别是反垄断法的相关规定，对渠道的安排也会形成较严格的制约。

10.3.2 分销渠道的设计

制造商在设计分销渠道时，需要在理想渠道与可利用渠道之间进行选择。一般来说，新企业在刚刚开始经营时，资金和能力有限，往往以本地或某一地区为销售区域，选择现有的中间商。由于一个地区现有的中间商数量有限，因此，其产品到达市场的最佳方式是可以预知的，问题是如何说服这些中间商来代理企业的产品。新产品的销售一旦获得成功，就会向其他地区拓展，此时仍然会利用现有的中间商体系，但是，根据不同地区的市场特点，可能采用的分销渠道的长短、宽窄会有所不同。比如，对于较小的市场，可能采用较短的渠道，直接向零售商销售；而对于较大的市场，可能会借助几个层次的中间商。总之，制造商在设计分销渠道时要综合考虑各方面因素的影响，经过多方案的对比、研究，最后确定合理可行的分销渠道。分销渠道设计有以下几个步骤。

10.3.2.1 分析满足顾客需要的分销服务水平

了解顾客需要是做好营销工作的基础，因此在分销活动中，企业在制定分销决策前必须了解目标顾客对企业分销工作的具体要求，一般涉及以下方面：产品种类，即企业为顾客提供的可供选择的产品的花色品种；批量大小，即企业允许顾客一次购买的数量；等候时间，即顾客收到产品所用的平均时间；空间便利性，即企业为顾客购买所提供的地理方便程度；服务支持，即企业在分销活动中能够提供的产品之外的附加服务。

10.3.2.2 确定渠道目标

渠道目标是指企业分销活动预期达到的顾客服务水平以及中间商应执行的职能等。企业应在了解目标顾客需要的分销服务水平的基础上，根据影响分销渠道的各种因素（如顾客、产品、中间商、制造商、政策、环境等），以及企业整体营销战略目标，确定企业的渠道目标，明确中间商应执行的具体职能。

10.3.2.3 具体说明分销任务

对上述已确定的分销目标进行具体分解，对渠道长度、宽度、服务指标等进行量化。

10.3.2.4 明确可供选择的渠道类型

在确定了渠道的目标之后，就要明确各主要渠道可供选择的方案。渠道选择方案主要涉及以下四个基本因素。

（1）中间商类型的选择。制造商在选择中间商时，常常会面对若干可行的选择方案。比如，当某企业开发出一种新产品时，以有效的方式将产品送达用户市场会有几种可选方案：借助直接邮寄和商业杂志，利用现有的推销人员销售产品；扩大企业推销队伍，同时分派各个推销人员与特定的用户接洽；依靠代理商推销产品，但该代理商必须熟悉不同行业及不同地区的情况；通过批发商销售产品，要求其进行一定的促销活动并拥有一定水平的存货。

（2）中间商地点的选择。在考虑地点和位置时，需要确定：在哪个省份销售？在农村还是城市销售？在城市中的繁华商业区还是较偏僻的非商业区销售？此外，还可能要考虑零售店所处的商圈的特征。

（3）中间商数量的选择。受企业追求的市场展露程度以及所经营产品的特性、消费者选购习惯等因素的影响，企业可选择密集分销、选择分销或独家分销。

（4）明确渠道成员的权利和责任。渠道成员在分销工作中既享有权利，也需要承担许多责任，如运输、广告、储存、促销等。不同的渠道成员承担不同的责任，有的只承担一项职能，有的可能承担多项职能，甚至完成全部任务。

10.3.2.5 评估各种备选的渠道方案

虽然每个渠道都可能达到目标，但根据经济性、控制性和适应性的原则，不同的方案有不同的特点，企业应选择最有利于实现分销目标的方案。经济性原则是指企业在选择分销渠道时，应综合考虑各种渠道能够带来的销售收入与使用该渠道所需支付的成本之比，即以使用该渠道能否获得最大盈利作为判断依据。控制性原则是指制造商要对所选择的渠道成员特别是中间商的可控程度做出判断，与那些可控程度较高的中间商合作一般会形成良好的合作关系。适应性原则是指所选择的渠道应具有适应营销环境和竞争结构变化的能力，这就要求制造商在选择中间商、签订合作协议时在合作的长期性与灵活性等方面做出有效安排。

10.3.2.6 选择最合适的渠道结构

通过评估几种渠道方案，选择一种或几种最合适的渠道形式，形成企业现阶段的渠道结构。

10.3.2.7 选择渠道成员

根据所确定的渠道形式，选择相应的渠道成员。分销渠道是由渠道成员组成的，渠道成员的选择和确定的过程就是渠道建立和形成的过程。

10.3.3 分销渠道的管理

分销渠道管理是指企业通过计划、组织、激励、控制等环节来协调与整合分销渠道中所有参与者的工作活动，与渠道成员合作，以有效实现分销目标的管理活动。

10.3.3.1 选择渠道成员

一般来讲，生产者要评估中间商经营时间的长短及其成长记录、清偿能力、合作态度、声望等。当中间商是销售代理商时，生产者还须评估其经销的其他产品大类的数量与性质、推销人员的素质与数量。当中间商打算授予某家百货公司独家分销权时，生产者还需评估商店的位置、未来发展潜力以及经常光顾的顾客类型等。

10.3.3.2 激励渠道成员

一般来讲，对中间商的基本激励水平应以交易关系组合为基础。如果对中间商仍激励不足，则生产者可采取两项措施：(1) 提高中间商可得的毛利率，放宽信用条件，或改变交易关系组合使之更有利于中间商；(2) 采取人为的方法来刺激中间商，使之付出更大努力。例如，可以挑剔它们，迫使它们创造有效的销售业绩；举办中间商销售竞赛，加强对顾客与中间商的广告活动等。不论上述方法是否与真正交易关系组合有直接或间接关系，生产者都必须小心观察中间商如何从自身利益出发来看待、理解这些措施，因为在渠道关系中存在许多潜在的矛盾，拥有控制权的生产者很容易无意中损害中间商的利益。

10.3.3.3 评估渠道成员

生产者除了选择和激励渠道成员，还必须定期评估它们的绩效。如果某一渠道成员的绩效远低于既定标准，则需找出主要原因，同时还应考虑可能的补救方法；当放弃或更换中间商将导致更坏的结果时，生产者只能容忍这种令人不满的局面；当不致出现更坏的结果时，生产者应要求工作成绩欠佳的中间商在一定时期内有所改进，否则就要中止合作。

10.3.3.4 渠道冲突管理

渠道冲突是指渠道系统中某些成员因从事妨碍企业实现目标的活动而发生各种矛盾和纠纷的现象。在营销实践中，分销渠道的设计很难兼顾渠道成员不同角度、不同层面好不同形式的利益，因此，不可避免地会出现渠道冲突。

A 渠道冲突的主要表现形式

（1）水平冲突。这是指某企业的渠道系统中处在同一层次的中间商之间的矛盾。水平冲突往往发生在划分区域的分销渠道系统中。

（2）垂直冲突。这是指发生在某企业渠道系统中不同层次的中间商之间的矛盾。

（3）多渠道冲突。这是指制造商使用两个或多个渠道类型向同一，目标市场分销时，不同渠道之间发生的矛盾。比如，某企业在某一城市原来只有独家代理商，现在增加了百货店、超市两种分销渠道，就可能引发原代理商与新渠道的矛盾。而在数字化环境下，如何有效化解网络渠道与传统渠道的冲突更是企业面临的重要难题。

在渠道管理实践中，渠道冲突多表现为水平冲突和垂直冲突，水平冲突中的“越区销售”是最主要的也是最经常发生的冲突。

B 渠道冲突产生的原因

（1）渠道成员目标不一致。每个渠道成员都是一个独立的法人实体，都有各自独立的利益目标。这些目标有时是相同的，有时则完全不同，因而可能引发矛盾。

（2）定位、角色、领域不协调。当渠道成员在定位、角色、领域等方面没有达成共识或认识模棱两可时，就会导致渠道成员之间的冲突。比如，当渠道成员在整个渠道系统中的经营范围不明确，或者业务领域有重叠时，就会出现成员间为争夺资源而发生的冲突，这种冲突常表现为跨区低价销售（窜货）、直接的价格战和促销战，甚至发生正面冲突。

（3）沟通不畅。制造商的分销渠道成员是一个利益系统中的组成部分，为了共同的利益应该经常进行沟通。当渠道成员之间缺乏沟通、沟通不及时或沟通受阻时，都会导致成员间因不能及时互通信息或交换意见而产生误解或分歧。制造商与中间商之间应有沟通，各中间商之间也应进行必要的沟通。

（4）经营理念有差异。分销渠道中的成员在规模、实力、市场地位、企业战略、经营目标等方面可能有很大的差异，因此各自分销目标的设计不可能完全相同。比如，实力强的中间商期待扩张，小企业则安于现状。经营理念的差异会导致分销渠道成员具体的战略与策略有所不同，以致发生渠道冲突。

C 渠道冲突的管理

渠道冲突是制造商渠道管理中最常遇到的问题。制造商应通过以下方法化解冲突。

（1）加强成员间的沟通，建立成员意见反馈通道和处理机制，将冲突尽可能化解在萌芽时期。

（2）签署合作协议。即渠道成员以某种方式签署一项达成共同的基本目标的协议，内容可能涉及市场份额、顾客满意、竞争手段等，以此相互约束，减少冲突。

（3）在冲突发生后，制造商可以利用自己在分销渠道中的领导地位进行劝说，也可以为渠道成员搭建谈判平台。

（4）利用第三方力量解决冲突。如果冲突是长期性的，或者矛盾十分尖锐，则必须经过协商、调解或仲裁等方式加以解决。

当上述办法难以奏效时，合作关系通常难以继续维持，最终某个或多个中间商会退出渠道系统。渠道冲突管理的目的就是尽可能减少这类现象的发生。

10.3.4　全渠道零售

全渠道零售就是企业为了能够随时随地通过各种渠道与顾客互动来完成销售业务，包括网站、实体店、服务终端、直邮和目录、呼叫中心、社交媒体、移动设备、户外广告牌、电视、网络家电、上门服务等，提供给顾客无差别的购买体验。

从 2012 年开始，有形店铺地位弱化，进入以网络为主的全渠道零售时代。国内知名的零售研究机构对其含义、成因及对策进行了研究。

10.3.4.1　全渠道零售的含义

全渠道零售是指企业采取尽可能多的零售渠道类型进行组合和整合（跨渠道）销售的行为，以满足顾客购物、娱乐和社交的综合体验需求，这些渠道类型包括有形店铺和无形店铺，以及信息媒体（网站、呼叫中心、社交媒体、E-mail、微博、微信）等。

10.3.4.2　全渠道零售的成因

由于信息技术进入社交网络和移动网络时代，寄生在全渠道上工作和生活的群体形成，导致全渠道购物者崛起，一种信息传递路径就成为一种零售渠道。

10.3.4.3　全渠道零售的对策

需要考虑不变的零售业本质（售卖、娱乐和社交）和零售五流（客流、商店流、信息流、资金流和物流）发生的内容变化，随后根据目标顾客和营销定位，进行多渠道组合和整合策略的决策。

10.3.4.4　全渠道零售的优势

（1）接触不同的目标市场。不同的消费者有着不同的购物偏好，有人喜欢进店挑选商品，享受面对面的服务；有人喜欢足不出户，坐在家中通过互联网购物；有人希望尽量节省时间，利用工作之余的空暇时间购物。单渠道的零售商面临的困境是只能接触到某一类购物习惯的群体，而全渠道零售商则能吸引不同购物习惯的潜在顾客群，满足各类人群的不同购物偏好。有调查显示，与仅将购物过程局限在单渠道内的顾客相比，多渠道顾客在购物时消费更多，忠诚度更高。

（2）不同的商品以最佳渠道来销售。不同的商品，因特性不同，适合在不同的零售渠道中销售。例如，顾客喜欢亲眼看到、感受、闻和试用的商品（如蔬菜、水果等），适合在实体店销售；而一些无差别的文化用品（如书籍、CD 等），适合在网上销售。没有一种渠道可以完全代替另一种渠道，也没有一种渠道可以服务好所有顾客。这就给予全渠道更多的销售机会，通过整合不同的渠道卖出更多的商品，或抓住更多的潜在顾客。

（3）提升企业资产价值。全渠道零售为企业带来了增加有形资产和无形资产的机会。一家基于商店销售的零售商通过利用富余的仓储能力服务于网络销售，可以提高资产的利用率；同样，这家公司还可以在没有开店的地区通过网络销售，从而提高品牌知名度。零售商还可以与渠道伙伴合作以增加共同资产，亚马逊公司的结账服务是一项新服务，它允许其他网络零售商使用它的一键订单系统，并让顾客轻易获知订单状态，这使顾客不必向互联网提供信用卡号就能订购商品。

（4）整合各种渠道增强顾客吸引力。对潜在顾客而言，各种渠道有着不同的吸引力，有效地整合潜在顾客生活环境中的各个可能的购物渠道，将增强零售商的吸引力。研究表明，网络零售并非对实体零售的一种冲击，网络作为一个营销工具越来越有效，而实体商店未来也仍然是更有效的购物场所。在全渠道零售模式下，消费者行为将发生变化：他可能在任何场所偶尔发现感兴趣的商品，然后上网搜索相关信息，对比不同的购物地点和不同零售商、制造商的价格，再利用当地商店的便利性去看、去感受，最后决定购买。促使这一行为的两种最基本的要素是效率与便利，而无缝衔接各种渠道将带给顾客最大的便利和更高的效率。

10.3.4.5　全渠道零售的实施

（1）开展全渠道整体促销活动。消费者在一个渠道发现商品，在另一个渠道了解信息，在第三个渠道获取促销优惠，在第四个渠道订购商品，在第五个渠道提取货物，这种不同渠道完成的购物行为，可以称为渠道间的交叉购物。这种交叉购物大大地方便了顾客，但也提醒零售商，任何一种渠道都必须畅通无阻，并实施统一的营销策略。零售商开展全渠道零售战略，必须制定一种无缝衔接的营销策略，并确定每一种渠道扮演的主要角色，了解在哪一种渠道进行促销能达到最大效果。例如，星巴克在微博上推出自带环保杯可以免费获得一杯咖啡的互动活动，组织得非常成功，网友纷纷上传自己领到免费咖啡时的照片，数以百万计的传播为星巴克的品牌形象做了一次广泛的自觉宣传。因此，好的促销策略就是能发挥各渠道的作用，并放大促销效应。

（2）保持不同渠道间商品的互补性。实体商店的商品策略主要遵循 80/20 原则来规划自己的主力商品和辅助商品，网络商店则依赖长尾理论可以追求更广更深的商品组合；地铁超市由于资源条件限制只能布局为数不多的最有吸引力的商品。这就造成不同渠道间商品组合策略的不同。全渠道零售商要认真考虑渠道间的商品互补性，既要有一定的重复，又要有一定的互补，这样才能产生最大的交叉购物效应。

（3）拥有一套完整的全渠道综合信息系统。为了最好地管理多个零售渠道，零售商需要一个可在不同渠道间共享顾客、定价和存货数据的信息系统。这个完整的信息系统的优势在于，可通过对消费者行为数据的筛选，准确界定有购买需求的目标消费者，通过专业渠道，将商品信息精准送达，以“一对一”的个性化沟通，提高销售业绩。

（4）线上渠道订购的商品在线下实体店内提货。线上渠道与线下渠道结成共同利益体，消费者可以现场看货、线上订购、线下交钱取货，享受相应的服务，这样可以让消费者更放心，得到更多便利。“网上下单，店内提货”的购物方式现在越来越流行，消费者喜欢这种购物方式，或许是因为可以省下配送费用；或许是因为无须在大型商店内东奔西走，还避免了在缺货商品上浪费时间；或许是因为可以有当天购物当天就拿到商品的快感；或许是因为想得到额外的互动，包括获得关于如何使用商品的指导等。总之，这种方式要求零售商将其存货数据库整合起来，并拥有能够提货和送货的物流基础设施。

营销实例

良品铺子的全渠道零售

良品铺子创建于2006年，是一家比较传统的零售企业，但它近几年发展得十分迅速。据良品铺子官方报道，2014年销售额同比增长42.84%，2015年增长94.35%，

2016 年增长 36.88%。良品铺子 2016 年销售额达到 60 亿元，其中 1/3 来自线上销售。良品铺子虽然在 2012 年涉足电子商务，但很多人不知道的是，在 2015 年之前，电商和实体店这两个渠道在良品铺子内部是完全分离的，电商和实体店用两个完全不相干的仓库、完全不相干的物流，两个几乎不相干的团队。这就出现了用户在网上买的东西想到家边上的专卖店提货，但网上的价格和专卖店的价格不统一，即使价格相同专卖店店长也不会同意提货，这非常影响顾客的购物体验。

于是，良品铺子在 2015 年提出打通线上线下社会化媒体营销的各种渠道，旨在整合门店、电商、第三平台和移动端等诸多方面，以用户为核心构建新零售生态。对于用户而言，无论是线下、线上还是移动端都可以便捷地购买和享受到良品铺子的产品和服务。

截至目前，良品铺子已经在 16 个第三方电商平台上开设了线上店铺，这些店铺均由平台事业部负责运营。这个团队有 300 多名员工，平均年龄只有 26 岁。良品铺子还通过以微信、QQ、微博、论坛为主的社交媒体实现顾客和工厂的直接对接，活跃于良品铺子各类社交媒体的粉丝，针对良品铺子各类产品的口味，包装、价格乃至创意的意见直接反馈给良品铺子公司，使良品铺子在第一时间捕捉到市场动向。

可见，良品铺子能够在高手如云的零食领域持续保持高速发展，与它能够顺应时代发展、不断尝试新的营销手段密不可分。

（资料来源：武文珍，潘红梅，戴屹．市场营销学［M］．北京：清华大学出版社，2021.）

思考题

（1）市场营销渠道和分销渠道有什么区别？

（2）企业在设计自己的分销渠道时，应该考虑哪些因素？

（3）O2O 业务的主要类型有哪些？

（4）渠道冲突的主要类型有哪些？

（5）什么是全渠道零售？全渠道零售对企业有什么优势及如何实施？

案例分析

苏宁云商的渠道之变

从空调到家电、3C（计算机、通信和消费电子三类电子产品的简称）、百货，从单店到连锁、线上线下融合，从零售企业到电商服务商，从地产到银行，苏宁的触角延伸得越来越远。

1990 年 12 月，在远离闹市的南京宁海路上，张近东租下一个面积不足 200 平方米的小门面，成立了一家专营空调批发的小公司，取名为“苏宁交家电”。第一年就做到了 6000 万元的销售额，净利润高达 1000 万元。因为了解空调的配送和安装流程，对其中广阔的利润空间也都熟知于心，张近东便别出心裁地建立起了“配送、安装、维修”一体化服务体系，组建了300人的专业安装队伍，及时上门为顾客免费安装空调。到了1992年，凭借产品和服务的优势，苏宁的名号已在南京市场打响。1993年，苏宁的年销售额做到了3亿元的规模，而这一成绩靠的是单一产品、单一品牌。

惯于创新的张近东为了加强供应链保障，率先把资本渗透到生产商那里，首创了“苏宁在淡季向生产商打款扶植生产，厂家旺季回报苏宁”的合作模式。张近东说：“掌握了渠道就是掌握了财富。苏宁与厂家的关系是其他经销商无法比拟的。”

与此同时，苏宁把分店开到了扬州等地，初步尝试连锁经营。此后，张近东又提出由单一的空调业务转向综合电器，高调宣布“苏宁要用3—5年的时间建立1500家店，实现年销售额达到300~500亿元的跨世纪连锁计划。”此间，手机、MP3、数码相机、笔记本电脑进入苏宁店铺。从2001—2004年，苏宁在全国各地的开店周期不断被刷新，从最初的平均40天开一个新店降到了后来平均5天开一个店。

2003年，在家电市场趋于饱和、3C市场前景广阔的情况下，苏宁宣布全面进入以3C经营为核心的大型综合电器连锁店的建店模型之路。依靠与运营商合作、走低价路线、打品牌讲服务，苏宁在3C销售方面开始独占鳌头。

2004年7月21日，苏宁电器成功上市，成为国内首家首发上市的家电连锁企业。

在实体店攻城略地的同时，张近东早在1999年就已经开始摸索电子商务。他曾对8848、新浪等网站做过拜访，并尝试承办新浪网的首个电器商城，尝试门户网购嫁接，并于2005年在苏宁组建B2C部门。这一年，苏宁网上商城一期面世。但直到2009年网站更名为苏宁易购后，苏宁的电子商务才得到了实质性的发展。

2010年3月，在苏宁易购的发布会上，张近东也老调重弹：“电子商务只是实体店的必须补充而非替代关系。”但面对线下不断放缓的增长速度和以京东为代表的电商竞争对手的崛起，张近东显然已经做不到泰然自若。

最初苏宁线上商品的售价普遍要比线下略低，本来这是由双线作战的各自成本决定的，但消费者因此诟病苏宁的服务；又因为内部整合不力，线下和线上业务形成了竞争、互搏的局面。为此，2013年6月，苏宁宣布所有实体门店与网上商城将实现同品同价。

2013年年初，苏宁电器更名为“苏宁云商”，以往的苏宁易购不再作为分公司或独立公司运营，而是与苏宁集团不分彼此，二者合一，彻底地把苏宁这艘大船绑在了电商上。而苏宁内部，也以“采销一体、双线融合”为指导思路，进行统一的采购与经营服务，进一步推进面向集团的大采购平台和大商品经营平台的建设。在品类方面，苏宁也在大力推进全品类经营、全渠道拓展，范围延伸至百货、图书、母婴、虚拟产品等。

董事长张近东认为，苏宁云商打造出了独有的“线上线下融合的O2O模式”，概括起来就是8个字：一体、两翼、三云、四端。

所谓“一体”，就是要坚守零售本质。不管零售业态怎么变、渠道怎么变，苏宁始终坚守顾客服务、商品经营的零售本质，并充分运用互联网、物联网、云计算等新工具，创新商品经营模式和顾客服务方式，实现科技零售和智慧服务。

“两翼”，就是打造线上线下两大开放平台。线上是苏宁云平台，向全社会开放企业前后台资源，建立品牌商品与品质流量的良性互动；线下是苏宁云店，围绕本地生活全面开放，集展示、体验、服务、引流、销售于一体，营造城市生活的空间、顾客服务的场景。

"三云"就是围绕零售本质，把零售企业的"商品、信息和资金"这三大核心资源社会化、市场化，建立面向供应商和消费者以及社会合作伙伴的开放的物流云、数据云和金融云。

"四端"就是围绕线上线下两翼平台，因时因地因人，融合布局 POS 端、PC 端、移动端、电视端。

互联网带来了线下业态的进一步分化、细化、优化，线下能力成为未来 O2O 发展的核心竞争力。传统零售业在积极向线上迁移的同时，传统实体店的布展、出样、服务等功能也已很难满足消费者的需求，传统实体店进一步被互联网格式化，开始运用互联网技术嫁接、改造、优化线下的实体资源。在此背景之下，苏宁在业内创新性地推出了互联网化的第一款产品一云店，把二次元的电商网站变成三次元的实体门店，为消费者提供全方位的生活场景。同时，苏宁还积极探索店面的科技化、智能化，通过虚拟试衣镜、虚拟出样和机器人导购等技术，打造未来门店。

顾客服务、用户体验在 O2O 运用中更加深化，不断优化和提升顾客的消费体验成为零售商赢得消费者的关键。秉承"服务是苏宁唯一产品"的理念，苏宁不仅在线下推出了互联网云店，还重构了线上的运营服务，打造了企业核心的金融云、数据云和物流云，满足消费者多层次的需求。

（资料来源：贺树龙，张近东：苏宁转型电商水到渠成．中国信息化周报，2013（37）；王文博．苏宁云商：打造线上线下融合 O2O 模式．经济参考报，2016-01-28.）

思考：

（1）请回顾苏宁发展至今的渠道类型。

（2）你认为苏宁模式和京东模式哪个更有竞争力？

实 训 题

实训目的

（1）认识分销渠道的类型和模式。

（2）熟悉分销渠道策略。

（3）掌握企业渠道建设的方法。

实训内容

（1）在本地城市选择并观察一条商业街道，将街道店铺进行分类。

（2）在每类店铺中选择一两家进行访谈调查，了解其经营项目、上下游服务对象和业务开展情况、互联网使用情况等。

（3）汇总讨论分析各店铺渠道建设现状、互联网对企业分销渠道的影响。

（4）完成一份对某店铺的渠道建设构建方案。

实训组织与要求

（1）老师说明实践目的、任务、进度和要求。

（2）将学生分组，每组 3~5 人，每个小组选择一名组长。

（3）各小组分别进行准备，制订计划、分工、完成一手资料的收集和整理。

（4）组织讨论，结合训练内容完成小组报告。

(5) 分小组课堂演示。

训练评价

(1) 小组报告的完整性、合理性。

(2) 店铺建设的可行性。

(3) 团队合作的默契性。

项目 11 促销策略

学习目标

(1) 理解促销及促销组合的内涵。

(2) 了解企业促销组合的各种方式及其运用。

(3) 明确广告的含义，正确选择广告媒体。

(4) 理解整合营销传播的概念及特征。

能力目标

能够在一份营销策划案中对促销策略部分有较为完整的规划和编写。

案例导入

宝洁用公共关系推广佳洁士牙齿增白贴

佳洁士是宝洁公司旗下的子品牌，为了迎合市场快捷、方便和安全的需求，宝洁公司开发了一款新产品——牙齿增白贴。这款增白贴不仅可以去除表面牙渍，还能锁定牙齿暗黄源头，有效清洁深层牙渍。

就在产品发行前，为了宣传增白贴，宝洁第一次确认关键的目标对象——影响力群体，包括婚礼顾问、沙龙和 SPA 拥有者，以及国内和当地的联谊会领导者。这些影响者被认为是形象专家。宝洁为这些形象专家举办了专门的会议向他们介绍增白贴，它还请了一些明星作为增白贴发行庆典的嘉宾。宝洁还举行了“上排挑战”活动来鼓励持怀疑态度的人只在上排牙齿上使用增白贴来对比看看是否真的有效果。总之，这项公共关系运动带来了 2.4 亿人次的媒体观看量。宝洁也十分成功地推广了增白贴，在正式开始零售前的预售就获得了 2300 万美元的销售额。

(资料来源：武文珍，潘红梅，戴屹．市场营销学 [M]. 北京：清华大学出版社，2021.)

促销策略是企业市场营销组合策略的有效组成部分。在市场营销活动中，企业除了要向目标顾客提供满意的产品、制定适当的价格、选择高效的渠道外，还必须与顾客进行有效的沟通。传统的营销沟通简称为促销策略，即综合运用人员推销、广告、销售促进和公共关系等手段，制定有利于实现企业营销目标的促销组合。

任务 11.1 促销和促销组合

11.1.1 促销

促销是指企业通过人员或非人员的方式，在企业与消费者之间沟通信息，引发、刺激消费者的消费欲望和兴趣，使其产生购买行为的活动。

(1) 促销可以提供信息，疏通渠道。企业要通过有效的方式向目标消费者和中间商及时提供有关产品和服务的信息，以引起他们的注意，激发他们的购买欲望，促使其购买本企业的产品和服务。并要及时了解中间商和消费者对产品的意见，畅通销售渠道，加快产品流通。

（2）促销可以诱导消费，扩大销售。企业针对消费者和中间商的购买心理和特点来从事促销活动，不但可以诱导、刺激需求，使无需求变成有需求，而且还可以创造新的欲望和需求。

（3）促销可以突出特点，强化竞争优势。要使消费者在众多的同类产品中将本企业的产品区别出来，就需要通过有效的促销活动，宣传、介绍并突出本企业的产品服务的特点、能给消费者带来的特殊利益，以增强消费者对本企业产品的印象和好感，强化竞争优势，从而达到促进其购买的目的。

（4）促销可以提高声誉，稳定市场。企业通过促销活动，不仅可以传递商品信息，扩大企业及其产品的知名度，而且有利于协调企业与各方的关系，消除偏见与误解，赢得支持与信任，从而树立企业的良好形象，稳定企业的市场占有率，巩固其产品的市场地位。

11.1.2　促销组合

11.1.2.1　促销组合的概念

促销组合是指企业根据所经营产品的特点，对人员推销与非人员推销等多种方式灵活选择并搭配使用，以实现促销目标。促销组合策略是制定具体促销策略的前提，因此，促销策略也称促销组合策略。

11.1.2.2　促销组合的方式

A　人员推销

人员推销是推销人员在一定的推销环境里，运用一定的推销技术与手段，实现自身推销目标的沟通协调活动的过程。人员推销能够进行有效的人际沟通，建立多种多样的关系，容易得到直接的反应。

B　广告

广告促销是企业按照一定的预算方式，支付一定数额的费用，通过不同的媒体对产品进行广泛宣传，促进产品销售的传播活动。广告高度公开、渗透性强、富于表现力，而且不像企业的销售代表那样具有强制性。广告既可用于树立产品的长期形象，也能促进快速销售。广告有助于在购买过程的特定阶段建立购买者的偏好、信任并促成其行动，是一种最有效的工具，但也是代价最高昂的方式。

C　销售促进

销售促进是利用赠券、竞赛和有奖销售等手段促进销售的集合，能够沟通信息、刺激顾客、促使他们进行交易，具有明显的诱导性。该方法在具体运用时比较灵活，但其影响往往是短期的，对于建立长期的品牌偏好不太有效。

D　公共关系

公共关系是企业通过开展公共关系活动或通过第三方在各种传播媒体上宣传企业形

象，促进与内部员工、外部公众良好关系的沟通活动。公共关系可信度较高，影响比较广泛，容易产生深远影响并取得长期效果，还具有非商业性特点。公共关系与其他促销组合因素结合起来效果会更好。

营销实例

花式打折：让促销更有趣

促销的本质从用户视角来说是满足顾客需求，从商定视角来说是实现销售额增长。“现代营销学之父”菲利普·科特勒曾说过“没有降低2分钱抵消不了的品牌忠诚”，可见打折促销的影响很大，是决定顾客临门一脚的重要门槛。可是，顾客对常规促销麻木了怎么办，能不能不这么简单粗暴？促销能不能也让人觉得好玩、有趣。

(1) 大家会记得康师傅的一个促销广告：红烧牛肉面全新升级，更厚的面饼，更大的牛肉，配合香浓的汤汁，价格仍然只有5元。这其实是变相的降价，感觉出来的却是“加量不加价”。

(2) 有商家想进行茶饮料促销，本来想采用第二杯半价或买一送一的方法，但最后换成一元换购。什么叫一元换购？活动期间，可以用一元买到几十元的东西。不少顾客都会惊叹，觉得占了大便宜。

促销就是要让顾客有占了便宜的感觉。如果这个便宜大更好，如果让顾客认为是通过战胜你占到便宜就更好。你会发现很多地方都会采用一元换购，商家在乎这一块吗？

为什么就不白送呢？送你的，是意外之得。花一元买来的，是占了大便宜。比起意外之得，顾客更看重是否占了便宜。意外之得是惊喜，是没通过自己劳动所得的，免费的也就不会太珍惜。便宜之得是欢喜，是以小博大的成就感。

(3) 一家餐厅想增加顾客的消费频次，开展了会员卡充值活动。顾客按消费4倍充值免当餐费用，就是如果消费200元，会员充值800元，免200元。这叫充值免单，实质是打了七五折，顾客充值后，相当于套牢顾客产生长久消费。

如果和语义效应综合运用效果更好：顾客吃完饭结账，消费200元。“这顿饭您有机会可以免费，我们今天有个充值免单活动。您只要充值800元，这顿饭就可以免单，很划算呢。”全额免单？这是莫大的优惠啊！你想不到这是打折，但其本质就是买800元，便宜200元，打了七五折。

(4) “您只要花149元就可以买到我们店里价值200元的商品”或者“您只要花199元就可以在我们店里挑选任何一件原价商品”。少花钱，买贵东西，你会觉得特别有价值感，但不会觉得这是打折，虽然其实这就是打折。

(5) “这件衣服能不能更便宜点?”“真的不能再便宜了。这样我再送你新品小样吧。”“我再送你一张现金折扣券吧。”这些都叫赠而不折，它不会折损产品的价值感，却给了用户同样的获得感。

(6) 一个餐厅开始掷骰子游戏：出现1个6，打九折；出现2个6，打八折；出现3个6，免单。这是游戏促销，通过游戏参与，让顾客有赌的心态，以无损失博得大收益。通过玩游戏，给顾客意外之得，也吸引顾客下次再来。实质上，出现1个6的概率只有16%，2个6的概率只有3%，3个6的概率只有5‰，其实概率并不高，但顾客肯定愿意博一下。另外，还可以对没中的顾客，分发5元或30元现金券，作为安慰。让顾客有所得，又有了下次来消费的理由。

（7）点了一份鱼，可以和服务员玩石头剪刀布的游戏，赢一次打一折。例如，总共玩 10 次，顾客赢了 7 次，打了三折，这样顾客就会很开心。其实只是一条鱼打折，又不是全餐打折。可是大家觉得又好玩又开心，还等着下次再能大战一场呢。

（8）顾客要买衣服，先充 100 元送 100 元，标价 298 元，实际花了 198 元，这和直接花 198 元购买的钱是完全一样的，但顾客就是有种划算的感觉。这本质上还是赠而不折，因为价格一旦下来了，就很难再上去，因此通过赠的方式来守住价格底线。

因此，花式促销，手段多样，本质不变。

（资料来源：原创力文档，管理学论文王勃．花式打折：让促销更有趣．）

11.1.2.3　选择促销组合需要考虑的因素

A　促销目标

促销目标是企业实施促销活动要达到的效果，是企业整体营销目标的重要组成部分，不同企业的促销目标不同，同一企业在不同时期的促销目标也不同。因为目标决定策略，所以促销组合策略的制定要依据不同的促销目标。比如，如果企业的促销目标是提高市场知晓度，广告就是最理想的促销工具；如果企业期望在短期内增加销售额，则销售促进是理想的促销策略。

B　企业实力

企业资金实力是影响企业经营十分重要的因素，当然，企业能够用于促销活动的费用也总是有限的。因此，在满足促销目标的前提下，要做到效果好而费用省。企业确定的促销预算额应该是企业有能力负担的，并且是能够适应竞争需要的。

C　目标顾客认知阶段

消费者对一种产品从认识到产生购买欲望有一个心理认知过程，这一过程由多个阶段组成。在不同的阶段，不同促销工具的效果是不同的。首先，在知晓和了解阶段，广告和公共关系的作用最显著；之后，人员推销和广告将影响顾客的信任程度；销售的最后阶段需要靠推销访问来实现。鉴于费用高昂，人员推销方式应在顾客购买过程的较晚阶段使用。

D　产品的性质

不同性质的产品，购买者和购买目的就不相同，因此，对不同性质的产品必须采用不同的促销组合策略。一般说来，在对消费品促销时，因市场范围广而更多地采用拉式策略，尤其以销售促进和广告形式促销为多；在对工业品或生产资料促销时，因购买者购买批量较大，市场相对集中，则以人员推销为主要形式。

E　产品的市场生命周期

促销目标在产品市场生命周期的不同阶段是不同的，这决定了在市场生命周期各阶段要相应选配不同的促销组合，采用不同的促销策略，具体见表 11-1。

表 11-1　产品市场生命周期各阶段的促销组合

产品市场生命周期	促销目标重点	促销组合
投入期	建立产品知晓度	各种介绍性广告、人员推销
成长期	提高产品知名度，树立品牌形象，增进顾客对本企业产品的购买兴趣	改变广告形式，注重宣传企业产品特色，辅助公关手段
成熟期	增加产品的美誉度，增进购买兴趣与偏爱	广告作用在于强调本产品与其他产品的细微差别，配合运用营业推广
衰退期	维持信任、偏爱	销售促进为主、提示性广告
整个周期阶段	消除顾客的不满意感	利用公共关系

F　市场条件

市场条件不同，促销组合与促销策略也有所不同。从市场地理范围大小看，若促销对象是小规模的本地市场，应以人员推销为主；而对广泛的全国甚至世界市场进行促销，则多采用广告形式。从市场类型看，消费者市场因消费者多而分散，多数靠广告等非人员推销形式；而对用户较少、批量购买、成交额较大的生产者市场，则主要采用人员推销形式。

任务 11.2　人 员 推 销

人员推销，是指企业派出推销人员直接向顾客做宣传并推销产品的活动。在人员推销活动中，推销人员、推销对象和推销品是三个基本要素。其中，前两者是推销活动的主体，后者是推销活动的客体。通过推销人员与推销对象之间的接触、洽谈，将推销品推介给推销对象，从而达成交易，实现既销售商品又满足顾客需求的目的。

11.2.1　人员推销的特点

(1) 信息的双向沟通。在人员推销过程中，一方面推销人员将有关产品的特性、功能、用法、价格及售后服务等方面的信息介绍给消费者；另一方面推销人员通过交谈，观察和了解到消费者对产品的性能、质量、价格、服务等方面的意见和态度并将其及时反馈给企业，以便企业更好地满足消费者的需求。

(2) 针对性强。与非人员推销相比，人员推销更具有针对性。一方面推销人员直接针对潜在的消费者施展各种推销技巧，带有一定的倾向性，目的是推销产品，促成销售；另一方面推销人员与消费者直接接触，针对产品提供各种服务，帮助消费者解决问题，满足他们的需求。人员推销针对性强，可以减少浪费，促销的效果也比较明显。

(3) 方式灵活。在推销过程中，推销人员不仅可以通过面对面的交谈观察到消费者的态度和反应，揣摩其购买心理的变化过程，还可以及时发现问题，调整自己的促销重点和方式、方法，从不同层面适应不同消费者的需求，以促成销售。

(4) 保持友谊协作的长期性。推销人员通过直接见面、长期交往与消费者建立了良好的友谊。企业与消费者之间密切的关系，消费者对推销人员产生的亲切感和信任感，都易于使消费者对企业增进了解，对产品产生偏爱，有助于企业与消费者建立长期、稳定的买卖关系，促进产品的销售。

不过，人员推销并非处处适用，它的最大问题在于访问客户的数量受到时间和费用的限制，因此，人员推销主要用于买主数量有限、分布区域集中或购买批量大的情况。而在买者众多、分布范围广的消费者市场上，显然不可能大量采用人员推销。

延伸阅读

服务意识——销售人员的自我修养

客户的需求包括物质需求与精神需求。满足客户全部需求需要的不仅是商品，还有销售人员的服务意识。

被誉为“世界上最伟大的销售员”的乔·吉拉德就是通过执着的服务意识来满足客户需求的。他的秘诀如下。

（1）不得罪任何一个客户，因为每个客户身后都拥有至少 250 个潜在客户。

（2）名片满天飞，将名片发给每一个人。

（3）建立客户档案，更加深入地了解客户。

（4）每月一张贺卡，推销是一个连续的过程，本次推销活动的结束是下次推销活动的开始。成交之后仍然继续推销。

销售人员培养服务意识的起点就是要热爱自己的职业。如果你将自己看得低人一等，那么你在别人眼里就会真的低人一等。工作是通向健康、财富之路，服务意识则是销售人员行走在工作之路，上的指南。

销售人员最需要对客户做的就是倾听和微笑。倾听，你听得越久，对方就会越接近你。上天给我们两只耳朵和一张嘴就是让我们少说多听。微笑，当你笑的时候全世界都在笑，一脸苦相没有人愿意理你。倾听和微笑使人与人更加接近，能让我们更好地为客户服务，满足客户的需求，最终达到商品成交、建立长期客户关系的目的。

所以，服务意识是销售人员的自我修养，这种修养决定着交易能否达成，决定着销售人员的销售能力，也最终决定着企业的赢利能力。

（资料来源：吉拉德 J. 世界上最伟大的销售员：我的成功法则［M］. 北京：中信出版社，2016.）

11.2.2　人员推销的步骤

有效的人员推销的步骤如图 11-1 所示。

图 11-1　有效的人员推销的步骤

（1）寻找顾客。第一，根据推销产品的特点，提出有可能成为潜在顾客的基本条件。第二，根据潜在顾客的基本条件，通过各种线索和渠道，来寻找符合这些基本条件的合格顾客。

（2）接洽准备。推销洽谈前的准备工作主要包括掌握有关信息、确定洽谈目标、拟定洽谈方案等。洽谈前的准备工作做得是否充分是决定洽谈成败的关键。

（3）接近顾客。接近顾客是指推销人员为进行推销洽谈与目标顾客进行的初步接触。在这个过程中，能否争取主动，使顾客有继续谈下去的热情和信心，推销人员还要掌握一定的方法和技巧。如：注重礼仪、稳重自信等。

（4）推销面谈。推销面谈的指是推销人员运用各种技巧和方法说服顾客购买的过程，其目的在于向顾客传递有关商品信息及有关企业经营服务方面的信息，诱发顾客的购买动机，激发顾客的购买欲望，说服顾客采取购买行动。

（5）处理异议。异议是顾客对推销人员或其推销的产品、推销活动所做出的一种形式上表现为怀疑、否定或反面意见的反映。推销人员必须首先认真分析顾客异议的类型及根源，然后有针对性地加以处理。处理顾客异议常用的有直接否定法、迂回否定法、询问处理法等。

（6）达成交易。达成交易是消费者接受推销人员的建议，做出购买决定和行动的过程。在买卖双方的洽谈过程中，推销人员要善于捕捉顾客表露的信息，抓住时机，促成交易。达成交易的主要方法有优点汇集法、假定法、优惠法和保证法。

（7）跟进维护。达成交易并不意味着整个推销活动的结束，推销人员还必须为顾客提供各种售后服务，如安装、维修、退换货等，以消除消费者的后顾之忧，树立信誉。对于 VIP 客户，推销人员特别要注意与之建立长期的合作关系，实行关系营销。

11.2.3 人员推销的形式

11.2.3.1 上门推销

上门推销是最常见的人员推销形式，由推销人员携带产品的样品、说明书和订单等走访顾客，推销产品。这是一种积极主动的推销形式，既可以针对顾客的需要提供有效的服务，又可以方便顾客，受到顾客的广泛认可。

11.2.3.2 柜台推销

柜台推销又称门市推销，是指企业在适当地点设置固定门市，由营业员接待顾客，推销产品。门市的营业员是广义的推销人员。柜台推销与上门推销相反，是一种等客上门的推销方式。由于门市里的产品种类齐全，能满足顾客多方面的购买需求，可以保证商品安全无损，因此这种推销方式容易被顾客接受。

11.2.3.3 会议推销

会议推销是指企业利用各种会议向与会人员宣传和介绍产品，开展推销活动。如在订货会、展销会、交易会等会议上推销产品均属于会议推销。这种推销形式的目标顾客集中，可以同时向多个推销对象推销产品，成交额较大，推销效果较好。

11.2.4 人员推销的策略

推销人员应根据不同的促销对象、促销场景和不同产品，巧妙而灵活地采用不同的促销策略，审时度势，吸引消费者的注意，激发消费者的购买欲望，以达成交易。人员推销的策略主要有以下三种。

11.2.4.1　试探性策略

试探性策略是指在对顾客缺乏了解的情况下，推销人员运用刺激性手段促使顾客产生购买行为的策略。推销人员事先设计好能引起顾客兴趣、刺激顾客购买欲望的推销语言，通过交谈进行刺激，并观察顾客反应，再根据顾客反应采取相应的对策，选用恰当的语言对顾客进一步刺激，并观察顾客反应，了解顾客的真实需要，诱发购买动机，引导产生购买行为。

11.2.4.2　针对性策略

针对性策略是指在基本了解顾客某些情况的前提下，推销人员有针对性地对顾客进行产品的宣传介绍，使顾客产生兴趣和好感，从而达到成交的目的。

11.2.4.3　诱导性策略

诱导性策略是指推销人员运用能激起顾客某种需求的说服方法，诱使顾客产生购买行为。这种策略的核心是激发顾客的潜在需求，是一种创造性推销策略，它要求推销人员能诱发、唤起顾客的需求，并不失时机地宣传介绍产品，以满足顾客对产品的需求。

11.2.5　人员推销的管理

11.2.5.1　推销人员的甄选

推销人员的来源有两个：一是来自企业内部，即把企业内德才兼备、热爱并适合推销工作的人选拔到推销部门工作；二是从企业外部招聘，即从大学毕业生、其他企业或单位中有志于从事推销工作的群体中物色合格人选。无论从企业内部还是外部选拔人员，都应经过严格的考核，择优录用。甄选的方式是多种多样的，多数企业采用的方法是面试，国外有些企业习惯使用心理测验方法寻找最具潜质的推销人员。

11.2.5.2　推销人员的培训

企业一般要有计划、有目的地对推销人员进行培训。培训的内容不仅要包括企业的历史和发展、行业和市场的特点、产品的知识，而且要包括销售技巧、客户管理和一定的经济法律知识。培训的方法有讲解、示范模拟、实践等，培训讲师将其综合运用并不断重复，以提高推销人员各方面的素质，使其逐步成长为合格的推销人员。

11.2.5.3　推销人员的考核评估

科学而合理的考核和评估是加强推销人员管理、衡量推销人员工作业绩的重要手段。推销人员的销售工作报告、销售业绩、消费者和社会公众对推销人员的评价、企业内部人员对推销人员的评价等都可作为考核评估的依据。

11.2.5.4 推销人员的激励

激励是指采用一种行为或方式去影响他人做我们认为值得的事情或帮助我们实现预期目标的意图。推销员自身的积极性对其工作成效有极大的影响，适当的激励将使他们更努力地工作。企业有必要规定奖励的方式和标准，使推销人员认识到，通过更加努力地工作，他们将获得额外的奖励，包括加薪、升职、给予某种头衔、受到表扬、添置更好的办公设施、享受带薪假、公费外出旅行等。

任务 11.3 广　　告

广告作为一种传递信息的活动，是企业在促销中普遍重视且应用最广的促销方式。市场营销学中探讨的广告，是一种经济广告，是广告主以促进销售为目的，付出一定的费用，通过特定的媒体传播商品或服务等有关经济信息的大众传播活动。

广告可以成为一种低成本、高效益的信息传播方式，无论用于建立品牌偏好，还是育人施教。即使在今天这个富有挑战性的媒体环境中，好的广告依然能创造收益。

在开发广告方案时，营销管理者必须从识别目标市场和购买者动机开始，然后从五个方面考虑做出决策，即 5M。

（1）任务（Mission）：广告目标是什么。

（2）资金（Money）：能够支出多少钱，如何在不同媒体类型之间进行分配。

（3）信息（Message）：广告活动应该传递什么信息。

（4）媒体（Media）：应该使用哪种媒体。

（5）测量（Measurement）：如何评估结果。

11.3.1 确定广告目标

广告的最终目标无疑是增加产品销量和企业利润，但它们不能笼统地被确定为企业每一项具体广告计划的目标。广告目标不仅取决于企业整体的营销组合战略，而且还取决于企业面对的客观市场情况，如目标顾客处于购买准备过程的哪个阶段。换言之，企业在实现其整体营销目标时，需分为若干阶段一步一步往前走，在每阶段，广告起着不同的作用，即有着不同的目标。归纳起来，可供企业选择的广告目标有以下几类。

（1）告知型广告的目标是为新产品或现有产品的新特性创造品牌知晓度和知识，如联合利华等日用消费品公司常常侧重于关键的产品优势。

（2）说服型广告的目标是创造对产品或服务的喜爱、偏好、信任和购买意愿。有些说服型广告属于比较型广告，对两个或更多品牌的属性进行直接比较。例如，高露洁牙膏在宣传如何以双层氟化物保护牙齿时，没有敷高露洁牙膏的白色小贝壳在小槌的轻敲下塌陷了。如果能够同时激发消费者的认知和情感动机，并且当他们用细致的分析方式处理广告信息时，比较型广告的效果最佳。

（3）提醒型广告以刺激产品或服务的重复购买为目标。例如，“怕上火，喝王老吉！”就是在提醒人们购买王老吉凉茶。

（4）强化型广告的目标是说服现有购买者相信他们做出了正确选择。例如，汽车广告常常会刻画享受着自己新车特性的满意的购车者。

广告目标应该产生于对现有市场情况的透彻分析。如果产品处于成熟期，企业是市场领导者，并且品牌使用率低，那么目标应该是刺激更多使用。如果产品是新推出的企业并非市场领导者，并且品牌比领导者的更好，那么目标应该是说服市场相信品牌的优越性。

11.3.2 广告预算决策

企业广告决策的第二个步骤，就是制定广告预算。广告预算是企业为从事广告活动而投入的资源。由于广告预算的收益只能在市场占有率或者利润率的提高上最终反映出来，因此，一般意义上的广告预算，是企业从事广告活动而支出的费用。

企业在制定广告预算时要考虑以下五方面的因素。

(1) 产品生命周期阶段。新产品一般需要花费高额广告预算来建立知晓度并获得消费者试用。成熟品牌通常所需的广告预算在销售额中所占的比例较低。

(2) 市场份额与消费者基数。市场份额较高的品牌要维持份额一般需要的广告支出占销售额的比例较低。而通过扩大市场规模来提高份额则需要更多的广告支出。

(3) 竞争和干扰。在拥有很多竞争者、广告支出高的市场中，一个品牌必须增加广告量才能脱颖而出。即使是与品牌无直接竞争关系的广告也会造成干扰，企业需要做更多的广告。

(4) 广告频率。向消费者重复品牌信息的次数对广告预算有明显的影响。

(5) 产品可替代性。差异度较低或是相似度较高的产品类别（如啤酒、软饮料、银行和民航）中的品牌需要大量广告来建立独特的形象。

11.3.3 广告信息决策

广告信息决策的核心是怎样设计一个有效的广告信息。信息应能有效地引起顾客注意，提起他们的兴趣，引导他们采取购买行动。

广告信息决策一般包括三个步骤。

11.3.3.1 广告信息的产生

广告信息可通过多种途径获得，例如，许多创作人员从顾客、中间商、专家和竞争对手的交谈中寻找灵感。创作者通常要设计多个可供选择的信息，然后从中选择最好的。

11.3.3.2 广告信息的评价和选择

应由广告主评价各种可能的广告信息。广告信息首先要突出目标顾客对产品感兴趣的地方，并须表明该产品不同于其他同类产品的独到之处。而且，广告信息必须是可信的，真实性是选择广告信息的一个极为重要的标准。

11.3.3.3 广告信息的设计与表达

在广告设计中，广告主题和广告创意是最为重要的两个要素。广告主题最重要的是突出产品能够给顾客带来的利益。如人们购买软饮料时期望获得的利益包括：营养、卫生、有利健康；口感好，是一种享受；符合潮流，被认为是现代生活方式的一个侧面；等等。

不同的顾客，强调的利益可能有所不同，这正是市场细分的基础。一种产品不可能满足所有顾客的意愿，因此，一则广告最好只突出一种顾客利益，强调一个主题，即使产品不止涵盖种利益，广告也必须分清主次。

一个广告有了明确的主题后，如果缺少表现主题的创意，仍不会引人注目，自然也就难以取得良好而又广泛的宣传与促销效果。

广告的影响效果不仅取决于它说什么，还取决于它怎么说。不同种类的产品，其表达方式是有区别的。如巧克力的广告往往与情感相联系，着重情感定位；而有关洗衣粉的广告，则更侧重于理性定位。特别是对那些差异性不大的产品，广告信息的表达方式显得更为重要，能在很大程度上决定广告效果。

广告制作中要特别强调创造性的作用。不少学者花时间研究广告预算对销售的影响，但忽略了这样一个事实：许多公司的广告预算相差不多，却只有少数公司的广告给消费者们留下了深刻印象。正如一位学者所说："光有事实是不够……不要忘记莎士比亚曾使用了一些陈旧而拙劣的故事情节，但他的生花妙笔却将腐朽化为神奇。"研究表明，在广告活动中，创意比资金投入更重要，因为只有给人以深刻印象的广告才能引起目标顾客注意，进而增加产品销量。

在表达广告信息时，应注意运用适当的文字、语言和声调，广告标题尤其要醒目易记、新颖独特，以尽可能少的语言表达尽可能多的信息。此外，还应注意画面的大小和色彩、插图的运用，并将效果与成本加以权衡，然后做出适当的抉择。

11.3.4　选择广告媒体

确定了广告信息以后，下一步是选择适当的传播媒体，力争以最低的广告费用支出达到最佳的沟通效果。其主要有以下几个步骤。

11.3.4.1　确定广告媒体的触及面、频率及效果

为了正确地选择广告媒体，以达到广告目标，企业必须首先确定媒体的触及面、频率和效果。

触及面——在一定时期内，某一特定媒体一次最少能触及的不同个人与家庭数目。

频率——在一定时期内，平均每个人或每个家庭见到广告信息的次数。

效果——使用某一特定媒体的展露质量。

11.3.4.2　选择广告媒体种类

A　各种广告媒体的特点

广告媒体的种类很多，主要有报纸、杂志、电视、直邮、广播、户外广告、网络和卖场等。为了实现广告的触及面、频率和效果的目标，必须选择最适当的媒体种类，因此首先应了解各种媒体的特点。

（1）报纸。报纸的优点是灵活性大、迅速及时、成本较低、传播面广、可信度高；主要缺点是时效短、传阅读者少。

（2）杂志。杂志的优点是针对性强、时效长、传阅读者多；缺点是成本较高且灵活性差。

（3）电视。电视的优点是形象、声音、色彩和动作紧密结合，易引人注意，送达率高；缺点是绝对成本高，展露时间短而不易记忆，对观众的选择性较差。

（4）直邮。直接邮寄的优点是沟通对象已经过选择，具有灵活性，无同一媒体的广告竞争；缺点是成本较高，回应率较低。

（5）广播。广播的优点是地理选择性好，适应性强，成本较低；缺点是仅有音响效果，展露瞬间即逝。

（6）网络。互联网是最新的广告媒体，因其成本低，针对性强，近年来得到迅速发展。随着上网人数的增加和网上购物的发展，将会有较大发展。

（7）其他媒体。包括户外广告，如广告牌、招贴、广告标语、宽虹灯广告等；交通广告，如车身广告、车内广告、站牌广告及车站、码头、机场广告等；空中广告，如利用气球或其他悬浮物带动广告。这些广告多利用灯光、色影、艺术造型手段，又集中于闹市区、交通要道或公共场所，故一般显得鲜明、醒目，引人注意；又因内容简明、易记，使人印象深刻，展露重复率高，成本低。其缺点是传播范围有限，传播内容不宜复杂，且难以选择目标受众。

B　选择广告媒体考虑的因素

在选择媒体种类时，除了考虑各种媒体的主要优缺点外，还应考虑以下几个因素。

（1）目标受众接触媒体的习惯。各种媒体对不同性别和不同年龄段的顾客，效果有很大差别。有针对性地选择广告对象所易于接受的媒体，是增强广告沟通效果的有效办法，如对于学龄前儿童，电视和广播是最有效的广告媒体。

（2）产品性质与特征。选择广告媒体，应当根据企业所推销的产品或服务的性质与特征而定，因为各类媒体在展示、解释、可信度、注意力和吸引力等方面具有不同的特点。

（3）广告内容。选择广告媒体还受到广告信息内容的制约。例如：要宣布明日的销售活动，必须在今天的电台或报纸上做广告，信息的传播才能及时有效。

（4）媒体成本。各类媒体所需成本的差别很大，如电视广告的绝对成本非常昂贵，而报纸广告则较为便宜。当然，依据媒体成本选择，最重要的不是看绝对成本的差异，而是看媒体成本与广告接收人数之间的相对关系。若看电视的人数大大超过看报纸的人数，那么，按每千人成本来计算，可能在电视上做广告会比在报纸上做广告更便宜。

11.3.4.3　具体媒体的选择

企业的下一步工作就是要选择一个具体的、成本效益最佳的媒体工具。例如：企业决定在杂志上做广告，但全国有几千种杂志，究竟采用哪一种，还需根据对成本和效果的综合考虑做出选择。

媒体计划者可依靠广告公司或咨询公司进行媒体选择。这类机构可提供目标受众规模组成和媒体成本的估计。对目标受众规模有几种可行的衡量尺度。

（1）发行量——登载广告的实物的发行数量，如报纸、杂志的发行量。

（2）目标受众——可接触到媒体的人数（若媒体可传阅，则目标受众比发行量大得多，如杂志）。

（3）有效目标受众——接触到媒体的目标受众人数。

11.3.4.4 媒体投放时间和分配

选择的模式应该满足营销者的传播目标，并考虑以下三个因素：购买者周转率是指新购买者进入市场的速率，这个速率越高，广告应该越连续；购买频率是指在这段时间里购买者购买产品的平均次数，购买频率越高，广告应该越连续；遗忘率是指购买者忘记品牌的速率，遗忘率越高，广告应该越连续。

在推出一种新产品时，广告商必须在连续式、集中式、间歇式和脉冲式之间进行选择。

（1）连续式，是指曝光在既定时间段内平均地出现。通常，对于正在扩大的市场、购买频繁的商品和购买者有限的商品类别，广告商会使用连续式广告。

（2）集中式，要求将所有广告费用全部花费在某段时间内。这种方式适合销售期为某一个季节或假期的产品。

（3）间歇式，要求在一段时间内投放广告，下一段时间不投放，再下一段时间第二次投放等。当资金有限、购买周期相对不频繁或产品有季节性时，这种方式比较有用。

（4）脉冲式，是指以低水平连续投放广告，并定期以大量的活动来进行强化。它集中了连续式广告和间歇式广告的优势，创造出一种折中的排期策略。支持这种方式的人认为，受众能够更透彻地理解广告信息，并且对于公司来说成本更低。

营销实例

春晚广告的效果

春晚开播前的 8 分钟，被称为广告投放“黄金 8 分钟”。2019 年从 8 分钟升格为 9 分半，其中主要增加模块为 1 分钟公益广告，7 点 55 分，播出了“社会主义核心价值观”公益广告，一共涉及 24 个广告主。涉及行业为 7 个（其中一个为公益），包括互联网、快消、零售、教育、文化销售、物流、公益。但在力度上，互联网行业绝对强势，贯穿整场的重要合作主要是百度 App 红包、抖音集音符、快手内容分发。

数据显示，2019 年央视春晚海内外收视的观众总规模达 11.73 亿人，比 2018 年同时段观众规模提升约 4200 万人。其中，通过新媒体端直播和点播春晚的用户规模为 5.27 亿人，相对 2018 年新媒体端增加了 9600 万人；国内通过电视端直播与电视实时收看春晚的观众达到了 6.214 亿人；通过海外长城平台收看春晚的观众规模达 2480 万人，相对 2018 年海外观众收视规模增加 1100 万人。

据悉，本届春晚的跨屏总收视率达 30.07%，网络端总收视率 2.74%，相对 2018 年（2.24%）提升了 0.5 个百分点。春晚播出期间，讨论春晚的微博超过 1 亿条，网友互动量超 3 亿。在外媒网络文稿中，春晚提及量达 32.88 万条，其中，CGTN（中国国际电视台）海外社交脸书主账号受春晚拉动，互动量超过 170 万，跃升全球新闻媒体榜单榜首。

（资料来源：资本帮，小米、美团缺席，2019 春晚广告投放观察.）

11.3.5 评估广告效果

企业制定广告决策的最后一个步骤是评价广告效果。广告计划是否合理，在很大程度上取决于对广告效果的衡量。广告效果评价是完整的广告活动过程中不可缺少的重要内容，是企业本期广告活动结束和下期广告活动开始的标志。

广告效果是广告信息通过媒体传播之后所产生的影响。评估内容一般包括以下两个方面。

（1）广告传播效果评估——广告对于消费者知晓、认知和偏好的影响。这方面的评估在广告推出前后都应进行。广告推出前，企业可邀请专家和具有代表性的目标顾客对已制作的广告进行评估，了解广告的整体影响和不足之处。广告推出后，企业可对顾客进行抽样调查，了解顾客对广告的具体反应。

（2）广告销售效果评估——广告推出后对企业产品销售的影响。一般来说，广告的销售效果比传播效果更难评估，因为除了广告因素以外，销售还受到价格、竞争者等许多因素的影响。影响因素越少，效果越容易控制，广告对销售的影响也就越容易评估。采用邮寄广告时，销售效果最易评估，而在建立企业形象时，销售效果最难评估。

任务11.4 销售促进

销售促进又称营业推广，是指在一个较大的目标市场中，企业为刺激需求或激发较强的市场反应而采取的能够迅速产生刺激购买作用的促销手段。这些手段既包括针对消费者的促销工具，也包括针对中间商和销售人员的促销工具。

11.4.1 确定销售促进目标

销售促进目标是由基本的营销沟通目标推演出来的，而后者又是由产品的更基本的营销目标推演出来的。从这个角度讲，销售促进的目标将依目标市场的不同而有所差异。

（1）对消费者而言，促销目标包括鼓励使用者更频繁地购买或有更大的购买量、使未使用者进行试用以及从竞争品牌吸引转换者。如果能使一些品牌转换者试用品牌，那么促销就能长期提高市场份额。最理想的情况是，针对消费者的促销既能够产生短期销售影响，又能够对长期品牌资产产生效果。

（2）对零售商而言，促销目标包括说服零售商购入新产品或持有更多库存、鼓励淡季购买、鼓励囤积相关产品、抵制竞争者的促销、建立品牌忠诚以及获得新零售店惠顾。

（3）对销售人员而言，促销目标包括鼓励他们支持一款新产品或新型号、鼓励他们寻找更多潜在客户以及刺激淡季销售。

11.4.2 选择销售促进工具

有许多销售促进工具可以用来实现不同的目标，而且各种新工具不断地被开发出来。选择销售促进工具，必须充分考虑市场类型、销售促进目标、竞争情况以及每一种销售促进工具的成本效益等各种因素。

销售促进的方式多种多样且不断创新，下面介绍一些常用的方式。

11.4.2.1　针对中间商的销售促进方式

针对中间商的销售促进包括直接针对批发商、零售商和代理商的促销活动，其最终目标是促使批发商积极地分销制造商的产品，促使零售商保有足够的产品库存。只有这样，才可能吸引消费者。常用的工具如下。

（1）订单折扣。订单折扣也称价格折扣，即在一定条件下，对中间商给予低于价格表定价的直接折扣。这种方式的使用频率最高，其目的是促使中间商的订货量和最终的销售量增加。

（2）贸易折让。贸易折让是用于激励批发商或零售商储存、推销或展示制造商产品的一种优惠措施。购买折让的目的是鼓励零售商购买更多的产品；促销折让的目的是在宣传或展示品牌/产品方面得到支持；货架折让的目的是获取零售商为新产品或新品牌提供的货位。

（3）免费商品。制造商为鼓励中间商购买某种特色产品或进货达到一定数量，会额外赠送几箱商品，有时也提供促销奖励，如现金、礼品等。

（4）商业展示或会议。制造商邀请渠道成员参加会议，在会上进行产品展示和说明。

（5）培训。制造商为渠道成员提供人员培训。

（6）橱窗陈列。制造商或批发商把产品陈设赠送给渠道成员，并将它们安装好。

（7）奖金。制造商给渠道成员的推销人员发放奖金，促使他们力推自己的品牌，提供更好的服务。

（8）销售竞赛。制造商为鼓励中间商积极分销产品，向其承诺：如果达到某一绩效水平就给予奖励。

（9）演示样品。制造商给渠道成员免费提供产品用于展示。

（10）礼品。渠道成员会因经销商品或承担了职能而得到礼品。

11.4.2.2　针对消费者的销售促进方式

制造商用于影响消费者的销售促进工具主要如下。

（1）优惠券。制造商或渠道成员规定持有优惠券的顾客可以获得价格折扣。

（2）还款或折让。消费者可向制造商提供购物凭证，以得到额外的折扣或返款。

（3）样品。在推出新产品时，可能会免费向消费者提供商品或服务。

（4）竞赛或奖券。消费者通过回答问题来争夺奖品，或填写表格参加抽奖。

（5）展示或展览。很多企业可共同为消费者举办展览。

（6）奖品包或多重包装。在包装上标明折扣比例，消费者购足一定数量的商品就可获得折扣。

（7）橱窗陈列。店内陈列可起到提示作用，激发顾客的冲动购买。

（8）礼品。消费者可能因购买某种商品或新开账户而得到礼品；可能因经常购买商品累积达到一定的购买量而得到礼品或者以累计分数兑换礼品；也可能因介绍自己的朋友购买产品而得到礼品。

（9）展示。将产品或服务在卖场现场展示，以刺激购买。

11.4.3 拟定销售促进方案

在决定使用某一特定激励时，第一，营销者必须确定它的规模。促销想要成功，特定的最低额度是必需的。第二，营销者必须设定参与条件。激励可以面向每一个人，也可以面向选择出来的群体。第三，营销者必须决定促销的持续时间。第四，营销者必须选择一个分发媒介。第五，营销者必须确定促销的时机。第六，营销者必须确定促销总预算。促销成本等于管理成本（印刷、邮寄和宣传）加上激励成本（赠品或折扣的成本，包括优惠券兑换成本），再乘以期望销量。确定优惠券促销成本时，应该考虑到只有一部分消费者会兑换优惠券。

11.4.4 销售促进方案的实施与控制

对每一项销售促进工作都应该确定实施和控制计划。实施计划必须包括前置时间和销售延续时间。前置时间是指开始实施这种方案所必需的准备时间。这一时期所做的工作包括：最初的计划工作、设计工作、材料的邮寄和分送、与之配合的广告准备工作、销售现场的陈列、现场推销人员的通知、个别分销商地区配额的确定、购买和印刷特别赠品或包装材料、预期存货的生产、将存货存放到分销中心准备在特定的日期发放，以及对零售商的分销工作。销售延续时间是指从开始实施优惠办法起到大约 95% 的采取这种优惠办法的商品已经在消费者手中为止的时间。这段时间可能是几个星期或几个月，它取决于实施这一办法持续时间的长短。

11.4.5 销售促进方案的评价

企业可用多种方法对销售促进结果进行评价。评价程序随着市场类型的不同而有所差异。例如，企业在测定对零售商促销的有效性时，可根据零售商销售量、商店货架空间的分布和零售商对合作告的投入等进行评估。企业可通过比较销售绩效的变动来测定消费者销售促进的有效性。在其他条件不变的情况下，销售的增加可归因于销售促进的影响。

任务 11.5 公 共 关 系

11.5.1 公共关系的含义

公共关系简称公关，是指组织为改善与社会公众的关系，增进公众的认识、理解及支持，树立良好形象，实现其与公众的共同利益与目标的管理活动。

公共关系的主体可以是组织，也可以是个人。公共关系客体也很广泛，既包括组织内部公众，如股东、员工等，也包括外部公众，如顾客、新闻媒体、金融机构、政府、业务伙伴、竞争者等。

企业的公共关系形象包括产品形象、服务形象、员工形象和环保形象等。良好的公共关系形象无疑是企业的无形资产，可有效促进企业与顾客及合作伙伴的沟通，增强企业的核心竞争力。

11.5.2 公共关系的职能

公共关系作为一门经营管理艺术，其职能主要表现在信息监测、舆论宣传、沟通协调、危机处理四个方面。公关人员的重要任务之一就是发掘或创造对企业或其产品有利的新闻。新闻的创造要善于构想出好的故事，以争取媒体采用。公关人员必须尽可能多地结识新闻编辑人员和记者，以获得较多较好的有关本企业的新闻报道。

11.5.3 公共关系活动管理的基本流程

11.5.3.1 设定公共关系目标

公共关系决策的第一项任务是设定明确的公共关系目标，企业应该通过公关调研，了解企业公关形象存在的问题，确定公关活动的目标。

11.5.3.2 确定公共关系活动方案

根据公关目标，公关人员应确定企业或产品是否有任何重大的新闻可供报道，即选择公共关系的信息与工具。

11.5.3.3 执行公共关系方案

开展公共关系活动必须非常细心和谨慎，并要设法让新闻故事刊登在媒体上以扩大公关效果。重大新闻很容易被刊登出来，但是大多数的故事并非都那么有分量，也就不一定被忙碌的编辑所采用。所以，公关专职人员与媒体人士之间的日常沟通，并建立良好的关系是十分重要的。

11.5.3.4 评估公共关系活动的成果

公共关系活动很难精确测量。概括地说，公关评价的指标包括以下几个方面：一是信息传播频率。衡量公共关系效果最简易的方法是计算企业出现在媒体上的信息传播次数。发送信息的数量是公关效果评价的基础性信息，这通常可以从公关活动实施记录中精确地得到，如提供有关纸质媒体的报道版面和读者构成，广电媒体的传播时段，以及受众群体的分析报告等。二是受众反响。重点是通过调研，分析由公共关系活动引起的公众对企业或产品的知名度、理解和态度方面的前后变化水平。三是假定在其他促销策略（广告、销售促进等）基本不变的情况下，尽可能估算公关对公众行为产生的影响，包括对销售额和利润产生的促进作用。

公共关系手段是依靠树立企业和产品良好形象来实现促销目的的，所以，其效果是间接的、长期的。为此，企业的公共关系工作应该是系统而长期的。

思 考 题

(1) 怎样理解促销组合？

(2) 如果让你去做人员推销，你需要做哪些准备工作？

(3) 什么是广告？如何选择广告媒体？

(4) 举例说明如何运用销售促进。在实践中应该注意哪些问题？

(5) 为什么要进行公共关系？

案 例 分 析

汰渍应对雕牌的挑战

20世纪80年代末期，宝洁公司着手进行有史以来规模最大且最重要的投资事业之一——进军中国市场。这样做要承担相当大的风险。此前，宝洁只在1985年进入了东亚的日本市场。而中国的当时情况与日本大不相同。简单地说，中国幅员辽阔，大量人口分布在农村，从西方标准来看，还处于贫困阶段。而且劳动人口习惯于国有企业的铁饭碗。

1988年，宝洁比许多跨国公司更早进入中国。正如宝洁总裁John Pepper所说："中国代表宝洁未来10年、20年甚至30年的重要战略成长机会。"此后，宝洁在中国市场获得了巨大且显著的成功。中国宝洁发展成宝洁全球公司中的第二大规模的公司，是宝洁全球公司中市场增长最快的，已在护肤和美发等产品类别占据领导者地位并具备完善的获利能力。但有一个例外是，宝洁洗衣粉类别的汰渍品牌，曾遭遇中国本土挑战者前所未有的严酷竞争。

20世纪90年代中期，宝洁在建立汰渍、碧浪和当地品牌之际，也对合资工厂的运营进行了改善。其市场业绩令人振奋，汰渍在洗衣用品市场的占有率稳步增长，到1998年攀升到10%（曾是中国最畅销的洗衣粉）。1995—1996年会计年度，销售额猛增到8亿美元。同期，中国的纳爱斯集团推出本土品牌——雕牌洗衣粉，在价格和分销渠道上建立了竞争优势，并在全国各地播出密集的电视广告，以亲情广告争取到大量低端消费群。几年内雕牌洗衣粉就成为中国的洗衣粉领导品牌。纳爱斯集团是宝洁前所未有的竞争对手。其雕牌洗衣粉以低于汰渍1/3的价格推出，因为纳爱斯集团能以相当少的预算进行许多小规模运营，必要时可以外包方式取得额外的生产能力。

而且虽然该集团使用旧设备，但却能以大量廉价劳动力弥补自动化设备的缺陷。纳爱斯集团与供应商建立合作关系，以极低的成本取得原料，也与分销商合作以极低的成本把产品分销到全中国。雕牌的竞争优势很大程度上得益于一个范围广阔而又高效的渠道网络，可以直接辐射到农村集贸市场，这也是很多中国企业能够成功的关键之一，但是难以管理。跨国公司已熟悉经营中国的城市市场，但却很难理解和到达广大而又分散的农村市场。

面对市场份额的严重下滑，宝洁把汰渍重新定位在收复失地。宝洁认识到，在中国市场的洗衣用品上要获得长期成功，必须要想办法彻底重新改造宝洁的生产流程，让公司的成本接近纳爱斯集团的成本才行。宝洁被迫采取的应对措施有：将汰渍大幅降价（拉近与雕牌洗衣粉价格的差距，但却没有低到雕牌洗衣粉的售价）；出售了在韶关和广州的工厂，并且合并在成都和北京的生产作业，还卖掉了亏损的当地品牌。然而，通过传统方式逐渐节省成本，仍然无法让宝洁的产品价格降到像雕牌洗衣粉那样具有竞争力的程度。为了争夺中国日渐成长的洗衣用品市场的领导宝座，宝洁必须采取更激进的措施才行。正如宝洁营销副总裁Austin Lally所说："此地市场的定价标准比宝洁以往所惯用的定价标准要低很多。如果想具有竞争力，就必须学会把洗衣粉的成本压到很低，而且比在其他国家洗衣粉的成本还要低很多。”

由宝洁中国公司的市场部门和研发部门人员组成的团队走出办公室，深入目标消费群，捕捉消费者真实生活中洗衣的故事。例如，2005 年在安徽六安及山西襄阳的两个乡村，团队目睹了村民们聚在街道上，一起用盆洗衣服，并了解到他们只想要能满足基本洗涤功能的清洁剂产品，并且要有他们能负担得起的（低）价格，不关注那些对高端消费者很重要的花哨特色（如保养和软化衣服等功能）；对下岗家庭，省钱很重要，省时并不重要（慢节奏的村镇生活）；影响农村消费的信息源中，聊天和口碑传播是重要的。

对中国消费者的深入洞察对宝洁至为重要。通过对中国（目标）消费者的信息解读，宝洁及时做出了市场策略调整，主要包括以下三点。

（1）推出有竞争力的低价格汰渍净白。

（2）新包装。开发了更便宜的 320 克小包装和经济型大包装。

（3）新广告。开展情境质量对比和标明低价，迎合目标消费者的真实状态、价值观和生活方式。媒体推广策划也随之改变。新广告产生了很好的效果。

消费者被汰渍吸引。新的市场推广模式改变了销售状况，汰渍转败为胜，在中国市场份额一路飙升，汰渍重新成为洗衣粉类别中的领跑者。根据尼尔森公司对日化产品市场占有率的调查数据，截至2007 年年底，纳爱斯与宝洁在洗衣粉领域的市场占有率均为23%。

正如《浪尖上的宝洁》（Rising Tide）一书中所述：“在中国竞争的经验让宝洁学习到新的竞争模式，尤其是在制造和分销方面。宝洁进入中国市场时，当地竞争对手的实力还很弱，然而在发挥了惊人的转变能力后，这些竞争对手适应了跨国企业的到来，迅速学会了西方营销技能，同时与宝洁这类企业逐渐形成惯有模式的制造成本及分销成本相比，能以相当小的成本进行运作。宝洁发现，在中国洗衣用品市场不是要跟高露洁、联合利华、花王和汉高集团这些熟悉的对手竞争，而是要跟当地厂商竞争。结果，宝洁败给一家应变能力极强的中国本土厂商纳爱斯集团。纳爱斯集团把有效的广告和卓越的生产及分销机构，与相当节省的制造作业相结合。宝洁要在中国的洗衣用品类别获胜，就必须像纳爱斯集团一样迅速地调整并具有应变才能。”

（资料来源：科特勒，凯勒和卢泰宏著；卢泰宏，高辉译．营销管理（第 13 版，中国版）．北京：中国人民大学出版社，2009.“案例：汰渍在中国（宝洁）—雕牌的挑战”（整理改编）.）

思考：

（1）宝洁在面对中国市场的挑战时，分别做了些什么？

（2）宝洁在应对雕牌的冲击时，运用子什么样的促销策略？请具体谈谈。

实训题

实训目的

增加学生对促销策略的认识，锻炼促销策略的实际运用能力。

实训内容

（1）选择一家超市，观察并记录超市的促销策略。

（2）运用访谈法了解超市促销策略的制定过程和实施情况。

（3）向消费者发放问卷，掌握消费者对该超市促销策略的满意度。

（4）指出超市促销策略实施中存在的问题。

(5) 提出具体的促销策略解决方案。

实训组织与要求

(1) 将学生分组，每组3~5人，每个小组选择一名组长。

(2) 各小组自行选择目标超市，制订计划、确定分工、完成一手资料的收集和整理。

(3) 组织讨论，结合训练内容完成小组报告。

(4) 分小组课堂演示。

训练评价

(1) 小组报告的规范性和完整性。

(2) 促销策略的合理性和可行性。

(3) 团队合作的默契性。

项目 12　市场营销计划、组织与控制

学习目标

（1）掌握市场营销计划的内容。

（2）理解并区分各种市场营销组织类型的异同。

（3）了解企业市场营销管理控制的过程。

能力目标

（1）能够辨识一个企业的营销计划类型，并针对某一个部分做出总结或改进建议。

（2）能够区分市场影响控制和审核的异同，并试着为某个企业设计一套市场营销控制方案。

案例导入

苏宁最早以家电连锁闻名，触网后的苏宁开始打造线上线下混合体，并将业务扩展到地产及银行，并更名为苏宁云商。为了与业务变革相配套，苏宁全面启动了架构的转型，在整个集团方面，重点构建总部管理层、总部经营层、地区执行层，成立了连锁开发管理总部、服务物流管理总部、市场营销管理总部、财务信息管理总部、行政人员管理总部、连锁平台经营总部、电子商务经营总部、商品经营总部，将负责各项业务的管理，组建了六大区，各项业务在当地进行本地化的经营。此次架构调整，线上线下两大开放平台、三大经营事业群、二十八个事业部、六十个大区组成了苏宁的联合舰队。可见，营销环境的变化会引发营销组织的变革。

（资料来源：根据搜狐网相关资料整理.）

市场营销的计划、组织和控制构成了市场营销管理的主体部分。市场营销计划是企业在分析市场状况后根据企业目标和文化所预先制定的行动方案，是企业经营活动和具体行动方案的重要依据。市场营销组织是制订并执行计划的载体，营销计划的执行和成功与有效的组织结构有着密切的关联。市场营销控制是通过度量工具等手段，评估其营销活动和项目，检查营销计划完成和实现情况，并做出必要改变和调整的过程。

任务 12.1　市场营销计划

12.1.1　市场营销计划的定义和内容

生活中，大家无时无刻不在进行计划，如出门前穿什么衣服，看哪部电影，将来从事什么职业等。市场营销计划是一个宏观的概念，是指导和协调营销努力方向的核心工具，它基于对市场机会的分析，主要从战略和战术两个层次进行操作，是实现营销目标的重要过程和手段。营销计划是一个连续的过程，组织必须先制定目标，然后对市场环境进行分析（包括市场状况、产品状况、竞争分析、宏观环境影响等）。可以通过 SWOT 分析法分

析企业面临的主要机会和威胁，优势和劣势；也可以通过财务分析来控制企业成本，树立具体的营销目标并对利润表进行确定和控制。在企业中，既有着规定企业营销大方向的战略计划，也有为实现营销目标而制定的具体策略、计划和行动方案，如图 14-1 所示。在当今社会，营销计划的重要趋势就是关系营销。市场营销计划的内容主要由以下八个部分组成。

（1）计划摘要，能够让高层管理者迅速抓住计划重点。

（2）形势分析，对于市场环境机遇和挑战的分析，主要有市场分析、SWOT 分析、竞争分析、产品分析、分销分析。这一部分是从宏观环境和微观环境进行优劣势和可行性分析。

（3）营销目标，基于对市场和企业自身的分析，制定符合企业利益、可行的目标，如想要达到的销售量、市场占有率、利润等目标。

（4）营销战略，为了实现营销计划所采用的市场战略，如 STP 战略、营销组合战略等。

（5）营销策略，为了实现营销计划所采用的市场营销方法，如产品组合策略、品牌策略、定价策略等。

（6）财务分析，包括预算和对营销开支、调度和运作计划的预测。

（7）营销执行，是一个将营销计划转变为具体任务，并确保按计划实现目标的过程。

（8）营销控制，是公司评估其营销活动和项目，并做出必要调整的过程。

12.1.2　市场营销计划执行过程

在市场分析的基础上，制订市场营销计划的过程是在营销活动中提出“做什么”和“为什么”的问题；而市场营销计划的执行则是“谁去做”“何时做”和“怎么做”的问题。

12.1.2.1　市场营销计划执行的步骤

（1）制定行动方案。为了有效实施营销战略，应该制定具体的行动方案，明确市场营销战略各个阶段的关键任务和决策，并将这些任务分配到个人或小组。

（2）设置组织结构。为了完成市场营销战略和计划，应该设置有效的正式组织，同企业本身的特点和环境相适应，通过明确的分工和协调，实现各项内部活动和决策。

（3）设计决策和报酬制度。决策直接影响到营销计划的执行，报酬制度则从员工激励等方面直接影响营销活动。

（4）开发人力资源。营销计划的组织和有效实施需要相匹配的人才，开发一个良好的人力资源系统能直接影响计划的成败和实施效果。

（5）确定管理风格。从企业自身环境和特点出发，根据企业文化和组织架构决定恰当的管理风格。

只有当企业的行动方案、组织结构、决策和报酬制度、人力资源和管理风格协调一致、互相配合，才能使营销计划成功执行。

12.1.2.2　市场营销计划执行中常见的问题

市场营销计划的执行是一个复杂艰巨的过程。美国的一项研究表明，90%的参与者认为，他们制定的营销战略和计划没有得到有效的执行。企业在营销计划执行过程中常会出现以下问题。

（1）缺乏具体的行动方案。有些计划之所以会失败，往往是因为计划人员没有给出具体的、能让企业内部一致执行、协调的行动方案。

（2）计划脱离实际。计划脱离实际是由两层差距造成的。在企业中，计划人员和执行人员通常不是同一批人员，而专业人员在制订计划时往往会忽略执行中的细节，使得计划过于笼统和形式化，不便于执行人员理解、执行，这是第一层差距。第二层差距是计划人员和执行人员的信息不对称，两者缺少有效的沟通，导致计划人员不能及时掌握计划执行的动态，制订出不合时宜的计划或者不能及时对行动方案进行纠偏。

（3）执行人员的操作风险。市场营销执行中，企业人员的两个主要问题会造成计划的失败和偏差。①缺乏专业能力。执行人员缺乏所需要的专业素养所导致的计划理解的偏差和未能按照计划完成。通常这类原因导致的问题可以通过加强人员培训、人力资源重新调配等来解决。②短期目标和长期目标相矛盾。企业往往是通过短期工作绩效，如销售量、利润率和市场占有率等来进行评定与奖励，所以管理和执行人员会追求短期效益的最大化来保证利益最大化。然而这些活动可能会造成和企业长期目标、利益相背离的情况。这层矛盾和差距是由于董事会和高管层的利益诉求不同造成的。许多公司通过适当的措施，如年终奖扣留70%，根据第二年的年度评定发放等，以克服这种长期目标和短期目标的矛盾，求得两者的平衡协调。

任务 12.2　市场营销组织

市场营销组织是指涉及企业内部营销活动的相关职能单位，一个成功的营销活动离不开有效的营销组织，营销组织的功能从最早单纯的销售部门到兼有附属职能的销售部门，再到独立成为市场部门，最后形成现代的营销部门，这一过程也显示了对于营销认知的变化以及现代营销组织越来越重要的地位。有效的组织能够根据市场变化和技术革新不断自我调整，使得营销活动收到事半功倍的效果。因此加强营销组织建设，成了企业成功营销不可或缺的部分。

12.2.1　市场营销组织机构的演变

企业市场营销组织的机构是随着外部和内部的情况变化而改变的，是随着市场形势和营销观念的演变而发展的。从西方国家企业的发展历史来看，营销组织机构的演变大致经历了以下五个阶段。

12.2.1.1　简单的销售部门阶段

20世纪30年代以前，西方企业以生产观念为指导思想，这种形式最为流行。所有企业都是从财务、生产、销售和会计四个基本职能部门开始发展的。财务部门负责资金的筹措，生产部门负责产品的制造，销售部门负责产品的推销，会计部门负责记账和计算产品的成本。与此观念相适应，企业的组织机构往往以生产部门和财务部门为核心，销售部门处于次要地位，使销售部门的职能仅限于推销生产部门已经生产出来的产品，至于生产什么、生产多少，完全由生产部门决定；销售部门对产品的种类、规格、数量等问题，几乎没有任何发言权。通常在总经理之下设有销售部，管理按地区分派的销售人员。

12. 2. 1. 2　兼有其他功能的销售部门阶段

20 世纪 30 年代世界性的经济大危机之后，随着经济的复苏，市场竞争日趋激烈，大多数企业不得不考虑推销方式的改进。此时，企业经营的重心也由产品的生产转向产品的推销，需要进行经常性的营销调研、广告宣传及其他促销活动，销售职能日益专业化，以往那种盲目的销售日益被有组织、有目的地推销代替。

12. 2. 1. 3　独立的营销部门阶段

20 世纪 50 年代初开始形成的以市场或顾客为中心的市场营销观念，是企业经营思想上一次深刻的变革，它对营销组织机构的设立产生了极其重要的影响。除了销售部门，企业还设立了与此平行的营销部，营销部门从销售部中独立出来，成为一个相对独立的职能部门，执行着营销调研、新产品开发、广告促销和为顾客服务等专项职能，以确保产品更适合市场，并为消费者所接受。

12. 2. 1. 4　现代营销部门阶段

20 世纪 60 年代，为了进一步协调销售部门与营销部门的行为，企业以营销观念为指导，把力量统一起来，就采取了将销售合并于营销部门并从属于它的形式。

12. 2. 1. 5　按市场分工的现代营销企业

20 世纪 70 年代以来，形成了按市场分工的现代营销企业。它对于企业贯彻市场营销导向起了很大的作用，使企业营销活动形成一个系统，并给予其足够的协调控制权力。从现阶段企业发展的实际情况看，这种组织形式有利于适应市场经济发展和企业营销不断拓展市场的要求。它是迄今为止企业市场营销组织的最高形式。

12. 2. 2　市场营销组织的类型

现代市场营销部门有多种组织形式，企业需根据自身的营销目标、业务特点、营销环境等因素做出选择。

12. 2. 2. 1　职能型组织

在现代营销组织类型中，职能型组织是最普遍的组织形式，在这种组织中是按职能来组织部门分工，即从企业高层到基层，均把承担相同职能的管理业务及其人员组合在一起，设置相应的管理部门和管理职务，如图 12-1 所示。随着生产品种的增多，市场多样化的发展应根据不同的产品种类和市场形态，分别建立各种集生产、销售于一体，自负盈亏的事业部制。这种组织形式的最大优势在于行政管理简单，但是，建立良好的工作关系是一个挑战，因为随着产品和市场数量增加，每一个职能群体都可能会和其他群体争夺预算和地位。

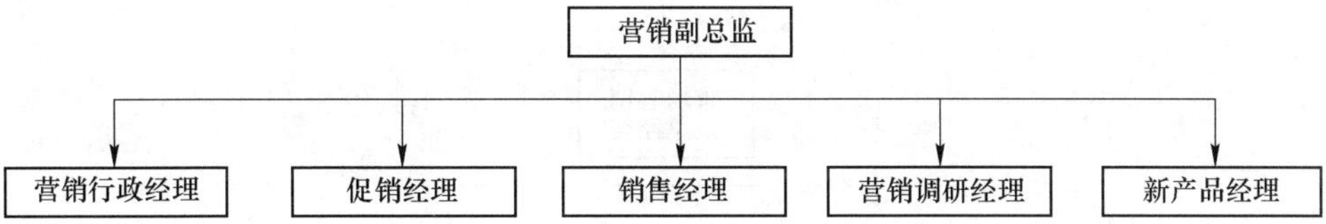

图 12-1 职能型组织

12.2.2.2 地区型组织

在一个或多个国家进行产品销售的公司，一般根据经营地区来组建营销队伍。例如，一个全国销售总监可能要分管 4 个大区销售经理，每个大区销售经理监管 6 个分区销售经理，而每个分区销售经理则管理 8 个地区销售经理，每个地区销售经理又管理 10 个销售人员。总的来说，地区型组织结构就是以公司在世界各地生产经营活动的区域分布为基础，设立若干区域部，每个部负责管理该区域范围内的全部经营活动与业务，每个区域部通常由一名副总裁挂帅，领导该区域部工作，并直接向总裁报告的组织结构。

其优点是把地区分部作为利润中心，有利于地区内部各国子公司间的协调；有利于提高管理效率；公司可以针对地区性经营环境的变化，改进产品的生产和销售方式。但是缺点也是明显的，各区域之间横向联系，不利于生产要素在区域间的流动，还有可能从本部门利益出发，影响企业整体目标的实现；同时，地区分部结构易造成企业内部在人员和机构上的重叠，增加企业管理成本。

12.2.2.3 产品管理型组织

当企业拥有多个品牌或差异性较大的多种产品时，设立产品或品牌管理型组织是合适的。基本的做法是，由一名市场营销经理负责，根据产品大类下设几个产品大类经理，在产品大类经理下，再按照不同产品项目分设产品经理，如图 12-2 所示。产品型组织结构的优点是具有较大灵活性，当企业涉足新的产品领域时，只要在组织结构上增加一个新的产品系列部门就能够解决；有助于企业对各个产品系列给予足够的重视，由于每种产品都有相对应的产品经理负责，所以即使是名气再小的品牌也不会被忽略；体现了分权化的经营思路，有利于调动产品经理的积极性，产品经理对于市场上出现的情况反应比专家委员会更快，可以为某一产品设计具有成本效益的营销组合。

但是该种模式也存在缺点，若缺乏整体观念，各产品部门之间会发生协调问题，会为保持各自产品的利益而发生摩擦；这种组织形式意味着企业随产品种类的不同而在任何一个特定的地区建立多个机构，导致机构设置重叠和管理人员的浪费，导致产品知识分散化；产品经理们需要协调和各个部门的关系，否则不利于有效地履行职责。

通常在产品型组织结构中，产品经理的任务是制订产品开发计划并辐射到其他各个部门。在这种辐射式系统中，产品经理的工作包括以下内容。

(1) 为产品设计长期竞争战略。

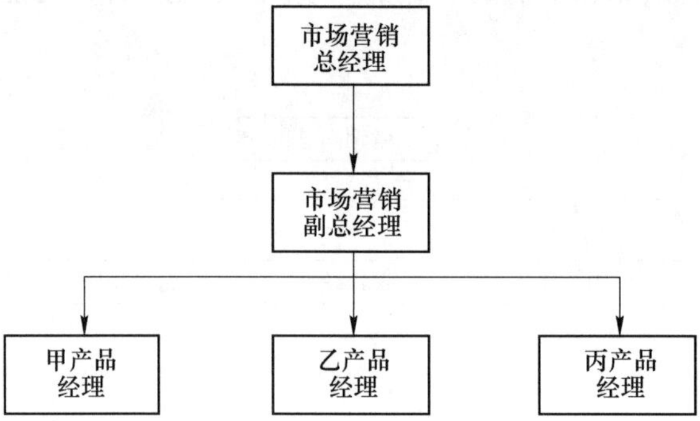

图 12-2　产品管理型组织

（2）制订一套完整的年度营销计划和销售预测。

（3）与相关的合作商，如广告商、电商和采购商一起制定广告文案项目和推广活动。

（4）增强渠道参与者对于产品的热情。

（5）收集市场情报和产品反馈，发现新问题和新机遇。

（6）提倡产品改良和新产品开发，以满足市场需要。

12. 2. 2. 4　市场管理型组织

市场管理型组织是由一个市场总经理管辖若干细分市场经理，各市场经理负责自己所管市场发展的年度计划和长期计划，同产品管理型组织相类似。其组织结构划分的主要依据是细分市场是差异性需求。这种组织结构的最大优点是，企业可针对不同的细分市场及不同顾客群的需要，开展营销活动。

但是相对应的，这种组织架构会带来更大的支撑成本。过于庞大的结构导致人员效率不高，人员浪费。此结构下，企业在各地设立的多是办事处而非分公司，大量的外聘人员导致诸如挪用资金、工商违规、疲沓怠工等管理问题。

12. 2. 2. 5　矩阵管理型组织

矩阵管理型组织结构是把按职能划分的部门和按产品（或项目、服务等）划分的部门结合起来组成一个矩阵，使同一个员工既同原职能部门保持组织与业务的联系，又参加产品或项目小组的工作，即在直线职能型基础上，再增加一种横向的领导关系。为了保证完成定的管理目标，每个项目小组都设负责人，在组织最高主管直接领导下进行工作，如图 12-3 所示。

在如今这个互联网发达的时期，市场大环境对营销又有了新的要求和挑战，全球性竞争日趋激烈，消费者的信息渠道越来越快速、越来越多样，同企业的连接也越来越密切，服务业性质的企业飞速发展，这些都要求企业重新审视如何重组自己的业务和组织结构。很多企业将产业延伸到了自己不熟悉的领域，其中有些成功了，但大部分都失败了。很多企业将自己原先的业务和组织进行了重组，不乏新生者，但也不乏淘汰者。作为现代市场营销管理重要的一部分，如何根据企业自身的业务性质对组织结构进行安排、重组，显然也是现代企业市场营销转型中非常重要的一部分。

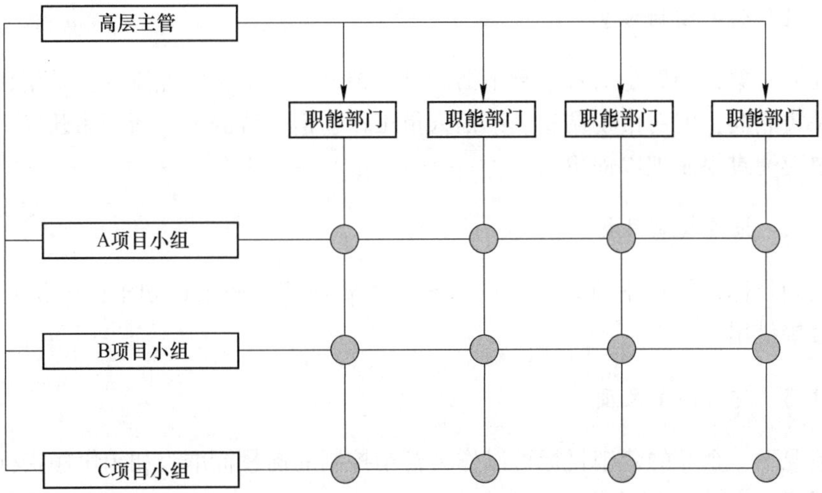

图 12-3 矩阵管理型组织

任务 12.3 市场营销控制

在市场营销计划执行的过程中不可避免会出现各种各样的意外情况，市场营销计划的成功也离不开项目进行过程中的检测、纠偏。市场营销控制是公司评估其营销活动和项目，并做出必要改变和调整的过程，以保证市场营销计划的完成，实现有效的控制。

12.3.1 市场营销控制的步骤

实行营销控制的最根本原因在于，计划通常是建立在事先对众多不确定因素的某种假定基础上的，而计划实施过程中遇到的并不总是与事先假定相一致，即难免会遇到各种意料之外的事情，这时就需要通过营销控制及早发现问题，并对计划或计划的实施方式做出必要的调整。控制有助于企业及早发现问题，防患于未然。控制还对营销人员起着监督和激励的作用。

市场营销控制的步骤，如图 12-4 所示。

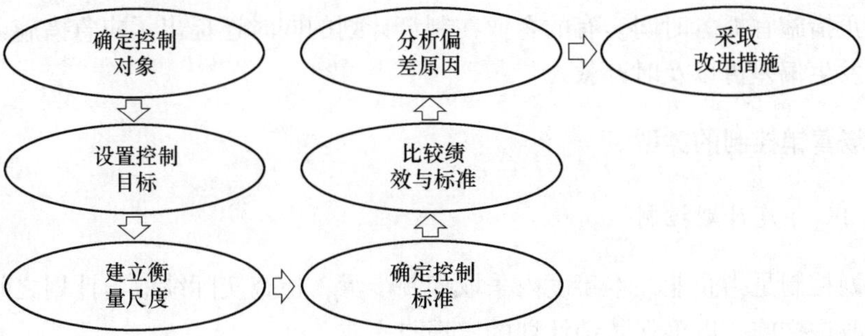

图 12-4 市场营销控制的步骤

12.3.1.1　确定控制对象

确定控制对象，即确定对哪些营销活动进行控制。最常见的控制内容是销售收入、销售成本和销售利润，但对市场调查、推销人员工作、消费者服务、新产品开发、广告等营销活动，也应通过控制加以评价。

12.3.1.2　设置控制目标

设置控制目标是将控制与计划连接起来的主要环节。如果计划中已经认真设立了目标，可以直接借用。

12.3.1.3　建立衡量尺度

一般情况下，企业的营销目标可以作为营销控制的衡量标准，如销售额指标、销售增长率、利润率、市场占有率等。

12.3.1.4　确定控制标准

所谓控制标准，是对衡量标准定量化，即以某种衡量尺度表示控制对象的预期活动范围或可接受的活动范围。

12.3.1.5　比较绩效与标准

确立控制标准后，就要把控制标准与实际结果进行比较。检查的方法有多种，如直接观察法、统计法、访问法、问卷调查法等，可根据实际需要选择。

12.3.1.6　分析偏差原因

执行结果与计划发生偏差的情况是经常出现的，原因不外乎两种：一种是实施过程中的问题，这种偏差较容易分析；另一种是计划本身的问题。这两种原因通常是交织在一起的，加大了问题的复杂性，因此，分析偏差原因是营销控制的一个难点。

12.3.1.7　采取改进措施

针对存在的问题，应提出相应的改进措施。提高工作效率是营销控制的最后一个步骤。采取改正措施宜抓紧时间。有的企业在制订计划的同时还提出了应急措施，在实施过程中，一旦发生偏差可以及时补救。

12.3.2　市场营销控制的类型

12.3.2.1　年度计划控制

年度计划控制是指企业在本年度内采取控制步骤，检查实际绩效与计划之间是否有偏差，并采取改进措施，以确保营销计划的实现与完成。

年度计划控制的目的是保证企业实现年度计划中确定的销售、利润及其他目标。具体的控制内容包括销售额、市场占有率、费用率等。

年度计划控制的主要方法是目标管理法，包括以下基本步骤：管理层要依据年度计划制定月度或季度计划目标；监督营销计划的实施情况；针对营销计划中出现的偏差找出原因；采取必要的调整和补救措施；弥补计划与实绩间的差距。当实施过程中环境发生重大变化时，往往需要重新设计营销计划目标。

在具体的控制过程中，将按照不同的管理层次或管理区域对企业的营销计划目标进行分解，如区域经理、产品经理乃至销售人员都有具体的计划目标，并且必须完成各自的指标。营销管理部门负责日常检查监督，高层管理部门则据此进行分析调整。

年度计划控制过程中经常涉及的工作包括以下内容。

A 销售额分析

销售额分析用于监督实际销售额与计划销售额之间差距。具体的分析方法如下。

(1) 销售差距分析法。这种方法主要用来分析造成实际销售额与计划目标之间差距的各因素的影响程度。比如，一家企业在年度计划中规定，第一季度以单价 15 元销售某产品 4000 件，实现销售额 6 万元。季末实际销售 3000 件，单价 12 元，销售额 36000 元，仅完成计划的 60%。因此，需要分析出现销售额差距的原因。

单价下降造成的销售额差距为：$(15-12)\times3000=9000$（元）

销售量下降造成的销售额差距为 $=15\times(4000-3000)=15000$（元）

降价的影响程度为：$9000/(60000-36000)=37.5\%$

销售量下降的影响程度为：$15000/(60000-36000)=62.5\%$

由此可见，近 2/3 的销售额差距是由销售目标没有完成造成的，企业应进一步分析销售量下降的原因并找出对策。

(2) 产品或地区销售情况分析。依据年度计划对不同产品或不同地区的月度或季度销售额的完成情况进行监督，及时发现未完成目标的产品或地区，了解其对企业销售计划的影响，分析产生销售差距的原因，及时整改。

B 市场占有率分析

企业销售额仅反映其产品的市场规模，无法体现其在竞争中的相对地位。因此，市场占有率就成为重要的分析指标。一般而言，企业市场占有率提高意味着市场营销绩效的提升和竞争地位的上升。

市场占有率分析包括以下三个方面。(1) 总的市场占有率，用企业的销售额占全行业销售额的百分比来表示。(2) 个别市场占有率，即企业在某个市场（即某个销售区域内）的销售额占全行业在该地区市场销售额的比重。(3) 相对市场占有率（相对其他竞争者），即将本企业的市场占有率与行业内领先的竞争对手的市场占有率进行比较，大于 1，表示本企业即为行业的领先者；等于 1，表示本企业与最大竞争对手平起平坐；小于 1，表示本企业在行业内不处于领先地位。如果相对市场占有率不断上升，则表示企业正不断接近领先的竞争对手。

C 营销费用率分析

年度计划控制要求企业在拟定的营销费用水平上实现销售目标，为此，在营销计划实施过程中应动态监控营销费用水平，一旦发现营销费用超支幅度过大，就应及时采取措施进行调整。具体的监控指标包括：销售人员费用占销售额的比率，广告费用占销售额的比率，促销费用占销售额的比率，营销调研费用占销售额的比率等。

D　顾客满意度跟踪

上面都是采用定量分析的控制手段，而定性分析也同样重要。顾客满意度跟踪指标既包含定性分析，也包含定量分析。顾客满意度跟踪可通过建立以下制度达到。

（1）投诉和建议制度。通过设意见簿、建议卡等，鼓励顾客反馈意见，增加顾客反馈意见的途径，了解顾客对本企业产品及服务的反应，并认真予以答复。

（2）典型户调查。公司可与某些顾客建立长期固定的联系制度，定期通过电话或邮寄意见征求表征求他们的意见和建议。这种方法因访问对象具有连续性，所以获得的资料更完整、更全面。

（3）随机调查。公司还可定期通过随机抽样方式了解顾客对企业产品及服务的满意程度，做出定量分析。

顾客满意度分析是近年来受到欧美企业特别重视的一项指标，尤其对许多顾客要反复购买的产品和服务。对企业来说，赢得一个新顾客的成本不断上升，保住老顾客就显得格外重要，而保住老顾客的关键就是提高顾客满意度。

12. 3. 2. 2　盈利能力控制

盈利能力控制就是指企业衡量各种产品、地区、顾客群、分销渠道和订单规模等方面的获利能力，以帮助管理者决定哪些产品或营销活动应该扩大、收缩或取消。盈利能力控制一般由企业内部负责监控营销支出和活动的营销主管人员负责，旨在测定企业不同产品、不同销售地区、不同顾客群、不同销售渠道以及不同规模订单的盈利情况的控制活动。它包括各营销渠道的营销成本控制、各营销渠道的营销净损益和营销活动贡献毛收益（销售收入-变动性费用）的分析，以及考查反映企业盈利水平的指标等内容。

A　营销盈利率分析

营销盈利率分析就是通过对财务报表和数据的一系列处理，把所获得利润分摊到产品、地区、渠道、顾客等方面，从而衡量出每一因素对企业最终获利的贡献大小、获利能力如何。分析步骤如下。

（1）确定功能性费用。

（2）将功能性费用分配给各个营销实体，即衡量由每一种渠道的销售所发生的功能支出。按每一种渠道的每一种功能的费用除以发生的次数，得出各渠道功能性费用。

（3）为每个营销渠道编制一张损益表。

B　选择最佳调整方案

在对营销盈利率进行计算后，企业要根据营销盈利率分析的结果来选择最佳的调整方案。主要参照的分析指标如下。

（1）销售利润率。销售利润率是指利润与销售额之间的比率。它是评估企业获利能力的主要指标之一。其计算公式如下：

$$销售利润率 = (本期利润 \div 销售额) \times 100\%$$

（2）资产收益率。资产收益率是指企业所创造的总利润与企业全部资产的比率。其计算公式如下：

资产收益率 =（本期利润 ÷ 资产平均总额）× 100%

其分母之所以用资产平均总额，是因为年初和年末余额相差很大，如果仅用年末余额作为总额显然不合理。

（3）净资产收益率。净资产收益率是指税后利润与净资产所得的比率。净资产是指总资产减去负债总额后的净值。其计算公式如下：

净资产收益率 =（税后利润 ÷ 净资产平均余额）× 100%

（4）资产管理效率，可通过以下比率来分析。

1）资产周转率。资产周转率是指一个企业以资产平均总额去除产品销售收入净额而得出的比率。其计算公式如下：

资产周转率=产品销售收入净额÷资产平均总额

资产周转率可以衡量企业全部投资的利用效率，资产周转率高说明投资的利用效率高。

2）存货周转率。存货周转率是指产品销售成本写产品存货平均余额之比。其计算公式如下：

存货周转率=产品销售成本÷产品存货平均余额

存货周转率是说明某一时期内存货周转的次数，从而考核存货的流动性。存货平均余额一般取年初和年末余额的平均数。一般来说，存货周转率次数越高越好，说明存货水准较低，周转快，资金使用效率较高。

12.3.2.3　效率控制

效率控制是指企业不断寻求更有效的方法来管理销售队伍、广告、促销和分销等绩效不佳的营销实体活动。

效率控制的目的是提高销售人员推销、广告、促销和分销等市场营销活动的效率。市场营销经理必须重视若干关键比率，这些比率表明上述市场营销职能执行的有效性，显示出应该如何采取措施以改进执行情况。它主要包括四个方面活动效率的控制：销售人员效率控制、广告效率控制、促销效率控制和分销效率控制。

A　销售人员效率控制

销售人员效率控制，即企业各地区的销售经理需要记录本地区销售人员效率的几项重要指标，如每个销售员平均每天进行销售访问的次数、销售人员每次访问平均所需要的时间、平均收入、平均成本和平均招待费、销售人员每访问 100 次的订货单百分比、每一期新的顾客数量和流失的顾客数量、销售队伍成本占总成本的百分比等，企业可以从以上分析中发现一些重要问题。

B　广告效率控制

广告效率控制，即企业高层管理者可以采取若干步骤来改进广告效率，包括进行更有效的产品定位、确定广告目标、利用计算机来指导等。

广告效率的控制至少要掌握以下资料：每一种媒体类型、每一个媒体工具触及千人的广告成本；注意、看到和阅读印刷广告的人在其受众中所占的百分比；消费者对于广告内容的意见；消费者对于产品态度的售前售后变化；由广告激发的询问次数；每次广告成本。

C　促销效率控制

促销效率控制是管理层应该对每一次促销的成本和销售影响进行记录，并注意做好一系列统计工作。

促销效率的控制应注意以下资料：优惠销售所占的百分比；每一美元的销售额中所包含的商品陈列成本；赠券的回收率，一次演示所引起的询问次数。

D　分销效率控制

分销效率控制是指企业管理层应该调查研究分销经济性，主要是对企业存货水准、仓库位置及运输方式进行分析和改进，以达到最佳配置并寻找最佳运输方式。

12. 3. 2. 4　战略控制

战略控制，也称市场营销审计，是定期对企业营销环境、经营战略、目标、计划、组织和整体营销效果进行全面、系统审查和评价的过程，是最高等级的控制。

战略控制的目的是确保企业战略、目标、政策和策略与市场营销环境、企业内部资源的变化相一致。现代企业面对的营销环境变化极为频繁，企业原有的战略和目标经常很快就因环境的变化而过时了，因此，每个企业都有必要建立这样一种营销审计制度，定期对影响企业经营的方向性问题做出评价和判断，及时发现问题和机会，提供给企业最高决策部门做参考。

营销审计不是只审查出了问题的地方，而是进行全面的审计，但侧重方向性、战略性、全局性的问题。审计内容包括六个主要方面。

(1) 营销环境审计。主要分析宏观和微观环境中与企业目标相关的因素，如竞争对手、经济形势、消费者行为、中间商。

(2) 营销战略审计。考察企业营销战略、目标与当前及预期环境变化相适应的程度。

(3) 营销组织审计。考察营销组织结构、工作效率及实施企业战略、计划的能力。

(4) 营销系统审计。分别考察营销信息、计划、控制、新产品开发等系统的工作情况及效率。

(5) 营销效率审计。考察各营销单位的盈利情况及成本与销售额之比。

(6) 营销组合要素审计。包括对产品、定价、促销、分销策略及实施效果的审查。

营销审计最好由企业外部的独立机构承担，一方面，专业咨询公司有与大量同类型企业合作的丰富经验；另一方面，这样更能保证营销审计的客观性和独立性。

营销审计是一项颇为庞大的“工程”，要花费一定的时间、人力和资金，但带来的好处也是巨大的：保证企业至少不犯大的错误；避免在错误的道路上走得太远；为一些陷入困境的企业带来希望；使那些卓有成效的企业更上一层楼。总之，可以帮助企业抓住机会，防止大的失误。

思　考　题

(1) 简述市场营销计划的主要内容。

(2) 简述市场营销组织的几种类型及其优劣。

(3) 论述市场营销控制的意义以及实现的途径。

案例分析

宝洁的营销组织创新

最近宝洁正式向外界宣布，将按照不同的产品类别建立六大业务部门，同时这六大业务部门也将拥有本部门独立的CEO，分别向宝洁CEO戴维·泰勒（David Taylor）报告工作。这六大部门的业务占据了宝洁80%的营业额和90%的税后利润，涉及包括美国、加拿大、中国等在内的绝大部分市场，未覆盖到的市场由则一个单独的部门负责。宝洁净缩减公司共同资源，约60%的业务资源将转移到这六大业务部门和市场，但会保留一套企业核心资源，以维持集团的可持续发展。企业研究团队也会保留，将为整个集团提供平台技术支持，为各部门服务，并探索新的业务机会。宝洁首席财务官乔恩·莫勒(Jon Moeller)被任命为副总裁、首席运营官，负责规模化市场服务和市场运营等。

戴维·泰勒在一份声明中说："这是我们自过去20年来最重要的组织变革，我们将拥有一个更加投入、敏捷和负责任的组织，通过既有优势和生产力水平以及快速的市场反应来赢得消费者。"

营销组织创新将进一步提升宝洁的营销效率和能力，让各部门享有更大的决策自由度，根据营销环境的变化和市场竞争的需要灵活机动地制定营销计划、营销战略等相关决策并付诸实施。这项营销组织变革，也将有力地推进宝洁在电子商务和销售领域的创新。就像大部分老牌零售企业一样，宝洁也不可避免地面临新兴品牌的威胁。动向之一便是互联网剃须刀品牌Harry's凭借其便宜捷的优势，抢占了原本由宝洁旗下"吉列"统治的剃须刀市场，逼得后者不得不用价格战的方式回应竞争。这些新品牌体量小、更灵活，且善于运用网络渠道。与这些新品牌相比，原来拥有复杂组织结构的宝洁在电商渠道进展缓慢，市场反应迟钝。

当然，宝洁也做出了一系列应对市场变革的营销对策。2018年底，宝洁的男士个人护理品牌欧仕派（Old Spice）就推出了首款专业亚马逊设计的胡须护理系列。汰渍也推出了专为电商渠道设计的新品Tide Eco-Box。相比以往的产品，Tide Eco-Box更轻巧，快递时不需要二次包装，更方便物流配送。

推动宝洁营销组织创新的重要人物是激进投资者纳尔逊·佩尔茨（Nelson Peltz）。他在最初发起竞选董事会席位时，曾发表过一份长达94页的白皮书，对宝洁缺乏敏捷性的领域（如电子商务和数字营销）提出批评。他当时就提出，要将宝洁的全球业务部门从10个减少到3个，以提升集团对市场的反应速度。纳尔逊·佩尔茨在2018年3月获得了宝洁董事会的席位。以此宝洁的调整，被认为与其施加压力有关。

（资料来源：道客巴巴.）

思考：

（1）宝洁实施营销组织创新的主要原因有哪些？

（2）你如何评价宝洁营销组织创新的效果？

实训题

实训目的

通过电梯式演讲，锻炼学生设计提炼市场营销计划的能力。

实训内容

模拟一位创业者在大楼 20 层的电梯内，幸运地偶遇潜在投资者，在电梯下行到底楼的 2 分钟时间内，创业者试图让投资者产生兴趣。建议按照以下步骤进行电梯式演讲。

（1）阐述机会和可能需要解决的问题。(45 秒)

（2）阐述你的产品/服务如何去满足机会，或如何去解决问题。(45 秒)

（3）阐述你的资质和条件。(15 秒)

（4）阐述你的市场。(15 秒)

实训组织与要求

（1）将学生分组，每组 2~4 人，共同准备一周时间。

（2）分小组课堂演示，1 人模拟创业者，其他人模拟投资者，限时 2 分钟。

训练评价

（1）演讲内容的完整性。

（2）创业项目的可行性。

（3）整体演讲的说服力。

参考文献

[1] 杨洪涛. 市场营销（第二版）[M]. 北京：机械工业出版社，2015.

[2] 郭国庆. 市场营销学通论（第八版）[M]. 北京：中国人民大学出版社，2020.

[3] 楼红平，徐云海. 现代市场调查与预测 [M]. 北京：人民邮电大学出版社，2012.

[4] 吴健安，钟育赣. 市场营销学（第六版）[M]. 北京：清华大学出版社，2018.

[5] 武文珍，潘红梅，戴屹. 市场营销学 [M]. 北京：清华大学出版社，2021.

[6] 卡尔·麦克丹尼尔，小查尔斯·W. 兰姆，小约瑟夫·F. 海尔. 市场营销学：案例与实践 [M]. 上海：格致出版社，2010.

[7] 贾妍. 市场营销理论与实务 [M]. 北京：科学出版社，2021.

[8] 楼红平，徐云海. 现代市场调查与预测 [M]. 北京：人民邮电出版社，2012.

[9] 王晓东，包凤兰. 市场营销理论与实务 [M]. 北京：北京交通大学出版社，2016.

[10] 李林. 市场营销学（第三版）[M]. 北京：北京大学出版社，2018.

[11] 梁文玲. 市场营销学（第三版）[M]. 北京：中国人民大学出版社，2019.

[12] 岳俊芳，吕一林. 市场营销学（第五版）[M]. 北京：中国人民大学出版社，2019.